Willy Schneider

Kundenzufriedenheit

Willy Schneider

Kundenzufriedenheit

Strategie, Messung, Management

verlag
moderne industrie

Die Deutsche Bibliothek - CIP-Einheitsaufnahme

Schneider, Willy:
Kundenzufriedenheit – Strategie, Messung, Management /
Willy Schneider / - Landsberg/Lech : mi, Verl. Moderne Industrie, 2000
ISBN 3-478-39725-1

Umschlag: Gruber & König, Augsburg
Druck: Himmer, Augsburg
Bindung: Thomas, Augsburg
Printed in Germany 390725/070005
ISBN 3-478-39725-1

Inhaltsverzeichnis

1 Die Kundenzufriedenheit als zentraler Faktor des Unternehmenserfolges

Angesichts der auf vielen Märkten zu beobachtenden Sättigungserscheinungen, der wachsenden Zahl wechselfreudiger Käufer und eines ständig schärfer werdenden (internationalen) Wettbewerbs stellt sich zahlreichen Unternehmen die Überlebensfrage. Und so wird ein Marktpartner wiederentdeckt, der durch den Glauben an scheinbar unbegrenzte Wachstumsmöglichkeiten zeitweilig in den Hintergrund gerückt war: *der Kunde.* Nicht anders ist zu erklären, daß sämtliche Managementkonzepte jüngeren Ursprungs, wie beispielsweise *Business-Reengineering, Kaizen, Lean-Management* oder *Total-Quality-Management,* die Zufriedenheit des Kunden als zentralen Faktor des Unternehmenserfolges herausstellen (vgl. beispielhaft Deutsche Gesellschaft für Qualität 1993; Faix/Buchwald/Wetzler 1994; Hammer/Champy 1995; Imai 1993; Peters/Waterman 1984; Scharnbacher/Kiefer 1996, S. 36 ff.; Schneider 1997, S. 1171 - 1174).

In diesem Zusammenhang belegen sämtliche einschlägigen Untersuchungen, daß die wirklich erfolgreichen Unternehmen den Kunden und dessen Zufriedenheit in den Mittelpunkt ihrer Strategie stellen. Den *Champions* genügt es aber nicht, nur zufriedene Abnehmer zu haben. Sie zielen vielmehr darauf ab, ihre Kunden zu *begeistern*, damit diese zu treuen Begleitern und gleichzeitig zu Botschaftern des Unternehmens werden, die von sich aus Produkte und Dienstleistungen weiterempfehlen (vgl. Krauthammer/Hinterhuber 1999, S. 33).

Auf den ersten Blick ist es nicht viel mehr als eine Binsenweisheit, daß erfolgreiche Unternehmen sämtliche Aktivitäten an den Bedürfnissen, Wünschen und Vorstellungen ihrer Klientel ausrichten. Es fällt jedoch auf, daß Theorie und Wissenschaft den Kunden immer wieder hochstilisieren, die Praxis hingegen - und dies erleben wir täglich in unserer Rolle als Verbraucher - ihn eher als Störfaktor wahrnimmt und sich mit dem Thema Kundenzufriedenheit recht schwer tut.

Vor diesem Hintergrund will das vorliegende Buch dazu beitragen, die auf dem Gebiet Kundenzufriedenheit bestehende Lücke zwischen Wissenschaft, Marktforschung und Unternehmensberatung sowie den Erfordernissen der Praxis zu schließen. Ziel ist es,

- das Thema Kundenzufriedenheit in seiner ganzen Komplexität zu durchdringen sowie
- einen fundierten Einblick in Strategie, Messung und Management von Kundenzufriedenheit zu vermitteln.

Auf wissenschaftlich fundierte Weise sowie unter Heranziehung von Fallbeispielen, Checklisten sowie Tips werden folgende *Fragestellungen* beantwortet:

- Warum ist Kundenzufriedenheit gerade in der heutigen Zeit so wichtig?
- Was verbirgt sich hinter dem Phänomen Kundenzufriedenheit, und wie wirkt sich die (Un-)-Zufriedenheit der Klientel auf den Unternehmenserfolg aus?
- Wieso gelingt es zahlreichen Unternehmen nicht, den Erfolgsfaktor Kundenzufriedenheit für sich zu nutzen?
- Wie läßt sich Kundenzufriedenheit systematisch messen und managen?
- Wie kann ein Unternehmen Beschwerden optimal für sich nutzen?
- Wo liegen die Grenzen der Kundenzufriedenheit?

Die folgenden *Symbole* sollen dazu beitragen, das vorliegende Buch optimal zu nutzen:

- ✎ *Zusammenfassung*
- ☞ *Beispiele und Untersuchungsergebnisse*
- ✔ *Checklisten*
- ❢ *Tips*

Die anschließende *Checkliste* dient dazu, Kundenorientierung und Kundenzufriedenheit einem ersten *Test* zu unterziehen.

✔ **Checkliste: Kundenorientierung und Kundenzufriedenheit**	**Überprüft?**
Ist das Unternehmen einfach zu kontaktieren (persönlich; per Telefon, Post, Fax oder e-mail)?	
Gehen die Mitarbeiter aktiv auf den Kunden zu?	
Ist die Auftragsannahme kundenfreundlich gestaltet? Und wie sieht es mit den Öffnungs- und Wartezeiten aus?	
Behandeln die Mitarbeiter den Kunden als Individuum, als Bittsteller oder als Störenfried des Arbeitsablaufes?	
Hören die Mitarbeiter zu? Kennen sie die Bedürfnisse und Wünsche ihrer Kunden?	
Stellt das Unternehmen seinen Kunden die benötigten Informationen unverzüglich zur Verfügung (mündlich, schriftlich, telefonisch, per Fax und e-mail)?	

Besitzt das Unternehmen fest definierte Leistungsstandards? Kennen die Mitarbeiter die eigenen Leistungsstandards überhaupt? Und wurden diese auch gegenüber den Kunden verdeutlicht?	
Können die beim Kunden geweckten Erwartungen hinsichtlich Produktleistung, Lieferservice, Kundendienst sowie -schulung auch tatsächlich erfüllt werden? Oder provoziert das Unternehmen die Unzufriedenheit seiner Kunden dadurch, daß eine Erwartungshaltung hervorgerufen wird, die nicht der Realität entspricht?	
Fühlen sich die Mitarbeiter für den Kunden und seine Zufriedenheit verantwortlich?	
Versteht sich das Unternehmen lediglich als Anbieter einer technischen Leistung oder vielmehr als umfassender Problemlöser?	
Sind sich die Mitarbeiter der ursprünglichen Bedeutung des Wortes be"dienen" noch voll und ganz bewußt?	
Werden die Kunden auch nach dem Kauf betreut?	
Werden regelmäßige Kontakte mit dem Kunden auch für kundenferne Abteilungen organisiert?	
Verfügt das Unternehmen über ein gut funktionierendes Beschwerdemanagementsystem?	
Werden in regelmäßigen Abständen Kundenzufriedenheitsuntersuchungen durchgeführt? Und, falls ja, werden die Ergebnisse auch wirklich sinnvoll genutzt?	

2 Die Anbieter/Kunde-Beziehung im Umbruch

Um zu verstehen, warum die Zufriedenheit der Kunden zeitweilig in den Hintergrund gedrängt war und in jüngster Zeit wiederentdeckt wird, erscheint es zweckmäßig, einen *Rückblick* auf die Entwicklung des Marketing in Deutschland zu werfen (siehe Meffert 1994, S. 3 - 4).

50er Jahre: Distributionsorientierung → Engpaßfaktor Produktion

Im Nachkriegsdeutschland überstieg die Nachfrage auf den meisten Märkten bei weitem das Angebot (= *Verkäufermarkt*), die Produktion bildete den Engpaßfaktor. Verständlicherweise bestand das zentrale Anliegen der Unternehmen darin, ihre *Produktionskapazität* auszubauen und die hergestellte Ware effizient zu vertreiben. Die Zufriedenheit der Kunden spielte eine lediglich nachgeordnete Rolle, da diese, etwas überspitzt formuliert, sich bereits dann glücklich schätzen konnten, wenn sie bei der Verteilung der Ware überhaupt zum Zuge kamen.

60er Jahre: Neukundenorientierung → Der Wandel zum Käufermarkt

In diesem Jahrzehnt überstieg das Angebot immer deutlicher die Nachfrage (= *Käufermarkt*). Das Nadelöhr bildete nun nicht mehr die Produktion, sondern zunehmend der Absatz der Ware. Angesichts einer solchen Engpaßsituation rückte das Ziel der *Neukundenakquisition* in den Vordergrund. Der zeitliche Horizont der Marketing-Aktivitäten war eher kurzfristiger Natur, der Fokus der Bemühungen lag auf der Vorkaufphase (sog. *Transaktions-Marketing*). Der Zufriedenheit der Kunden und damit dem Aufbau einer langfristigen Anbieter/Nachfrager-Beziehung kam lediglich in Ausnahmefällen Bedeutung zu.

70er Jahre: Handelsorientierung → Die Konzentration auf den Gate Keeper Handel

Der Handel war traditionell der Erfüllungsgehilfe der Hersteller gewesen. Durch *Konzentration* sowie *Professionalisierung der Betriebskonzepte* war jedoch im Laufe der Zeit ein gleichwertiger Partner, wenn nicht gar überlegener Gegenspieler der Industrie herangewachsen. Dieser hielt nunmehr die Tür zum Verbraucher offen (sog. *Gate-Keeper-Funktion*). Außerdem machte der Handel den Industrieunternehmen ihre Vormachtstellung bei der Entwicklung von Marken-Konzepten streitig, indem er eigene *Handelsmarken-Konzepte* entwickelte.

Angesichts dieser bedrohlichen Entwicklung konnten die Hersteller ihr Marketing nicht mehr länger ausschließlich an den Bedürfnissen der Endverbraucher ausrichten, sondern mußten auch die Forderungen des Handels in ihre Überlegungen einbeziehen. Die unweigerliche Konsequenz war das sog. *Push-and-Pull-Marketing*, bei dem der Hersteller an zwei Hebeln ansetzt: Zum einen drückt er die Ware in den Absatzkanal, indem er auf die Wünsche sowie Vorstellungen des Handels eingeht und diesem spezielle Anreize bietet (*Push-Effekt*). Zum anderen umwirbt er den Endverbraucher und schafft somit einen Nachfragesog, der den Handel zwingt, die Ware zu listen (*Pull-Effekt*). Offenkundig dominierte auch in dieser Phase die kurzfristige Sichtweise. Der Schaffung von Kundenzufriedenheit und damit dem Aufbau einer langfristigen Beziehung zum Endverbraucher hingegen wurde kaum Augenmerk geschenkt.

80er Jahre: Konkurrenzorientierung → Der Verdrängungswettbewerb gewinnt an Schärfe

Gesättigte Märkte, die größtenteils nur noch von Ersatzbedarf getragen wurden, und eine wachsende Anzahl von Wettbewerbern führten dazu, daß der Kampf um den Kunden mehr und mehr zum Null-Summen-Spiel wurde. Absatzsteigerungen konnten nur erzielt werden, wenn es gelang, der Konkurrenz Kunden abzuwerben. Folglich verglich man die eigenen Leistungen nicht mit den Ansprüchen der Kunden, sondern orientierte sich an der *Leistungsfähigkeit der Wettbewerber* und versuchte, diese zu übertrumpfen. In extremen Fällen verschwand die Zufriedenheit der Kunden sogar gänzlich aus dem Blickfeld der Unternehmen.

90er Jahre bis 2010: Kundenorientierung → Marketing unter neuen Vorzeichen

Das Beziehungsgefüge zwischen Anbieter und Nachfrager hat sich am Übergang zum neuen Jahrtausend grundlegend verändert. Gekennzeichnet ist dieser Umbruch durch die zunehmende Tendenz der Verbraucher, die *Marke* bzw. den *Anbieter* zu *wechseln*. Für die *sinkende Loyalität* der Verbraucher sind u.a. folgende Entwicklungen verantwortlich:

- *Steigende Mobilität*, was dazu führt, daß sich das Einkaufsgebiet der Kunden vergrößert und damit die Zahl der Einkaufsalternativen wächst
- *Zunehmende Markttransparenz* durch Medien (Print-Medien; Internet; TV), so daß der Verbraucher einen immer besseren Überblick gewinnt
- *Abnehmender Zeitdruck* durch flexiblere Arbeitszeiten, zunehmende Freizeit sowie eine Ausdehnung der Ladenöffnungszeiten mit der Konsequenz, daß

der Kunde die verschiedenen Angebote eingehend miteinander vergleichen kann

- Steigendes Ausbildungsniveau und damit *zunehmende Kritikbereitschaft* der Verbraucher
- *Schnäppchenjagd* als Freizeitbeschäftigung vergleichsweise wohlhabender Verbrauchersegmente (sog. Smart Shoppers), wodurch die Preissensibilität steigt
- *Hybride Konsumstrukturen*, d.h. der Verbraucher sucht bei Gütern des täglichen Bedarfs nach dem günstigsten Preis, um hierdurch sein Budget zugunsten von Gütern des demonstrativen Konsums zu entlasten. Ein in diesem Zusammenhang immer wieder angeführtes Beispiel ist die einen Nerzmantel tragende Porsche-Fahrerin, die bei Aldi einkauft

Die zuletzt skizzierte Entwicklung führt auf Seiten der Anbieter zum sog. *„Flucht-aus-der-Mitte"-Phänomen*: Unternehmen, die zukünftig erfolgreich sein wollen, müssen sich entweder im *Preis-* (durchschnittliche Qualität zu einem günstigen Preis) oder im *Premium-Segment* (Spitzenqualität und Zusatznutzen zu einem hohen Preis) positionieren. Gelingt ihnen dies nicht, laufen sie Gefahr, im sog. *Bermuda-Dreieck* unterzugehen.

Verschärfend kommt hinzu, daß immer mehr Anbieter aufgrund erfolgreich eingeführter *Kostensenkungs-* und *Qualitätssicherungsprogramme* in der Lage sind, zielgruppengerechte Leistungsqualität zu wettbewerbsfähigen Konditionen anzubieten. Gelingt es einem Unternehmen dennoch einmal, sich durch höhere Qualität bzw. einen niedrigeren Preis von der Konkurrenz abzuheben und damit der Austauschbarkeit in den Augen der Kunden zu entgehen, so ist die Überlegenheit nur von kurzer Dauer. Denn die Wettbewerber benötigen immer weniger Zeit, um den Konkurrenzvorsprung aufzuholen (sog. *Zeitwettbewerb*; vgl. hierzu Walterman 1993). Außerdem stellen immer mehr Unternehmen fest, daß die zunehmende Komplexität zahlreicher Produkte mit zeitintensiven Verkaufsprozessen einhergeht, was eine nicht unerhebliche *Kostensteigerung* bei der *Akquisition neuer Kunden* bewirkt.

In diesem Zusammenhang geht man davon aus, daß es rund 6mal teurer ist, einen neuen Kunden zu gewinnen als einen Stammkunden zu pflegen. Konsequenterweise versprechen sich viele Anbieter von einem *Aufbau langfristiger Anbieter-Nachfrager-Beziehungen* mehr Erfolg als von der aggressiv betriebenen Akquisition neuer Kunden. Vor diesem Hintergrund wird nachvollziehbar, warum die Zufriedenheit des Kunden mehr und mehr zum zentralen Faktor des Unternehmenserfolges wird, der nicht zuletzt vor dem Hintergrund der rasanten Verbreitung des Internet und damit des *Electronic-Commerce* in neue Bedeutungsdimensionen vorstößt (vgl. Bauer/Grether/Leach 1999, S. 284 - 302).

Doch obwohl sich zahlreiche Unternehmen in jüngster Zeit der Steigerung der Kundenzufriedenheit gewidmet haben, blieben die angestrebten Erfolge häufig aus (vgl. hierzu auch o. V. 2000 b, S. 25). Die Gründe für das vermeintliche Scheitern liegen u.a. darin, daß die Ursachen für die Unzufriedenheit von Kunden häufig nicht an der *unmittelbaren Schnittstelle* zum *Markt* zu finden sind. Vielmehr ist die mangelnde Leistungsfähigkeit auf dem Absatzmarkt häufig darauf zurückzuführen, daß die *unternehmensinternen Austauschbeziehungen* zwischen Organisationsmitgliedern sich nicht an den Bedürfnissen externer Kunden, sondern an Abteilungsegoismen und bürokratischen Kriterien orientieren.

Demnach liegt ein zentraler Faktor für ein erfolgreiches Management von Kundenzufriedenheit darin, daß Kollegen bzw. andere Abteilungen als interne Kunden betrachtet werden, deren Bedürfnisse es genauso zu befriedigen gilt wie die der externen Kunden. Diese Maxime findet ihren Niederschlag im *internen Marketing*, dem man sich in jüngster Zeit verstärkt zuwendet. Darunter versteht man ein Konzept, bei dem Kollegen bzw. andere Abteilungen als interne Kunden betrachtet werden mit dem Ziel, die Austauschbeziehungen zwischen internen Organisationsmitgliedern zu absatzmarktorientierten Zwecken planmäßig zu gestalten (vgl. Berry 1984, S. 272; Bruhn 1995, S. 22; Stauss/Schulze 1990). Tab. 1 vermittelt einen zusammenfassenden Überblick über das im Laufe der Zeit veränderte Marketingverständnis.

Zeitraum	50er	60er	70er	80er	90er	Jahrtausendwechsel
Situation	Verkäufermarkt	Käufermarkt	Handelskonzentration	Verdrängungswettbewerb	Abnehmende Loyalität der Kunden	Geringer Erfolg von Kundenzufriedenheitsprojekten
Marketing-Fokus	Distributionsorientierung	Neukundenorientierung	Handelsorientierung	Konkurrenzorientierung	Stammkundenorientierung	Orientierung am externen und internen Kunden
Vorrangiges Anliegen	• Ausbau der Produktionskapazität • Effizienter Vertrieb	Neukundenaquisition	Push-and-Pull-Strategie	Gewinnung bzw. Verteidigung von Marktanteilen	Messung von Kundenzufriedenheit	Steigerung der Kundenzufriedenheit durch internes Marketing und Change-Management

Tab. 1: Das Marketingdenken im Wandel der Zeit

✎ **Zusammenfassung**

- Die Beziehung zum Kunden und damit das *Marketingdenken* von Unternehmen haben sich in den vergangenen 50 Jahren *grundlegend gewandelt.*

- Angesichts *gesättigter Märkte, technischer Patt-Situationen* und *austauschbarer Leistungsangebote* auf der einen und einem veränderten Verbraucherverhalten auf der anderen Seite gestaltet es sich in jüngster Zeit zunehmend schwieriger und kostenintensiver, neue Kunden zu gewinnen.

- Vor diesem Hintergrund versprechen sich viele Anbieter von einem *Aufbau langfristiger Anbieter-Nachfrager-Beziehungen* mehr Erfolg als von der aggressiv betriebenen Akquisition neuer Kunden.

- Konsequenterweise erlangen die Pflege des Kundenstamms und damit die *Zufriedenheit der Kunden* herausragende Bedeutung für den Unternehmenserfolg.

- Stärken und Schwächen von Unternehmen sind nicht ausschließlich an der Schnittstelle zu externen Kunden, sondern auch in den unternehmensinternen Austauschbeziehungen zu suchen. Diesem Gedanken trägt das *interne Marketing* Rechnung.

3 Die häufigsten Fehler beim Umgang mit dem Erfolgsfaktor Kundenzufriedenheit

Will man Ansatzpunkte für ein effizientes Management von Kundenzufriedenheit erarbeiten, gilt es zunächst der Frage nachzugehen, warum die Stimme des Kunden nicht mehr bis zu jedem Mitarbeiter vordringt oder, was genauso fatal ist, warum Unternehmen auf die Unzufriedenheitssignale des Kunden nicht angemessen reagieren. Im wesentlichen sind hierfür *sechs Fehler* ausschlaggebend.

Fehler Nr. 1: Kurzfristperspektive dominiert

Unternehmen versäumen es, eine intensive, langfristige und auf der Zufriedenheit des Kunden basierende Beziehung aufzubauen. Vielmehr fixieren sie sich auf die Akquisition neuer Kunden und stellen demnach den einzelnen Geschäftsabschluß in das Zentrum ihrer Bemühungen. Bedenkt man jedoch, daß die Kosten für die Neukundengewinnung rund 5mal so hoch sind wie die Kosten für die Kundenbindung, wird deutlich, daß der Schlüssel zum Unternehmenserfolg sowohl in der kurzfristig ausgerichteten Neukundenakquisition als auch in der langfristig orientierten Kundenzufriedenheit liegt.

Fehler Nr. 2: Nicht vorhandene, verstopfte oder gekappte Kommunikationskanäle

Die meisten Mitarbeiter und Führungskräfte wissen überhaupt nicht, wie zufrieden oder unzufrieden ihre Kunden überhaupt sind. Dies kann mehrere Ursachen haben. Am wahrscheinlichsten ist, daß ein Unternehmen über kein Frühwarnsystem verfügt, das Probleme in Kundenbeziehungen aufdeckt (z.B. *Kundenabwanderungsanalysen, Kundenbindungskennziffern, Beschwerde-Monitoring*). Des weiteren ist häufig zu beobachten, daß insbesondere mittelständische Firmen auf Kundenbefragungen oder sonstige Kundenzufriedenheitsmessungen verzichten, da sie die hohen Kosten und den Aufwand fürchten, den aus einer Untersuchung zu ziehenden Nutzen aber nur schwerlich abschätzen können. Entschließt man sich trotz dieser Bedenken zu einer Studie, werden nicht selten Praktikanten oder Werksstudenten mit deren Durchführung beauftragt. Dies mündet in den meisten Fällen in *Dilletantismus* und *mangelnder Akzeptanz* der Befunde bei den Mitarbeitern. Schließlich ist zu beobachten, daß Mitarbeiter

Unzufriedenheitssignale wie Beschwerden verdrängen oder bagatellisieren, weil sie Konsequenzen seitens ihrer Vorgesetzten befürchten.

Fehler Nr. 3: Abstraktes bzw. widersprüchliches Unternehmensleitbild

Zahlreiche Unternehmen haben zwar erkannt, daß die Zufriedenheit des Kunden eine wesentliche Grundlage des Erfolges darstellt. Angesichts dieser Erkenntnis räumen sie dem Ziel Kundenzufriedenheit einen zentralen Stellenwert in Unternehmensleitbild und -philosophie ein. Sie versäumen es jedoch, die Leitlinien mit Leben zu füllen und auf die für den einzelnen Mitarbeiter konkrete Handlungsebene herunterzubrechen. Somit weiß der Mitarbeiter nicht, wie er die im Unternehmensleitbild fixierten Ziele in seiner täglichen Arbeit umsetzen kann. Außerdem läßt sich häufig beobachten, daß Botschaften, die dem Mitarbeiter vermittelt werden, im Widerspruch zueinander stehen. Ein typisches Beispiel für einen solchen Konflikt ist die Kundenorientierung auf der einen und die kurzfristig ausgerichtete Umsatzorientierung auf der anderen Seite.

Fehler Nr. 4: Fehlende Orientierung am externen und internen Kunden

Zahlreichen Mitarbeitern ist der Kontakt zum Kunden verloren gegangen. Insbesondere für die Vertreter sog. *interner Abteilungen* mutiert der Kunde zunehmend zum unbekannten Wesen. Dies hat zur Konsequenz, daß Arbeitsabläufe nicht durch die Bedürfnisse des Kunden, sondern ausschließlich durch interne Gegebenheiten festgelegt werden.

Des weiteren fällt auf, daß Abteilungen häufig nicht an einem gemeinsamen Strang ziehen, sondern gegeneinander arbeiten. Dadurch gewinnen *Abteilungsegoismen* mehr und mehr die Oberhand, Feindbilder wie etwa die Buchhalternasen, die Bleistiftspitzer, die da oben u.ä. werden geschaffen, Schuldzuweisungen sind an der Tagesordnung. In einem solchen Klima rückt der Kunde zunehmend in den Hintergrund des Interesses. Häufig geht es nur noch darum, über die andere Abteilung zu siegen.

Fehler Nr. 5: Mangelnde Motivation bzw. fehlende Anreize

Nur die wenigsten Mitarbeiter sind ausschließlich intrinsisch, das heißt aus ihrer Tätigkeit heraus motiviert. Die Realität sieht vielmehr so aus, daß das Management Anreize schaffen muß, um die Mitarbeiter in Richtung Kundenzufriedenheit zu lenken. Solche sog. Motivatoren können vielfältiger Art sein: Am häufigsten sind monetäre Anreize (z.B. ein Provisions- oder Prämiensystem) oder Lob und Anerkennung (z.B. Auszeichnung als Mitarbeiter des Monats). Da es in den meisten Unternehmen jedoch an *Anreizsystemen*, die auf die Zufriedenheit des Kunden abzielen, fehlt, sind Mitarbeiter häufig überhaupt nicht daran interessiert, den Kunden zu begeistern, weil dies nur mehr Mühe in Aussicht stellt, aber keine Belohnung verspricht.

Fehler Nr. 6: Mangelnde Fähigkeit bzw. Motivation, aus Unzufriedenheitssignalen konkrete Maßnahmen abzuleiten

Es ist immer wieder zu beobachten, daß Unternehmen eine Kundenzufriedenheitsstudie durchführen oder in Auftrag geben, im Anschluß an die Präsentation der Ergebnisse aber nicht in der Lage oder gewillt sind, konkrete Maßnahmen zur Verbesserung der Leistungsfähigkeit einzuleiten. Dies hat mehrere Ursachen. Zum einen erscheint es zunächst eine kaum zu bewältigende Aufgabe zu sein, die vielen Schwachstellen, welche die Kundenzufriedenheitsstudie zutage gefördert hat, zu beseitigen. Dies führt im Regelfall zu einer *kollektiven Lähmung* der in das Projekt eingebundenen Mitarbeiter.Außerdem ist festzustellen, daß die meisten Mitarbeiter sich *zurückhalten*, wenn es darum geht, Vorschläge zur Erhöhung der Kundenzufriedenheit zu äußern. Man befürchtet nämlich, neben dem Tagesgeschäft jetzt auch noch mit Projektarbeit betraut zu werden. Eher tendiert man dazu, die Vorgehensweise bei der Durchführung der Studie zu kritisieren oder deren Ergebnisse in Frage zu stellen.

Läßt man die angeführten Fehler und Schwachstellen noch einmal Revue passieren, so lassen sich daraus für den erfolgreichen Umgang mit Kundenzufriedenheit folgende *Konsequenzen* ableiten, an denen sich die weitere *Struktur* des vorliegenden Buches unmittelbar orientiert:

- Unternehmen müssen sich vergegenwärtigen, welch fatale Folgen es haben kann, die Zufriedenheit der Kunden zu vernachlässigen und sich ausschließlich auf die Neukundenakquisition zu konzentrieren. Aus diesem Grund setzen wir uns in *Kapitel vier* intensiv mit der Frage auseinander, wie (Un-)Zufriedenheit entsteht und welche ökonomischen Konsequenzen damit für ein Unternehmen verbunden sind.

- Damit die (Un-)Zufriedenheitssignale möglichst früh aufgenommen werden können, müssen *Kommunikationskanäle* zum Kunden aufgebaut bzw. gereinigt werden. Aus diesem Grund sind *Kapitel fünf* und *sechs* der Messung von Kundenzufriedenheit gewidmet. *Kapitel sieben* setzt sich ausführlich mit dem erfolgreichen Management von Beschwerden, einer speziellen Form des Dialogs mit dem Kunden, auseinander.

- Unternehmen müssen ein in sich widerspruchsfreies Leitbild entwickeln, in dessen Zentrum die Zufriedenheit des Kunden steht. Dieses muß durch Rituale, Projekte, Einrichtungen u.ä. mit Leben gefüllt werden.

- Sämtliche Aktivitäten müssen an den Bedürfnissen externer und interner Kunden ausgerichtet werden. Dies erfordert zum einen, daß zwischen den Mitarbeitern - insbesondere den Vertretern interner Abteilungen - und dem Kunden direkte Beziehungen hergestellt werden. Außerdem muß sichergestellt werden, daß jeder Kollege bzw. jede andere Abteilung als interner Kunde betrachtet wird, den es zufriedenzustellen gilt.

- Es müssen monetäre und nicht-monetäre Anreizsysteme geschaffen werden, die an die Erfolgsgröße Kundenzufriedenheit gekoppelt sind.

- Um den skizzierten organisatorischen Wandel erfolgreich durchzuführen, müssen Instrumente des Change-Management herangezogen und sinnvoll genutzt werden.

Die letztgenannten vier Aspekte werden in *Kapitel acht* eingehend behandelt.

✎ **Zusammenfassung**

Aus den in der Unternehmenspraxis zu beobachtenden Fehlern und Schwachstellen im Umgang mit Kundenzufriedenheit lassen sich folgende *Konsequenzen* ableiten:

- Langzeitperspektive verankern
- Kommunikationskanäle öffnen
- Konsistentes Unternehmensleitbild schaffen
- Am externen und internen Kunden orientieren
- Anreizsysteme einführen
- Instrumente des Change-Management nutzen

4 Theoretische Grundlagen der Kundenzufriedenheit

4.1 Die Komponenten der Kundenzufriedenheit

Kundenzufriedenheit ist das Ergebnis eines psychischen Vorgangs, bei dem der Kunde zwischen dem *wahrgenommenen Leistungsniveau* eines Unternehmens (= *Ist-Leistung*) und einem wie auch immer gearteten Standard, in der Regel seinen *Erwartungen* (= *Soll-Leistung*), vergleicht. Unzufriedenheit wird durch zu hohe Erwartungen des Kunden, eine zu geringe Leistung des Unternehmens oder eine Kombination aus beidem hervorgerufen. Zufriedenheit stellt sich ein, wenn die Erwartungen des Kunden an das Unternehmen erfüllt wurden. Begeisterung schließlich können wir dann beobachten, wenn ein Anbieter die Erwartungen deutlich übertroffen hat.

In diesem Zusammenhang verweisen Studien immer wieder darauf, daß der Anteil begeisterter Kunden den zentralen Unterschied zwischen erfolgreichen und weniger erfolgreichen Unternehmen ausmacht, d.h. erst bei einem deutlichen Übertreffen der Erwartungen kommt es zu einer progressiven Steigerung der Kundenzufriedenheit (vgl., auch im folgenden, Töpfer/Mann 1996, S. 41 - 42).

Beispiel: Verkürzung der Entwicklungszeit von Kamerafilmen

Der geschilderte Zusammenhang läßt sich am Beispiel der Entwicklung von Kamerafilmen veranschaulichen. Als die Entwicklung eines Filmes fünf Tage dauerte, hatte die Verkürzung der Entwicklungszeit auf drei Tage lediglich einen geringen Einfluß auf die Kundenzufriedenheit. Eine Reduzierung auf 24 Stunden hingegen bewirkte eine erhebliche Steigerung der Kundenzufriedenheit und rief damit Begeisterung bei den Abnehmern hervor.

Nehmen wir die einzelnen Modellkomponenten, nämlich die wahrgenommene Leistung auf der einen und die Erwartungen auf der anderen Seite, nun etwas genauer unter die Lupe.

4.1.1 Die wahrgenommene Unternehmensleistung

In Anlehnung an das von Bender (1991) entwickelte *Quality-Value-Modell* und von Rapp (1995) auf das Konstrukt Kundenzufriedenheit übertragene *PROSAT-Modell* läßt sich die Leistung eines Anbieters in *fünf Dimensionen* untergliedern (vgl. Abb. 1).

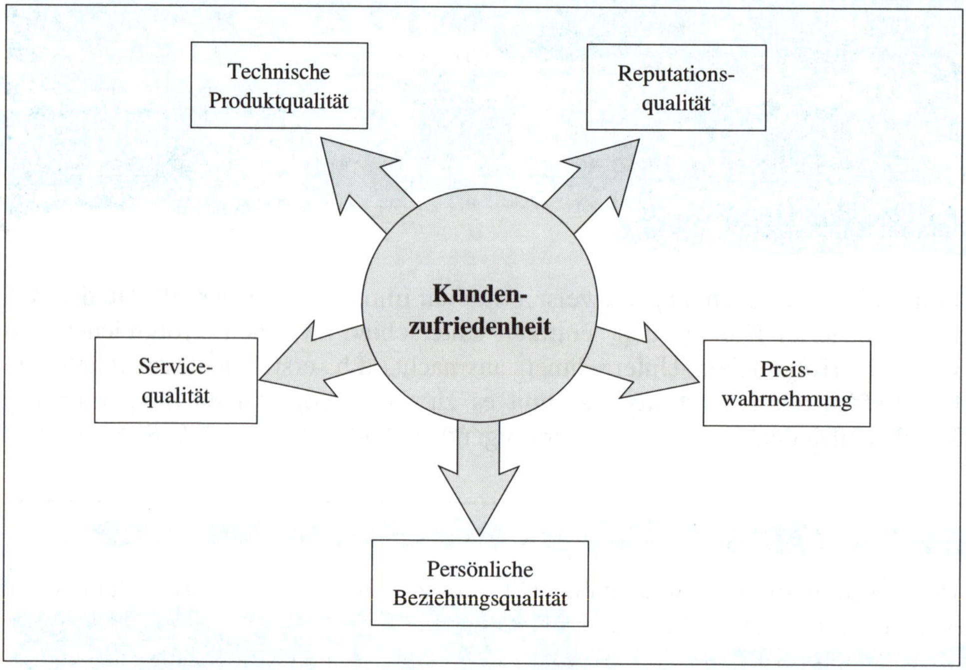

Abb. 1: Die fünf Dimensionen der (Un-)Zufriedenheit - das PROSAT-Modell

Diese fünf Dimensionen lassen sich ihrerseits auf verschiedene Unterkategorien aufspalten:

- *Technische Produktqualität*
  Hierzu zählen Leistung, Zuverlässigkeit, subjektive Nutzbarkeitsdauer (etwa bei modischen Produkten), Design, Sicherheit und Umweltfreundlichkeit eines Produktes bzw. einer Dienstleistung.

- *Servicequalität*
  Diese setzt sich aus Zuverlässigkeit, Reaktionsbereitschaft, Sicherheit, Einfühlungsvermögen der Mitarbeiter und den sog. Tangibles (etwa Annehm-

lichkeit und Erscheinungsbild von Gebäuden, technischen Anlagen, Einrichtungsgegenständen, Personal und des Kommunikationsmaterials) zusammen.

- *Reputationsqualität*
  Diese subjektive Einstellung des Kunden zu Unternehmen und Produkt bzw. Dienstleistung basiert auf Wettbewerbsfähigkeit, Kompetenz, Solidität, Image eines Unternehmens sowie dem Markenwert seiner Produkte (z.B. der Wert der Marke *Coca-Cola* im Vergleich zu *Pepsi-Cola*) zusammen.

- *Persönliche Beziehungsqualität*
  Diese manifestiert sich aus der persönlichen Kommunikation, der Verkaufskompetenz, dem Verhalten der Mitarbeiter im Falle von Konflikten (etwa bei Beschwerden des Kunden) und der Beziehungsatmosphäre.

- *Preiswahrnehmung*
  Diese setzt sich aus den Komponenten Preis, Rabatte, Zahlungsmodalitäten und Preisänderungen zusammen.

Bereits hier wird deutlich, daß es sich bei der wahrgenommenen Qualität einer Leistung um ein mehrdimensionales Phänomen handelt. Die Erlebniswelt des Kunden erstreckt sich dabei über sämtliche Kontakte mit dem Anbieter in der *Vorkauf-*, *Kauf-* und *Nachkaufphase* (vgl. Abb. 2).

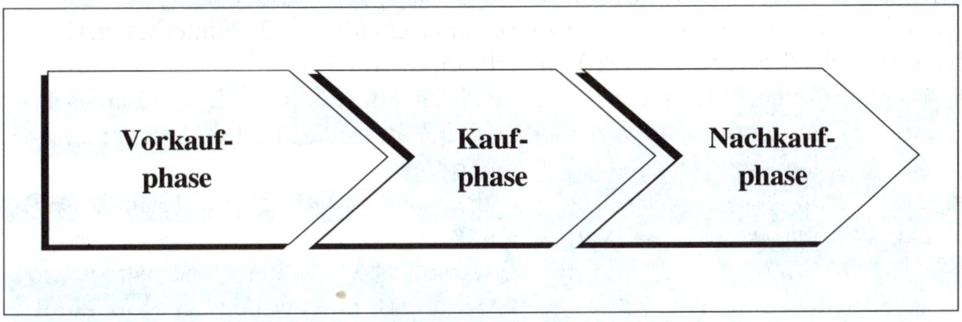

Abb. 2: Die Phasen des Kundenkontakts

Diese *Kontaktpunkte* sind stets Augenblicke der Wahrheit, bei denen die Zufriedenheit der Kunden gesteigert oder verringert werden kann. Demnach prägen nicht nur Verkauf und Kundendienst die Zufriedenheit der Kunden, sondern die Kundenorientierung sämtlicher Mitarbeiter, vom Telefonisten bis zur Fakturistin, ist von entscheidender Bedeutung für den Unternehmenserfolg.

✔ **Checkliste: Kontaktpunkte mit dem Kunden**			
	Überprüft?		**Überprüft?**
Prospekt, Werbebrief		Anzeige, Spot, Internetauftritt	
Persönlicher Kontakt		Telefax/e-mail	
Telefongespräch		Sonstiger Schriftverkehr	
Produktpräsentation		Preisliste/Kostenvoranschlag	
Angebot		Lieferzeit	
Verpackung		Produktnutzung	
Gebrauchsanweisung		Rechnung/Preis/Leistungs-Verhältnis	
Einbau/Installation		Zubehör/Ersatzteile	
Inanspruchnahme von Serviceleistungen		Entsorgung/Rücknahme	
Corporate Identity (Design, Behavior, Communications)		Materielles Umfeld	

Dabei kommt den einzelnen Leistungen hinsichtlich ihres Beitrags zum Zustandekommen von Kundenzufriedenheit unterschiedliche Bedeutung zu. Diesbezüglich lassen sich *drei Leistungsarten* unterscheiden (vgl. Hinterhuber/Handlbauer/Matzler 1997, S. 17 - 18; Müller 1995, S. 30 - 31):

- *Basisleistungen*: Beispiele hierfür sind der einwandfreie Zustand eines Produktes, die richtige und vollständige Reparatur oder die Rückinformation an den Kunden über Liefer- bzw. Abholtermin.
- *Schlüsselleistungen*: Hierzu zählen die Zuverlässigkeit von Terminzusagen oder die Verkürzung von Wartezeiten.
- *Schrittmacher- bzw. Begeisterungsleistungen*: Hierunter faßt man die sog. „Das hätte ich nicht erwartet"-Effekte wie z.B. Leichtigkeit der Kommunikation, Anteilnahme, Heiterkeit, Lebendigkeit.

In den Schrittmacherleistungen liegt erhebliches *Differenzierungspotential* zur Konkurrenz. Basis- und Schlüsselleistungen hingegen gehören heute zum Leistungsstandard und werden nur noch wenig Begeisterung beim Kunden auslösen können.

☞ **Beispiel: Kundenzufriedenheitsmessung bei *Xerox***

Xerox erfaßt die Zufriedenheit seiner Kunden in regelmäßigen Abständen auf einer 5-stufigen Skala, die von 1 = völlig unzufrieden bis 5 = sehr zufrieden reicht. Zunächst wollte das Management erreichen, daß 100 % der Kunden mit den Leistungen zufrieden sind. Als man jedoch die Loyalität der Kunden analysierte, stellte man fest, daß begeisterte Kunden (Urteil: sehr zufrieden) ungefähr 6mal so loyal waren wie die nur zufriedenen Kunden. Xerox revidierte daraufhin sein Ziel dahingehend, 100 % der Kunden sehr zufrieden stellen zu wollen.

Im vorliegenden Kontext darf ein Sachverhalt nie vergessen werden: Zufriedenheit wird nicht durch die objektive Qualität einer Leistung bestimmt, sondern durch das, was der Kunde wahrnimmt bzw. wahrnehmen möchte. Dies hat für einen Anbieter folgende *Konsequenzen*:

- Der Kunde muß darüber *informiert* werden, welche *(Teil-)Leistungen* ein Produkt überhaupt *bietet*. Daß dies nicht selbstverständlich ist, wird offenkundig, wenn wir uns vergegenwärtigen, daß die Verbraucher bei einer Vielzahl von Produkten nur einen (Bruch-)Teil des Leistungsspektrums kennen. Man denke in diesem Zusammenhang etwa an die Programmier- und Nutzungsmöglichkeiten von Videorecordern, TV-Fernbedienungen, Autoradios, Mikrowellengeräten oder Handys.
- Dem Unternehmen muß es gelingen, die *psychischen Barrieren abzubauen*, welche den Zugang zu einem Produkt und seinen einzelnen Leistungsfacetten verhindern. Besonders häufig beobachten wir solche Ängste bei älteren Menschen im Umgang mit technologischen Produkten. Diesen Nutzungsbarrieren vermag ein Anbieter dadurch entgegenzutreten, daß er den Kunden bei der Erforschung des Produktes *unterstützend begleitet*. Beispiele hierfür sind Kochkurse für Mikrowellengerätenutzer, Do-it-Yourself-Kurse für Heimwerker u.ä.

Vor diesem Hintergrund erscheint es nur konsequent, daß die deutsche Gesellschaft für Qualität von dem in Ingenieurkreisen gängigen objektiven, naturwissenschaftlich geprägten Qualitätsverständnis abrückt und *Total-Quality-Management* wie folgt charakterisiert: „Auf der Mitwirkung aller ihrer Mitglieder beruhende Führungsmethode einer Organisation, die Qualität in den Mittelpunkt stellt und durch Zufriedenstellung der Kunden auf langfristigen Geschäftserfolg sowie auf Nutzen für die Mitglieder der Organisation und für die Gesellschaft zielt." (Deutsche Gesellschaft für Qualität 1993, S. 30). Und in der DIN 55350 wird Qualität definiert als die Erfüllung von Kundenanforderungen. Das Ausmaß an Qualität bestimmt sich insofern nach dem subjektiven Qualitätsempfinden des Kunden, das im Regelfall weit über die technisch-funktionalen Eigenschaften oder den Verwendungszweck (Fitness-for-Use) eines Produktes hinausreicht.

Um die Stimme des Kunden in die Sprache des Ingenieurs zu übersetzen, führen zahlreiche Unternehmen sog. *Quality-Function-Deployment-Projekte* durch, die auf ein kundenorientiertes, sämtliche betriebliche Funktionen umfassendes Qualitätsverständnis abzielen. In diesem Zusammenhang kommt dem in seiner ursprünglichen Form aus vier Elementen bestehenden *House-of-Quality* herausragende Bedeutung zu. In der *ersten Phase (House-of-Quality)* ist man bestrebt, die Bedürfnisse der Kunden in Konstruktionsmerkmale zu übersetzen. Flankierend vermittelt eine Konkurrenzanalyse Einblick in die relativen Vorteile und Nachteile des angebotenen Guts gegenüber den Leistungen der Wettbewerber. In *Phase zwei (Teileentwicklung)* gilt es die für den Markterfolg als wichtig eingestuften Konstruktionsmerkmale in Teilemerkmale zu übertragen. Damit lassen sich diejenigen Module identifizieren, die noch zu verbessern bzw. gänzlich neu zu gestalten sind. In *Phase drei (Arbeitsvorbereitung)* sind die aus den Teilemerkmalen die für die Produktion erforderlichen Betriebsabläufe zu entwickeln. In der *vierten Phase (Fertigungsplanung)* schließlich sind die Betriebsabläufe in Produktionsanforderungen umzuwandeln. Hierfür bedarf es einer genauem Beschreibung der Bauteile sowie der Verwendungszwecke und -intensität (vgl. hierzu Herrmann/Huber 2000, S. 27 - 53).

Bei der Beurteilung der Leistungsqualität kommt dem wahrgenommenen *Preis/Leistungs-Verhältnis* die Rolle eines zentralen kaufentscheidenden Faktors zu. Der Kunde entscheidet dabei, ob das Produkt bzw. die Dienstleistung den geforderten Preis wert ist. Auf den Punkt gebracht ist diejenige Qualität anzustreben, die sich der Kunde leisten will. Sowohl ein Quality-Overengineering als auch Minderqualität versprechen demnach nur wenig Erfolg (vgl. Stoffl 1997, S. 340 - 341).

4.1.2 Die Erwartungen des Kunden

Als Vergleichsstandard für die Beurteilung der Leistung zieht der Kunde die *Erwartungen* heran, die er mit dem Produkt, der Dienstleistung und/oder dem Anbieter verbindet und die eine dynamische, d.h. sich im Zeitablauf verändernde Größe darstellt (vgl. hierzu ausführlich Herrmann/Seilheimer 2000, S. 14 - 20). Die Erwartungen ihrerseits werden von *drei Einflußgrößen* bestimmt:

- den Erfahrungen des Kunden,
- den Erfahrungen anderer Kunden, die als Referenzpersonen dienen,
- und den durch die Situation bedingten Erfahrungen (etwa die Werbung der Hersteller).

Insbesondere der letzte Punkt macht deutlich, daß ein nicht unerheblicher Teil der Unzufriedenheit der Kunden durch die Unternehmen *selbst verschuldet* wird. Denn leider nur allzuoft werden in der Werbung oder im Verkaufsgespräch Erwartungen geweckt, denen die Realität nicht standhalten kann. Hier drängt der Wunsch nach einem schnellen Geschäftsabschluß das Ziel einer langfristigen, vertrauensvollen Beziehung zum Kunden in den Hintergrund.

Des weiteren muß der Anbieter wissen, welche *Erwartungen* der Kunde an ihn stellt. Ansonsten läuft er Gefahr, Leistungsmodule anzubieten, die der Kunde überhaupt nicht wahrnimmt, weil sie für ihn gar keine Rolle spielen. Oder aber der Kunde ist nicht bereit, einen angemessenen Preis für die ihm unwichtigen Leistungsbestandteile zu bezahlen.

Wie aber kann ein Anbieter einen genauen Einblick in die Erwartungshaltung seiner Kunden gewinnen? In diesem Zusammenhang hat sich die *Motivationstheorie* von A. Maslow, der fünf Arten von Bedürfnissen unterscheidet, als nützlich erwiesen (siehe Tab. 2). Angefangen von dem, was zum Überleben notwendig ist (Nahrungsaufnahme, Schlaf), reicht das Spektrum von Kaufmotiven über Bedürfnisse wie Sicherheit, soziale Kontakte und gesellschaftliche Anerkennung bis hin zu dem Wunsch nach Selbstverwirklichung (vgl. Dichtl 1994, S. 68 – 69).

Motive nach Maslow	*Kundenbedürfnisse*	*Leistungskategorien*	*Inhalt der Marketing-Kommunikation*
Bedürfnisse nach Selbstverwirklichung	• Freude am eigenen Können/Wissen • Erleben/Genuß	• Do-it-Yourself • Hobbys • (Leistungs-)Sport • (Weiter-)Bildung • Reisen • Kultur • Erlebnisorientierter Einkauf • Gastronomie	• Individualismus • Kreativität • Leistungsstreben • Werte an sich • Hedonismus (=Lustprinzip)
Geltungsbedürfnis	• Anerkennung • Prestige • Macht • Ruhm	• Nobelautos • Luxuslokale • Edle Getränke/Speisen • Exklusive Markenartikel	• Demonstration von Wohlstand • Leitbilder • Zugehörigkeit zu einer Elite • Statussymbol
Soziale Bedürfnisse	• Liebe • Zuneigung • Geselligkeit, Zugehörigkeit	• Nachbarschaftsladen • Hotellerie/Gastronomie • Cluburlaube	• Persönlicher Kontakt • Clubgedanke
Sicherheitsbedürfnisse	• Schutz von Gesundheit, Eigentum und Umwelt • Absicherung gegen existentielle Risiken (Arbeitslosigkeit, Krankheit), Gefahren, Kaufrisiken, Unwissenheit	• Biokost, naturbelassene Lebensmittel, Versicherungen • Sanatorium, Altenheime, Sicherheitsdienste • Markenartikel • Katalysatoren • Bleifreies Benzin	• Qualität • Produkterfahrung • Persönliche Bindungen zum Unternehmen (Beziehungsmanagement) • Beweise durch Autoritäten (Ärzte, Sportler, Fachleute), Referenzkunden • Garantieleistungen, Nachkaufbetreuung
Fundamentale physiologische Bedürfnisse	• Sicherung der Daseinsgrundlagen	• Essen, Trinken, Kleidung • Wohnung, Mobiliar, Kfz	• Preiswürdigkeit • Bequemlichkeit (Convenience) (Kundennähe)

Tab. 2: Die Nutzung der Motivationstheorie von Maslow zur Identifikation von Kundenbedürfnissen (Quelle: in Anlehnung an Dichtl 1994, S. 68 - 69)

✔ Checkliste: Identifikation von Kundenbedürfnissen und Entwicklung entsprechender Leistungsangebote

Unter Heranziehung von Tab. 2 lassen sich diejenigen Kaufmotive identifizieren, die auf die Kunden eines Unternehmens zutreffen, und entsprechende Angebote entwickeln.

- Beispiele:
  „Unsere Kunden schätzen Exklusivität.
  Deshalb bieten wir ihnen nur ausgesuchte Markenartikel."
  „Unsere Kunden schätzen Sicherheit.
  Deshalb bieten wir ihnen eine „Bei Unzufriedenheit zurück"-Garantie."
- Die Kunden schätzen ....
  Deshalb bietet ihnen das Unternehmen ....
- Die Kunden schätzen ....
  Deshalb bietet ihnen das Unternehmen ....
- Die Kunden schätzen ....
  Deshalb bietet ihnen das Unternehmen ....
- Die Kunden schätzen ....
  Deshalb bietet ihnen das Unternehmen ....
- Die Kunden schätzen ....
  Deshalb bietet ihnen das Unternehmen ....

Wenn die wesentlichen Kaufmotive der Kunden erkannt wurden, ist dies ein erster Schritt, die Leistungen eines Unternehmens *kundenorientierter* zu gestalten.

Nicht zuletzt sollte sich ein Anbieter vergegenwärtigen, daß es durchaus zweckmäßig sein kann, ein Produkt zu *entkomplizieren*. So beobachtet man nicht selten das Phänomen, daß eine objektiv bessere Leistung (in unserem Beispiel ein breites Spektrum an Programmier- und Nutzungsmöglichkeiten von Geräten der Unterhaltungselektronik und Telekommunikation) im Urteil des Kunden vergleichsweise schlecht abschneidet, weil die Geräte als zu komplex und nicht mehr handhabbar wahrgenommen werden. Diesem Wunsch nach Einfachheit, der sog. V*oluntary-Simplicity*, werden einige Unternehmen dadurch gerecht, daß sie nicht mehr das aus Sicht der Ingenieure technisch Mögliche, sondern das aus Kundensicht Wünschenswerte anbieten.

4.1.3 Trends im Verbraucherverhalten

Um frühzeitig auf sich abzeichnende Veränderungen in der Erwartungshaltung und damit letztlich in der Zufriedenheit von Kunden reagieren zu können, erscheint es nützlich, einen Blick auf die diesbezüglichen Befunde der Trendforschung zu werfen. Brain Reserve, eines der weltweit renommiertesten Trend-Forschungs-Unternehmen und Herausgeber des in der Wirtschaft vielbeachteten Popcorn-Reports, hat in diesem Zusammenhang die folgenden *17 fundamentalen Trends* im *Verbraucherverhalten* identifiziert (vgl. im folgenden Popcorn/Marygold 1999; Schneider 2000). Im Anschluß an jeden Trend sind Praxisbeispiele angeführt, die veranschaulichen sollen, wie Unternehmen die jeweilige Entwicklung aufgegriffen und in erfolgreiche Angebote umgesetzt haben.

- *Leben im Kokon* (sog. „Cocooning"): Die Verbraucher neigen dazu, sich auf vertrautes Terrain zurückzuziehen, um sich auf diese Weise vor den vermeintlichen Gefahren da draußen zu schützen und abzuschotten. Zu diesen Sicherheitszonen gehören die eigenen vier Wände, aber auch der „mobile Kokon", nämlich das Auto. Damit einher geht der Wunsch nach Sicherheit und Schutz vor Bedrohungen jeglicher Art. Hierbei ist das Phänomen zu beobachten, daß das subjektive Risikoempfinden, d.h. die Wahrnehmung von Risiken durch den einzelnen, kontinuierlich zunimmt, obwohl die objektiven, d.h. tatsächlichen Risiken immer weiter abnehmen.
  - ♦ Virtuelle Kaufhäuser im Internet; E-Commerce und Teleshopping, d.h. Einkauf per Bildschirm, ohne das Haus oder die Wohnung verlassen zu müssen
  - ♦ (Online-)Lebensmittel-Lieferservice
  - ♦ Private Sicherheitsdienste; Alarmanlagen, (Licht-)Bewegungsmelder
  - ♦ Elektronische Anruferidentifikation bei Telefonaten, Vergabe von Geheimnummern
  - ♦ Wegfahrsperre; Lojack Recovery System, d.h. ein Geheimsender, der im Falle eines Diebstahls den Aufenthaltsort des Autos verrät
  - ♦ Versicherungsleistungen jeglicher Art

- *Clanning*: Immer mehr Menschen hegen den Wunsch, zu einer oder mehreren Gruppen von Gleichgesinnten zu gehören, die gemeinsame Werte vertreten und weitgehend identische Bedürfnisse hegen. Dieses Bedürfnis wird um so stärker, je zersplitterter sich unsere Gesellschaft gestaltet und je höher die geforderte Mobilität für den Einzelnen ausfällt. Letztlich ist Clanning nichts anderes als die Suche nach einem Ersatz für die klassische Großfamilie bzw. den Bekanntenkreis.

- ♦ Kundenclubs, Cluburlaube (Robinson-Club, Club Mediterranée etc.)
- ♦ Selbsthilfegruppen
- ♦ Fitness-Studios
- ♦ Chat-Rooms und Foren im Internet, d.h. das Gespräch mit Gleichgesinnten via Bildschirm
- ♦ Kleidungsstile, durch die man die Zugehörigkeit zu einer bestimmten Gruppe demonstrieren kann

- *Fantasy-Abenteuer*: Auf der einen Seite hegen die Menschen den Wunsch nach Rückzug und Zugehörigkeit, auf der anderen Seite suchen sie Abwechslung und Nervenkitzel bei aufregenden, aber trotzdem risikoarmen Unternehmungen, um so dem Alltagsstreß zu entfliehen. Hierzu gehören in erster Linie Reisen, Essen und die virtuelle Realität.
  - ♦ Abenteuersportarten (Bungee-Jumping, Canyoning u.ä.)
  - ♦ Abenteuerurlaube (z.B. Trekking, eine Art Querfeldeinwanderung mit Zelt und Rucksack)
  - ♦ Fahrtraining auf Rennstrecken
  - ♦ Themen-Restaurants (Hard-Rock Cafe, Planet Hollywood usw.)
  - ♦ Computerspiele, Virtual Reality Games
  - ♦ (Abwaschbare) Tätowierungen als Ausdruck einer Tabu-Verletzung
  - ♦ Auswaschbare Farben für einzelne Haarsträhnen (z.B. Mascara Flash)

- *Genießen? Jetzt erst recht!*: Mehr und mehr Verbraucher sind der Einengung durch Regeln und Vorschriften leid. Um dies zu kompensieren, stürzen sie sich - in einer Art Befreiungsschlag - in heimliche Orgien. Standen traditionell bei den guten Vorsätzen zum Jahreswechsel gesundheitliche Punkte oben an („Abnehmen", „Mit dem Rauchen aufhören"), tendieren die Verbraucher nunmehr dazu, ab und zu bewußt zu sündigen und ihren Gelüsten spontan nachzugeben, um sich danach um so intensiver Fitneß und Gesundheit zuzuwenden.
  - ♦ „As much as You can eat"-Angebote (Frühstücksbrunch, Ethno-Buffets; brasilianische Restaurants, sog. rodizios)
  - ♦ Jumbo-Produkte (z.B. Magnum-Eis, Maxi-Schoko-Riegel)
  - ♦ Cocktail-Bars
  - ♦ Renaissance der Zigarre

- *Kleine Belohnungen*: Mit dem vorigen Trend einher geht der verstärkte Wunsch der Verbraucher, sich mit erschwinglichem Luxus im kleinen selbst zu belohnen. Die Wurzel dieses Trends liegt letztlich in dem tiefsitzenden Gefühl, zu kurz gekommen zu sein bzw. aufgrund der aufgebürdeten Lebensbedingungen die eigenen Wünsche nicht ausreichend erfüllen zu können.

- Kurzurlaube, Freizeitparks
- Exquisite Lebensmittel („Erdbeeren im Winter"), Delikatessengeschäfte und -abteilungen
- Ethno-Food, d.h. Lebensmittel und Mahlzeiten aus anderen Ländern
- Luxusartikel (exklusive Füllfederhalter)
- Body-Shops (Bade- und Kosmetikprodukte)
- Marken- bzw. Imagetransfers auf kleinere, erschwingliche Produkte (Parfums von Modeherstellern wie Jil Sander, Lagerfeld, Hugo Boss etc.; Fahrräder und sonstige Accessoires von Automobilherstellern wie Fahrräder von BMW, Brillen von Porsche usw.)

• *Halt und Sinn*: Verbraucher besinnen sich auf ihre geistigen Wurzeln in der Vergangenheit und übernehmen das Altbewährte, um für die Zukunft gewappnet zu sein. In der Hektik des modernen Lebens besteht eine tiefe Sehnsucht nach einer stabilen Grundlage. Im Kern ist es die Suche nach Anworten auf die großen Fragen des Lebens, bei welcher der Blick zurück in die Vergangenheit gerichtet wird und Werte übernommen werden, die damals Trost und Sicherheit bedeuteten. Man bemüht sich, in der Erinnerung tragfähige Lösungen zu finden, die helfen, das tägliche Chaos zu meistern.
  - Feng-Shui, d.h. die alte chinesische Kunst, Natur, Mensch und Gegenstände (z.B. Möbel) in eine harmonische Ordnung zu bringen
  - Yoga-, Meditations- und Tai-Chi-Kurse, teilweise per Video
  - Esoterische, philosophische und (fernöstliche) religiöse Literatur
  - Schmuckstücke mit mystischen Motiven
  - Hobbys wie Ahnenforschung, Handlesen, Horoskope
  - Gemeinnütziges Engagement

• *Ichbezogene Wirtschaft* (sog. „Egonomics"): In Zeiten der Standardisierung und Normierung entsteht das Bedürfnis nach etwas ganz Individuellem, nach einer persönlichen Note. Bestimmender Faktor bei diesem Trend ist das eigene Ich. Ich beanspruche auf meine Person zugeschnittene, individuelle Produkte und Dienstleistungen, gemäß dem Motto: Kein zweiter ist wie ich.
  - Personal-Pair-Jeans von Levis, d.h. gegen einen Aufpreis von 20 $ kann der Kunde sich mit Hilfe eines Body-Scanners sowie Computer in den Levi´s Läden seine individuelle Jeans anfertigen lassen
  - Fernsehsender wie Premiere World, bei denen wir unser eigenes Fernsehprogramm selbst zusammenstellen können
  - Interaktive Filme, bei denen der Zuschauer selbst den Handlungsablauf bestimmen kann (Time-Warner-Konzern)
  - Individuelle Zusammenstellung von CD´s aus Millionen verschiedener Musiktitel (Kooperation wischen Blockbuster Video und IBM)

- ♦ Gestaltung einer individuellen Zeitung nach relevanten Themengebieten (Compuserve, Prodigy)
- ♦ Direct-Mails, d.h. persönlich gehaltene Werbebriefe auf Basis der mit Hilfe einer Kundenkarte gespeicherten Daten
- ♦ Beratung in Apotheken auf Grundlage persönlicher Informationen, die auf der jeweiligen Kundenkarte gespeichert sind.

- *Weibliches Denken*: Werte verschieben sich weg vom zielorientierten, hierarchischen Denken hin zu einem prozeßorientierten, familiären, auf Anteilnahme und Mitwirkung setzenden Modell. Worin aber unterscheidet sich traditionelles (männliches) und neues (weibliches) Denken? Hierzu eine vergleichende Gegenüberstellung:

Traditionelles (männliches) Denken	*Neues (weibliches) Denken*
• Hierarchisch	• Teamwork
• Suche nach Antworten	• Suche nach den richtigen Fragen
• Identifikation mit einer Rolle	• Identifikation mit mehreren Rollen
• Eindimensional	• Mehrdimensional
• Widerstand gegen Wandel	• Suche nach Wandel
• Zielorientiert, d.h. nur die Zielerreichung zählt	• Prozeßorientiert, d.h. der Weg ist die Lösung
• Transaktionsorientiert, d.h. will auf direktem Weg von A über B nach C	• Beziehungsorientiert, d.h. sieht, was A mit C verknüpft, wie B mit F zusammenhängt, was B und D gemeinsam haben

Aus den skizzierten Unterschieden läßt sich die Notwendigkeit von speziell auf Frauen zugeschnittenen Marketing-Konzepten unschwer erkennen. Besonders wichtig erscheint dies bei technischen Produkten, die traditionell die Domäne des Mannes waren, diesbezügliche Kaufentscheidungen aber zunehmend von Frauen beeinflußt werden. Hierzu zählen nicht zuletzt Automobile.

- *Mannzipation*: Bei immer mehr Männern ist ein neues Denken festzustellen, das durch Warmherzigkeit sowie individuelle Freiheit und nicht ausschließlich durch Geschäft sowie Karriere charakterisiert ist. Mit diesem Begriff wird der neue Mann identifiziert.
  - Spezifische Werbeansprache von Männern bei Baby- und Kinderartikeln
  - Hautpflegeprodukte und Kosmetikartikel (etwa Haarfärbemittel) sowie Schönheitsoperationen für Männer
  - Unisex-Düfte (z.B. von Calvin Klein)
  - Androgynes Aussehen (lange, offene Haare; Ohrringe, körperbetonte Kleidung, hochhakige Stiefel)

- *99 Leben auf einmal*: Zunehmendes Tempo und ständiger Zeitmangel zwingen die Verbraucher in eine große Rollenvielfalt. Dies führt dazu, daß vieles auf einmal erledigt werden muß. Viele Menschen haben zu wenig Zeit für all die Aufgaben, die sie erfüllen sollen, so daß sie in aller Hektik nur selten zu sich selbst kommen. Und nicht wenige werden von ihrem Terminkalender tyrannisiert.
  - Fast-Food-Ketten; Gerichte zum Mitnehmen; Drive-Through-Filialen
  - Fertiggerichte
  - Handys, mobile Faxe; Laptops; Minirecorder bzw. Diktiergeräte zum Festhalten von Ideen oder Resümees
  - Selfscanning an Einkaufswägen in Supermärkten, um auf diese Weise die Kassenzeiten zu verkürzen
  - Informationsbroker, die das Internet nach relevanten Informationen durchsuchen und ihren Kunden diese komprimiert auf deren Screen-Saver oder Festplatte liefern
  - Navigationssysteme für Fahrzeuge
  - Fernabfrage von Anrufbeantwortern
  - Faxgeräte
  - Erledigung der Bankgeschäfte per Computer
  - 24-Stunden-Dienst von Ärzten, Museen etc., um auf diese Weise die Wartezeiten zu reduzieren
  - Preisagenturen
  - Schnellinspektion von Fahrzeugen ohne Anmeldung bzw. über Nacht
  - Smart-Häuser, die elektronisch programmiert sind
  - Digitalisierte Kameras, die keinen Emulsions-Negativ-Film mehr benötigen und deren Bilder auf den Rechner übertragen werden können, auf einem Bildschirm zu sehen sind und ausgedruckt werden können.

- *Dosierter Ausstieg*: Berufstätige Frauen und Männer, für die Karriere um jeden Preis kein erstrebenswertes Ziel darstellt, entscheiden sich für einen einfacheren, erfüllteren Lebensstil (sog. Voluntary-Simplicity). Hierbei geht es keinesfalls um eine Null-Bock-Mentalität, sondern um einen dosierten Ausstieg aus Karriere und Konsumrausch.

- ♦ Alternative Lebensweise
- ♦ Do-it-Yourself
- ♦ Ferien auf dem Bauernhof

- *Gesundes und langes Leben*: Immer mehr Menschen wird klar, daß ein ganzheitlicher Ansatz ihr Leben bei guter Gesundheit beträchtlich verlängern kann. Damit verfolgen sie den Wunsch, bei der steigenden Lebenserwartung so lange wie möglich gesund zu bleiben. Heute reicht es nicht mehr, älter zu werden, man will auch etwas vom Leben haben, d.h. mehr Lebensqualität.
  - ♦ Reformhäuser
  - ♦ Biokost; naturbelassene Lebensmittel; (Multi-)Vitaminpräparate
  - ♦ Mit Vitaminen angereicherte Lebensmittel
  - ♦ Light-Produkte jeglicher Art
  - ♦ Homöopathie („Low-Tech-Medizin"), Naturheilverfahren; traditionelle Heilmethoden wie die chinesische Medizin
  - ♦ Wellness-/Fitneßeinrichtungen
  - ♦ Vorsorgeprogramme, Diät, Gymnastik

- *Länger jung bleiben*: Die Sehnsucht nach unseren unbeschwerten Kindheitstagen bringt Spaß in einem leider allzu oft ernsten Erwachsenenleben. Dazu gehört, daß man sich um altersgerechte Regeln, Vorschriften und Einschränkungen nicht mehr kümmert.
  - ♦ Mode (Lolita-Trend, Babydoll-Kleidchen)
  - ♦ Seniorenreisen in ferne Länder
  - ♦ Renaissance traditioneller Spiele (Puzzle, Scrabble, Backgammon, Schach, Jo-Jo) im Videozeitalter
  - ♦ Kosmetika, Collagen-Injektionen, Anti-Cellulitis-Produkte
  - ♦ Beauty-Farmen
  - ♦ Angebot von Lebensmitteln, die traditionell von Kindern bevorzugt werden, an Erwachsene (Haribo/Thomas Gottschalk, Nutella/Boris Becker usw.).

- *Der wehrhafte Verbraucher*: Immer mehr frustrierte und verärgerte Verbraucher suchen nach Möglichkeiten, ihrem Unmut Luft zu machen.
  - ♦ Beschwerdemanagement, Kulanzregelungen; Kundenzufriedenheitsuntersuchungen von Unternehmen
  - ♦ Risikomanagement großer Konzerne (etwa bei Umweltskandalen)
  - ♦ Verbraucherschutzzeitschriften, -sendungen und -initiativen; Testzeitschriften
  - ♦ Aktionen wie „Bild kämpft für Sie"

- *Gegen die Großen*: Ein Großteil der Bevölkerung stellt die Vertreter von Politik, Wirtschaft und Verwaltung als Stützen der Gesellschaft in Frage oder lehnt diese sogar ab. Die in Deutschland zu beobachtende Politikverdrossenheit ist nur ein Beispiel für diese Entwicklung, die sich auf der Verbraucherseite darin niederschlägt, daß man mehr und mehr Sympathien für die Kleinen hegt.
  - ♦ Renaissance der Tante-Emma-Läden
  - ♦ Privatuniversitäten

- *Rettet unsere Gesellschaft* (S.O.S. - Save Our Souls): Weite Teile der Bevölkerung entdecken ihr soziales Gewissen wieder, eine Mischung aus Moral, Mitleid, Umweltbewußtsein und Leidenschaft. Diese Verbraucher bevorzugen Unternehmen, die Umweltbewußtsein, Verantwortung für die Gesellschaft und Engagement für das Bildungswesen zeigen.
  - ♦ Spenden statt Weihnachtsgeschenke an die Kunden
  - ♦ Sponsoring gemeinnütziger Anliegen („Tue Gutes und rede darüber.")
  - ♦ Recycling-Konzepte
  - ♦ Energiesparhäuser, -lampen etc.
  - ♦ Ökobilanzen
  - ♦ Investmentfonds für die Beteiligung an umweltfreundlichen Unternehmen
  - ♦ Benefizveranstaltungen und -schallplatten

- *AtmosFear*: Genmanipulierte bzw. verseuchte Nahrungsmittel sowie durch Menschen verursachte Umweltkatastrophen und -schäden rufen beim Verbraucher zunehmende Verunsicherung hervor. Immer mehr Menschen stellen sich die Frage, ob ihre Umwelt überhaupt noch sicher ist.
  - ♦ Herkunftsnachweise für Lebensmittel (z.B. vor dem Hintergrund von BSE)
  - ♦ Naturbelassene Lebensmittel
  - ♦ Umweltfreundliche Produkte und -technologien
  - ♦ Desinfektionsmittel jeglicher Art

Nicht jeder der vorgestellten Trends betrifft Unternehmen in gleichem Maße. Deshalb sollten Manager gemeinsam mit ausgewählten Mitarbeitern im Rahmen eines zu diesem Zweck eingerichteten Workshops zunächst klären, welche Trends für ihr Unternehmen wichtig und welche weniger wichtig sind.

Obwohl die vorgestellten siebzehn Trends kein völlig widerspruchsfreies System darstellen, sind sie geeignet, um Unternehmen darin zu unterstützen, sich mit zentralen Entwicklungen im Verhalten ihrer Kunden frühzeitig auseinanderzusetzen und darauf abgestimmte *Konzepte* zu entwickeln.

✎ Zusammenfassung

- Kundenzufriedenheit ist das Ergebnis eines psychischen Prozesses, bei dem der Kunde zwischen dem *wahrgenommenen Leistungsniveau* eines Unternehmens (= *Ist-Leistung*) und einem wie auch immer gearteten Standard, in der Regel seinen *Erwartungen* (= *Soll-Leistung*), vergleicht.
- Bei Unzufriedenheit wurden die Erwartungen des Kunden verfehlt. Zufriedenheit entsteht, wenn die Erwartungen des Kunden erfüllt wurden. *Begeisterung* stellt sich ein, wenn die Erwartungen des Kunden deutlich übertroffen wurden.
- *Leistung* im Verständnis von Kundenzufriedenheit ist nicht nichts Objektives, sondern das, was der einzelne Kunde *subjektiv* wahrnimmt.
- Alles, was ein Verbraucher *vor*, *während* und *nach* der *Leistungserstellung* hört, sieht, riecht, fühlt und schmeckt, benutzt er als Indikator zur Beurteilung der Qualität eines Anbieters.
- Während *Basis-* und *Schlüsselleistungen* zum erwarteten Leistungsstandard gehören, lösen *Schrittmacherleistungen* Begeisterung beim Kunden aus.
- Die *Erwartungen* des Kunden werden durch eigene, fremde und situativ bedingte Erfahrungen beeinflußt.
- Ein Teil der Unzufriedenheit von Konsumenten ist darauf zurückzuführen, daß Unternehmen bei ihren Klienten *zu hohe Erwartungen* wecken.
- Die Erwartungen des Kunden lassen sich anhand von *Kaufmotiven* konkretisieren. Die Bandbreite reicht von fundamentalen physiologischen Motiven (essen, trinken, schlafen) über Bedürfnisse wie Sicherheit, soziale Kontakte und gesellschaftliche Anerkennung bis hin zu dem Wunsch nach Selbstverwirklichung.
- In der Erwartungshaltung der Verbraucher zeichnen sich die folgenden *siebzehn fundamentalen Trends* ab: Cocooning; Clanning; Fantasy-Abenteuer; Genießen? Jetzt erst recht!; Kleine Belohnungen; Halt und Sinn; Ichbezogene Wirtschaft (sog. „Egonomics); Weibliches Denken; Mannzipation; 99 Leben auf einmal; Dosierter Ausstieg; Gesundes und langes Leben; Länger jung bleiben; Der wehrhafte Verbraucher; Gegen die Großen, Rettet unsere Gesellschaft (S.O.S. - Save Our Souls); AtmosFear.

4.2 Die Reaktionen des Kunden auf (Un-)Zufriedenheit

Nachdem das Phänomen Kundenzufriedenheit einer genaueren Betrachtung unterzogen wurde, stellt sich nunmehr die Frage, warum es für den Erfolg eines Unternehmens von zentraler Bedeutung ist, seine Kunden zufriedenzustellen. Als hauptsächliches Argument läßt sich ins Feld führen, daß die *Kosten* für die *Neukundengewinnung* rund 5mal so hoch sind wie die Kosten für die Kundenbindung. Und der zentrale Schlüssel zur Kundenbindung ist die Kundenzufriedenheit (vgl. u.a. Levitt 1985; Lingenfelder/Schneider 1991; Meffert 1993; Meyer/Dornach 1992; Peter/Schneider 1994; Simon/Homburg 1995; Plinke 1989).

Denn *zufriedene* und *begeisterte Kunden*

- *kaufen mehr* und bleiben länger *treu*. Außerdem kaufen sie bevorzugt beim Geschäftspartner ein, wenn dieser neue bzw. verbesserte Produkte und Dienstleistungen auf den Markt bringt. Damit steigt konsequenterweise auch der Umsatz, der mit dieser Geschäftsbeziehung erzielt werden kann (sog. *Cross-Selling*)
- reagieren *weniger sensibel* auf *Preiserhöhungen*. Kaum ein Kunde wird wegen einer Preissteigerung von 5 % die langjährige und fruchtbare Beziehung zu einem Anbieter zu Bruch gehen lassen. Beispielsweise hat man festgestellt, daß zufriedene Kunden für guten Service bis zu 9 % höhere Preise in Kauf nehmen
- beachten die Angebote von Wettbewerbern seltener. Auf diese Weise können Wechselbarrieren aufgebaut werden
- sind *kostengünstiger* zu *betreuen*, da sich die Beziehung mit ihnen eingespielt hat. Dadurch sinken im Regelfall die Marketing- und Vertriebskosten, der Informations- und Koordinationsbedarf nimmt ab.

Kundenzufriedenheit gewährt noch einen weiteren Vorteil: Durch die Weiterempfehlung zufriedener Kunden erhält man quasi auf kostenlosem Wege Werbung. So liegt die Wahrscheinlichkeit, daß begeisterte Kunden *positive Mund-zu-Mund-Werbung* betreiben, bei 100 %. 100 zufriedene Kunden gewinnen durch Mund-zu-Mund-Propaganda im Durchschnitt 30 neue Kunden. Und zufriedene Kunden informieren bis zu acht weitere Personen, wodurch u.U. neue Kundenbeziehungen entstehen.

☞ **Beispiel: Förderung positiver Mund-zu-Mund-Werbung bei Saturn/ General Motors**

Bei Saturn, einer nur auf dem amerikanischen Markt präsenten General Motors-Marke, erhält jeder Neuwagenkäufer Visitenkarten mit seinem Namen, dem Saturn-Logo sowie der Anschrift des entsprechenden Händlers. Vermittelt der Kunde damit einen weiteren Kauf aus seinem sozialen Umfeld, erhält er 100 $ Prämie (vgl. Abele 2000, S. 64).

In der Realität begegnet man nicht selten dem Fall, daß Kunden trotz Zufriedenheit die Marke bzw. den Anbieter wechseln. Dieses Phänomen bezeichnet man als *Variety-Seeking*, also als Suche nach Abwechslung im Konsum aufgrund von Langweile bzw. Neugier. Variety-Seeking tritt insbesondere bei Produkten auf, deren Erwerb in den Augen des Verbrauchers ein nur geringes Risiko in sich birgt und schwerpunktmäßig von geschmacklichen Aspekten bestimmt wird (vgl. McAlister 1982, S. 141 ff.). Eine dauerhafte Beziehung zu den Kunden läßt sich in diesem Fall nicht durch die Optimierung von Kundenzufriedenheit erzielen, sondern vielmehr durch Maßnahmen, die entweder den Kunden *technisch*, *ökonomisch* und/oder *sozial binden*, so daß die Bindung den Wunsch nach Abwechslung überlagert, oder auf Abwechslung in den Augen des Kunden ausgerichtet sind.

Zum einen besteht bei manchen Gütern die Möglichkeit, die Kunden über ein System *technisch zu binden* und auf dieser Basis eine langfristige Beziehung aufzubauen. Dies gilt beispielsweise für Personal Computer und die entsprechende Software. Auch wenn die APPLE-Welt mit der IBM-Welt mittlerweile kompatibel ist, wird die Mehrzahl der jeweiligen Kunden das System nicht einfach wechseln, nur weil man mal etwas anderes ausprobieren möchte. Eine solche technische Verbindung zwischen Anbieter und Kunde ist allerdings in vielen Branchen, insbesondere bei kurzlebigen Konsumgütern, nicht realisierbar. Hier besteht die Möglichkeit, zufriedene, aber wechselfreudige Kunden mit der Gewährung von *ökonomischen Anreizen* an sich zu ketten. Das in USA weit verbreitete und früher auch in Deutschland beliebte System der Rabattmarken ist nur eine Form davon. Sehr häufig werden klassische Mengenrabatte eingesetzt. Auch Dienstleister machen mittlerweile von dieser Form der Beziehungspflege Gebrauch. So belohnt die Deutsche Lufthansa AG mit dem Miles & More Programm ihre Kunden für ihre Treue oder verleidet ihnen dadurch den Wechselnutzen. Das Prinzip dabei ist einfach: Dem Kunden werden bei jedem Lufthansa-Flug die geflogenen Meilen auf einem persönlichen Konto gutgeschrieben. Ab einem bestimmten Mindestkontostand können diese Meilen dann gegen verschiedene Prämien wie Freiflüge oder freie Übernachtungen in Partnerhotels der Lufthansa eingetauscht werden, wobei diese Vergünstigungen auch auf andere Personen übertragbar sind (vgl. Dichtl 1994).

Weitaus häufiger und gerade in jüngster Zeit beliebtes Mittel zur Stammkundenpflege bildet jedoch die *soziale Integration* des Kunden. Diese wird beispielsweise über die Bildung von Kundenclubs oder die Einrichtung von Kundenbeiräten hergestellt. Die Mitglieder eines Kundenclubs genießen Vorteile in Form von Clubzeitungen, -veranstaltungen, vergünstigten Versicherungen und Reisen, Liefer- und Bestellservice und Vorzugspreisen. Zahlreiche Anbieter unterschiedlicher Branchen bedienen sich bereits der Form des Kundenclubs zur Schaffung einer emotionalen Verbindung zum Konsumenten wie die Beispiele Ikea Family, Metro Club, Tengelmann Club, Steigenberger-, Porsche- und Camelclub zeigen. Häufig werden die Leistungen des Kundenclubs durch eine sogenannte Affinity-Karte ergänzt (vgl. Schminke 1992). Dies sind Kreditkarten, die von Finanzinstituten in Kooperation mit Unternehmen herausgegeben und mit einem entsprechenden Label des Nicht-Banken Partners versehen werden (z.B. Breuninger Kundenkarte oder Bertelsmann Clubkarte). Zum einen entsteht für den Anbieter durch die Nutzung der Information der monatlichen Abrechnung ein zusätzlicher Kommunikationskanal zum Kunden, zum anderen wird die Bindung des Kunden durch ein zusätzliches Serviceelement verstärkt. Der Vorteil solcher sozialer Instrumente der Beziehungspflege liegt darin, daß die Kunden an den Anbieter sozial gebunden als auch mittels Zusatzerlebnissen wie Clubveranstaltungen das Bedürfnis nach Abwechslung befriedigt werden.

Ist der Kunde *unzufrieden*, entgehen dem betroffenen Unternehmen Erlöse und es fallen Aufwendungen für Nachbesserung, Kulanzregelungen sowie gelegentlich auftretende Regreßansprüche an. Verantwortlich hierfür sind:

- *Abwanderung*, d.h. der Kunde wechselt bei Unzufriedenheit den Anbieter oder zumindest die Marke bzw. boykottiert ein Unternehmen im Extremfall. Unter Boykott versteht man den Abbruch der geschäftlichen Beziehungen zu einem Unternehmen, um dadurch ein bestimmtes Verhalten zu erzwingen. Die Bezeichnung ist auf den englischen Gutsverwalter Charles Cunningham Boycott (*1832, †1897) zurückzuführen, der wegen seiner Rücksichtslosigkeit gegenüber den irischen Landpächtern 1880 zum Verlassen Irlands gezwungen wurde (vgl. Meyers großes Taschenlexikon 1995, S. 10).
- *negative Mund-zu-Mund-Werbung*, d.h. er bringt seine Unzufriedenheit mit den Leistungen des Unternehmens bei Freunden, Bekannten und/oder Kollegen zum Ausdruck. Untersuchungen belegen, daß unzufriedene Kunden bis zu 15 Bekannten, Freunden und Verwandten von ihrem negativen Erlebnis berichten.
- *Beschwerden* gegenüber Unternehmen und/oder Dritten wie z.B. Verbraucherschutzeinrichtungen, Schiedsstellen und Medien.

Zusammenfassung

⇒ Sollte davor sein oder eine Zusammenfassung schreiben

☞ **Untersuchungsergebnisse: Kundenzufriedenheit unter Kosten/Nutzen-Aspekten**

- Es ist 5mal teurer, einen neuen Kunden zu gewinnen, als einen Stammkunden zu pflegen.
- Die Wahrscheinlichkeit, daß sehr zufriedene (= begeisterte) Kunden das Unternehmen erneut aufsuchen, ist 300 % größer als bei zufriedenen Kunden.
- Die Wahrscheinlichkeit, daß sehr zufriedene (= begeisterte) Kunden positive Mund-zu-Mund-Werbung betreiben, liegt bei 100 %. Das positive Erlebnis wird 4 - 8mal weitererzählt.
- Drei Viertel der zu Konkurrenten wechselnden Kunden sind mit der Servicequalität unzufrieden. Ein Viertel der zu Wettbewerbern wechselnden Kunden stört sich an schlechter Produktqualität oder zu hohem Preis.
- Nur ca. 5 % der unzufriedenen Kunden äußern ihre Unzufriedenheit gegenüber dem betreffenden Unternehmen in Form einer Beschwerde. Die restlichen 95 % wandern still ab und/oder schaden dem Unternehmen durch negative Mund-zu-Mund-Propaganda.
- Kunden, die sich bei einem Anbieter beschweren, sind eher bereit, diesem treu zu bleiben, auch wenn die Beschwerde nicht zufriedenstellend gelöst wurde.
- 95 % der verärgerten Kunden bleiben dem Unternehmen treu, wenn das Problem innerhalb von 5 Tagen gelöst wird.
- Über 30 % der Gesamtkosten von Dienstleistern werden durch Nachbesserungsaufwand verursacht.
- 7,25 % beträgt die Steigerung des Rendite, die jeder Prozentpunkt nachhaltig erhöhter Kundenzufriedenheit bewirkt.

Quelle: Tarp 1986; Töpfer/Mann 1996, S. 26 u. 80.

Zu gewerblichen Kunden besteht in der Regel eine längerfristige Beziehung, so daß unzufriedene Kunden nicht von heute auf morgen abwandern. Vielmehr deutet sich eine in Brüche gehende Beziehung zum Kunden durch bestimmte Warnsignale an, die in der folgenden Checkliste aufgeführt sind.

✔ **Checkliste: Warnsignale für die Abwanderung gewerblicher Kunden**	**Überprüft?**
Haben die Entscheidungsträger im Unternehmen des Kunden keine Zeit mehr, um mit den Lieferanten zu sprechen?	
Wurden fällige Wartungsverträge nicht mehr verlängert?	
Erfolgen Nachbestellungen immer seltener, oder bleiben diese sogar über einen längeren Zeitraum aus?	
Erwähnt der Kunde immer häufiger Konkurrenten?	
Haben Beschwerden und Reklamationen zugenommen?	

☞ **Beispiel: Manager Kundenrückgewinnung bei E-Plus**

Nach einer Studie von Booz, Allen & Hamilton liegt der durchschnittliche *Kundenabwanderungsrate* (sog. *Churn Rate*) im *Mobilfunkbereich* bei jährlich 20 bis 25 %. Angesichts eines solch hohen Kundenverlusts hat E-Plus mit gutem Erfolg den Manager Kundenrückgewinnung installiert. Dessen Aufgabe ist es, die Abwanderungsquote zu senken und den Abwanderungsmotiven auf den Grund zu gehen.

Zu diesem Zweck wird die schriftliche Kündigung von einem externen Dienstleister eingescannt und ohne Zeitverlust als digitale Information an den Back-Office-Bereich geliefert. Dieser startet eine Kundenrecherche. Auf Basis der *Kundenwertbetrachtung* und der Prognose der *Rückgewinnungswahrscheinlichkeit* wird dann eine Klassifizierung des abgewanderten Kunden durchgeführt. Nun treten die Telefonvetriebsprofis auf den Plan mit der Zielsetzung, die absprungbereiten Kunden entsprechend ihres Ratings zu kontaktieren. Immerhin rund ein Viertel kann zurückgewonnen werden. Neben persönlichem Service sind dabei ein *Upgrading* in Form eines neuen Handys, ein kostenloser Tarifwechsel oder Geschenke wie Regenschirme oder Rucksäcke zweckdienliche Instrumente (vgl. Schütze 1999, S. 78).

→ Lösung in Verbindung mit Kundenkarte

Gleichwohl löst nicht jedes negative Erlebnis eine Verhaltensreaktion aus. Unternimmt ein Kunde trotz Verärgerung nichts, besteht die Gefahr, daß ein Anbieter die Schwächen seines Leistungsangebotes nicht oder zu spät erkennt und das Ausbleiben von Kritik fälschlicherweise als Zustimmung interpretiert. Vor diesem Hintergrund muß es nachdenklich stimmen, daß rund 85 % der unzufriedenen Kunden auf eine Beschwerde verzichten. Abb. 3 vermittelt einen zusammenfassenden Überblick über die *Reaktionen* des *Kunden* auf *(Un-)Zufriedenheit*.

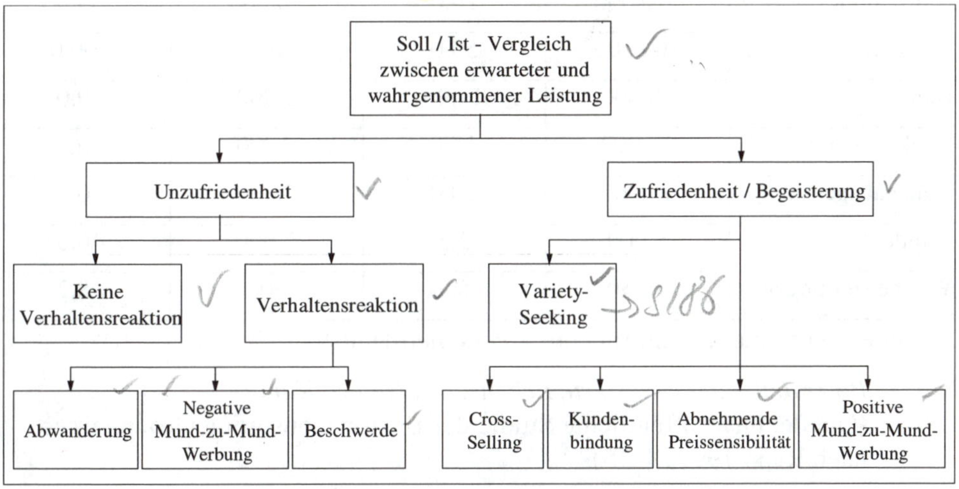

Abb. 3: Die Reaktionen des Kunden auf (Un-)Zufriedenheit im Überblick

4.3 Der ökonomische Wert einer stabilen Anbieter/-Nachfrager-Beziehung

Wenn Kundenzufriedenheit der zentrale Schlüssel zur Kundenbindung ist, gilt es nunmehr zu klären, welches *ökonomische Potential* in einer *stabilen Beziehung* zum Kunden ruht. Im Rahmen der TARP-Studien (Technical Assistance Research Program) wurde festgestellt, daß ein durchschnittlicher Verbraucher über sein ganzes Leben hinweg betrachtet 300.000 DM an Umsatz für die Automobilindustrie bedeutet. Peters (1987) stellte für den Lebensmitteleinzelhandel einen *Kundenlebensumsatz* von 250.000 DM fest. Zu ähnlichen Ergebnissen gelangt eine unveröffentlichte Studie der Boston Consulting Group.

Produktkategorie/ Branche	*Potentieller Lebensumsatz pro Kunde (in DM)*	*Durchschnitt-liche Dauer der Kunden-beziehung (in Jahren)*	*Durchschnitt-lich realisierter Wert (in DM)*	*Durchschnitt-lich realisierter Wert (in %)*
Supermärkte	350.000	4,5	23.000*	6,6
Automobile	210.000	20,0	70.000	33,3
Telekommunikation	100.000	50,0	100.000	100,0
Bier	20.000	4,0	2.000	10,0
Bankbeziehung	15.000	17,0	7.000	46,7
Haushaltsgeräte	15.000	20,0	7.500	50,0
Windeln	5.000	2,5	2.000	40,0
Wochenzeitungen	3.850	5,5	700	18,2

Legende: *) pro durchschnittlichem 4 Personen-Haushalt

Tab. 3: Potentielle und realisierte Lebensumsätze pro Kunde
(Quelle: unveröffentlichte Studie der Boston Consulting Group, zitiert nach Rapp 1992, S. 15)

Aus Tab. 3 läßt sich entnehmen, daß in zahlreichen Branchen nur ein (Bruch-) Teil des möglichen Lebensumsatzes realisiert wird, d.h. den Unternehmen infolge der Abwanderung von Kunden, die zum größten Teil auf deren Unzufriedenheit zurückzuführen sein dürfte, erhebliche Umsatzpotentiale verloren gehen. Besonders interessant erscheint in diesem Zusammenhang die Entwicklung im Telekommunikationssektor: Herrschte zum Untersuchungszeitpunkt in dieser Branche noch eine Monopolsituation, so ist die Deutsche Telekom mittlerweile von erheblichen Abwanderungsbewegungen betroffen.

☞ **Beispiel: Was der Kunde eines Mobilfunkanbieters wert ist**

Im Mobilfunkmarkt sind heutzutage die an ein Unternehmen vertraglich gebunden Kunden und die erwarteten Wachstumsraten der Kundenneugewinnung die zentralen Faktoren, die den Wert eines Unternehmens bestimmen. Hier steigen die Preise für die Einheit Kunde von Übernahme zu Übernahme. Während die Deutsche Telekom noch rund 9.000 DM für einen One-2-One-Kunden zahlte, mußte France Télécom bei der geplanten Übernahme von E-Plus schon tiefer in die Tasche greifen und mehr als 10.000 DM für jeden Kunden ausgeben. Die Mannesmann AG, die ebenso wie France Télécom aus dem Bietergefecht um One-2-One ausgestiegen war, weil sie nicht jeden Preis für ein Unternehmen zahlen wollte, mußte einige Zeit später mehr als 17.000 DM je Orange-Kunden aufbieten, um den Hauptaktionär Hutchinson in Hongkong zum Verkauf zu bewegen.

Diese Kaufsumme wird das Unternehmen von dem einzelnen Kunden wahrscheinlich nie erlösen können. Die Mobilfunkunternehmen spekulieren aber mit Recht auf immense Zuwachsraten im Geschäft mit neuen Kunden, die dann unter wenigen Anbietern verteilt werden (vgl. Winkelhage 1999, S. 11).

Der Wert eines zufriedenen Kunden bestimmt sich allerdings nicht nur aufgrund seines *Lebensumsatzpotentials* (Life-Time-Value). Berücksichtigt man nämlich noch die Auswirkungen der positiven Mund-zu-Mund-Propaganda, die entfallenden Akquisitionsaufwendungen, Cross-Selling-Effekte sowie die abnehmende Preissensibilität zufriedener Kunden, ist unschwer zu erkennen, daß der Wert eines Kunden mit zunehmender Bindungsdauer wächst (vgl. hierzu auch Hinterhuber/Handlbauer/Matzler 1997, S. 11).

Dies führt zur nächsten Frage: Wie wirkt sich die Dauer einer Geschäftsbeziehung auf Rentabilität bzw. Gewinn eines Unternehmens aus? Reichheld/Sasser (1991) stellten bei ihren Untersuchungen fest, daß das *Gewinnpotential* eines Kunden mit zunehmender Dauer der Geschäftsbeziehung immer mehr *ansteigt.* So erzielen etwa Kreditkartenunternehmen nach einem Jahr der Geschäftsbeziehung einen Überschuß pro Kunde von DM 60, und dieser steigt bis zum fünften Jahr auf einen Überschuß pro Kunde und Jahr von 110 DM.

Die *Gewinnzuwächse* über die Zeit sind im wesentlichen auf folgende *Ursachen* zurückzuführen:

- Erhöhung der Kauffrequenz
- Verringerung der Betriebskosten (etwa Werbung, Kundenberatung u.ä.)
- Preiszuschläge, die aufgrund abnehmender Preissensibilität des Kunden immer weniger wahrgenommen werden, und nicht zuletzt
- Weiterempfehlung an neue Kunden.

☞ **Untersuchungsergebnis: Gewinnpotentiale durch Stammkundenbeziehungen**

Reichheld, Bain & Company und Sasser untersuchten anhand von 100 Unternehmen aus 24 Branchen den *Zusammenhang* zwischen *Kundenmigrationsraten* und *Gewinnen*. Sie weisen nach, daß im Falle von Stammkundenbeziehungen der Gewinn des ersten Jahres im Laufe von sieben Jahren auf das Neunfache gesteigert werden konnte. Davon entfallen ca.

- 11,1% auf den Grundgewinn des ersten Jahres,
- 34,4 % auf den Gewinn aus erhöhter Kauffrequenz und gestiegenen Rechnungsbeträgen,
- 21,1 % auf Gewinn aufgrund geringerer Verwaltungs- und Vertriebskosten,
- 32,2 % aufgrund von Weiterempfehlungen (sog. positive Mund-zu-Mund-Werbung) sowie
- 0,2 % auf Gewinne aus Preisaufschlägen infolge abnehmender Preissensibilität des Kunden.

Hierbei muß ins Kalkül gezogen werden, daß sich die Kosten der Neukundenakquisition auf das 1,3fache des Gewinns des ersten Jahres belaufen (vgl. Reichheld/Sasser 1991, S. 108 - 116).

✎ **Zusammenfassung**

- *Zufriedene* und *begeisterte Kunden* bleiben einem Unternehmen länger treu.

- Der *Wert* eines *Kunden* wächst mit *zunehmender Bindungsdauer*. Die Umsatz- und Gewinnsteigerungen über die Zeit basieren im wesentlichen auf einer Erhöhung der Kauffrequenz (Deckung von Ersatzbedarf sowie Cross-Selling), einer Verringerung der Betriebskosten (etwa Werbung, Kundenberatung), Preiszuschlägen, die immer weniger wahrgenommen werden (abnehmende Preissensibilität), und nicht zuletzt auf der Weiterempfehlung an neue Kunden (positive Mund-zu-Mund-Werbung).

- *Unzufriedene Kunden* neigen dazu, sich zu beschweren, negative Mund-zu-Mund-Werbung zu betreiben und/oder abzuwandern. Folglich entgehen dem betroffenen Unternehmen Erlöse und es fallen Aufwendungen für Nachbesserung, Kulanzregelungen sowie auftretende Regreßansprüche an.

5 Gradmesser der Kundenzufriedenheit

5.1 Funktionen der Messung von Kundenzufriedenheit

Die Erfassung von Kundenzufriedenheit erfüllt *drei Funktionen*, die im Unternehmensalltag eng miteinander verknüpft sind (vgl. Günter 1995, S. 279 - 281):

- *Behebung von Einzelfällen (Reparaturfunktion)*
  Zunächst konzentriert man sich darauf, einzelne Fälle von Unzufriedenheit aufzuspüren und unzufriedene Kunden in ihrem negativen Urteil über das Unternehmen sowie dessen Leistungen umzustimmen. Das Spektrum der Möglichkeiten reicht hier von Umtausch, Reparatur, Schadensersatz, Preisnachlaß, Geld zurück sowie Beratungsleistungen über kleine Geschenke, Gutscheine u.ä. bis hin zur Entschuldigung beim Kunden.

- *Ermittlung von Verbesserungspotential (Lernfunktion)*
  Wenn sich ein Unternehmen ausschließlich auf die Behebung von Einzelfällen beschränkt, ändert sich - läßt man einmal zufällige Schwankungen außen vor - im Grunde nichts an der zukünftigen Qualität der Unternehmensleistungen. Die gleichen Fehler würden immer wieder auftreten. Getreu dem Motto: „Man darf jeden Fehler machen, aber eben nur einmal." gilt es vielmehr, aus den negativen Erfahrungen zu lernen und die Unternehmensleistung dahingehend zu verbessern, daß in Zukunft keine oder zumindest weniger Unzufriedenheit beim Kunden entsteht. Dies erfordert eine fundierte Dokumentation, Auswertung und Diskussion der negativen Ereignisse. Denn nur so wird es gelingen, gemeinsam mit den Mitarbeitern aus den Fehlern zu lernen und Verbesserungspotential aufzudecken.

- *Kennzahlen für das Personal-Management (Anreizfunktion)*
  Diese Funktion ist unmittelbar mit den beiden anderen Aufgabenbereichen vernetzt, sie unterstützt bzw. flankiert diese quasi. Wer argumentiert, daß höhere Kundenzufriedenheit dem Unternehmen einen erheblichen ökonomischen Nutzen beschert, muß konsequenterweise die Mitarbeiter im Sinne eines Intrapreneurship, eines Unternehmertums im Unternehmen, am Erfolg teilnehmen lassen. Hierfür eignet sich ein auf Kundenzufriedenheit basierendes Anreizsystem, das seinerseits die fundierte und kontinuierliche Erfassung der Kundenzufriedenheit voraussetzt.

5.2 Der Ausgangspunkt: Anlage und Pflege einer Datenbank

Wesentliche Voraussetzungen für die Erfassung von Kundenzufriedenheit sind Anlage und Pflege einer *Kundendatenbank.* Mit deren Hilfe lassen sich zum einen Kundenloyalität, Reklamationen bzw. Beschwerden sowie Garantiefälle - also zentrale Indikatoren der Kundenzufriedenheit - dokumentieren und analysieren. Zum anderen enthält die Kundendatenbank das für Befragungen erforderliche Adreßmaterial. Außerdem ist die Fähigkeit, schnell und präzise auf Kundenbestellungen reagieren zu können und ein komplettes Profil der Einkaufsgewohnheiten aufzubauen, für die Marketing- und Produktportfolioplanung zahlreicher Unternehmen (u.a. Einzelhandelsunternehmen und hier speziell Supermärkte) eminent wichtig geworden.

Vor diesem Hintergrund verwundert es kaum, daß der *Customer-Relation-Management (CRM)-Software* ein rasanter Anstieg prognostiziert wird. Hierunter versteht man EDV-Programme, deren primäres Ziel darin besteht, Unternehmen bei der Realisierung von mehr Kundennähe und -zufriedenheit zu unterstützen. Zu diesem Zweck werden sämtliche Anwendungen und Funktionen aus Vertrieb, Marketing, Call-Center und Service zusammengeführt, so daß alle Mitarbeiter grundsätzlich auf die gleichen Kundendaten zugreifen können (vgl. o. V. 1999g, S. 32).

Eine Studie der Unternehmensberatung Frost & Sullivan bewertet den Markt für CRM-Software für Europa mit 751,8 Millionen Dollar (1998) und erwartet einen Anstieg auf 6,81 Milliarden Dollar zum Jahr 2005, wobei rund eine Milliarde Dollar Umsatz auf den deutschen Markt entfallen würde. Hauptwachstumsfaktoren seien das zunehmende Interesse an einem verbesserten Kundendienst und die Notwendigkeit zur Integration von Back-Office und Front-Office. Allerdings nutzen derzeitig in Deutschland nur rund zehn Prozent der über 450.000 potentiellen Kunden ein CRM-System (Stand: 1999; vgl. o. V. 1999e, S. 27; Schwetz 1999, S. 18).

Dabei handelt es sich bei CRM nicht um eine Modeerscheinung, sondern um eine systematische Vorgehensweise zum erfolgreichen Management einer Geschäftsbeziehung. Hierzu gehören die folgenden, aufeinander aufbauenden *Elemente:*

- Kundenanalyse und -segmentierung,
- Entwicklung zielgruppenspezifischer Relationship-Prozesse und -Instrumente,
- Implementierung von systematischem Kundenmanagement sowie
- kontinuierliches Lernen aus der Kundenbeziehung.

Neben einer Unternehmenskultur, in deren Mittelpunkt Kundenorientierung, -zufriedenheit und -begeisterung stehen, bedarf CRM einer entsprechenden *Informationstechnologie-Infrastruktur* (im Idealfall eines *Data-Warehouse*) zur Speicherung, Auswertung, Bereitstellung und Nutzung sämtlicher im Kontakt mit dem Kunden anfallenden Daten. Erst durch den ganzheitlichen Ansatz des CRM lassen sich die richtigen Kunden finden und begeistern, deren Loyalität ausbauen und im Problemfall unzufriedene bzw. abgewanderte Kunden zurückgewinnen (vgl. Rapp/Schusser 1999, S. 24 - 26).

☞ **Untersuchungsergebnis: Customer Relation Management (CRM) bei Tesco**

Der Erfolg der britischen Einzelhandelskette Tesco basiert auf einer umfassenden, auf der jeweiligen Lebensphase der Abnehmer basierenden Kundensegmentierung. Diese reicht vom Baby Club über den Heavy User bis hin zum Senior. Die Einführung einer Kundenkarte, die gezielte Kommunikation auf Basis des bisherigen Kaufverhaltens sowie der Einsatz eines kostenlosen Online- und E-Commerce-Services (Tesco Online/Superstore) haben dazu geführt, daß Tesco in England Marktführer ist und über eine im Gegensatz zur Konkurrenz zweistellige Umsatzrentabilität verfügt.

Doch die besten CRM-Systeme sind nicht in der Lage, die Zufriedenheit der Kunden und damit letztlich den Umsatz zu erhöhen, solange das Verhalten der Mitarbeiter und der organisatorische Ablauf noch in den alten Bahnen laufen. *Erfahrungsberichte* über die *Einführung* von *CRM-Systemen* weisen immer wieder darauf hin, daß die Änderungsbereitschaft in Richtung Kundenorientierung in der Unternehmenspraxis recht schwach ausgeprägt ist. Solange viele Vertriebsleiter das vorrangige Ziel von CRM-Systemen in erster Linie in der Überwachung des Außendienstes sehen, gefährden sie damit die für den Erfolg solcher Systeme unerläßliche Akzeptanz bei den Mitarbeitern. Die Folgen sind manipulierte Besuchsberichte, zurückgehaltene Verkaufschancen und Mitarbeiter, die lieber mit Papier und Bleistift arbeiten, weil sie die Unzulänglichkeiten der Zahlenfriedhöfe des CRM-Systems kennen. Dies alles führt dazu, daß im Marketing aus unvollständigen und falschen Daten mit Hilfe der modernsten Analysewerkzeuge vermeintlich neue Trends im Verhalten der Kunden identifiziert werden. So bleiben die Verkaufserfolge hinter den Erwartungen des Management zurück und nur der Umstand, daß (fast) alle dieselben Fehler machen („Schlendrian wird mit Schlendrian verglichen"), überdeckt die Konsequenzen des Fehlverhaltens.

Eine weitere *Schwäche* liegt in der fehlenden organisatorischen Anpassung der Prozesse an die CRM-Systeme. Es verspricht wenig Erfolg, wenn die Kunden im Internet direkt ihre Aufträge plazieren können, die Mitarbeiter bei Rückfragen des Kunden aber nicht in der Lage sind, die entsprechenden Informationen zu liefern, weil für die erforderliche Schulung keine Budgets mehr vorhanden waren (vgl. Schwetz 1999, S. 18; Wessling 1999, S. 40 - 41.).

Sollte ein Unternehmen sich dazu entschließen, nicht auf vorhandene CRM-Software zurückzugreifen und in Eigenregie eine Kundendatenbank aufzubauen, sind im Vorfeld folgende *Fragen* zu klären:

- Welche Daten sind in welchem Umfang zu speichern?
- Wie sollen die Daten aufbereitet sein?
- Für wen sollen die Daten in welcher Form und in welchem Umfang zugänglich sein?

Beim Blick in die Unternehmenspraxis wird offenkundig, daß sich zahlreiche Kundendatenbanken, falls überhaupt, auf die Dokumentation der Beziehungen mit den *Stammkunden* beschränken. Wenn dieser Aspekt im Zusammenhang mit Kundenzufriedenheit auch im Vordergrund steht, so ist eine solche Perspektive für die meisten Unternehmen doch zu begrenzt. Vielmehr erscheint es zweckmäßig, flankierend zur Stammklientel folgende *Zielgruppen* in einer Datenbank zu führen:

- *Potentielle Kunden* und *Interessenten* als Basis einer systematischen Kundenakquisition
- *Neukunden* als Basis gezielter Kundenbindungsprogramme, der Aufdeckung von Cross-Selling-Potential sowie der Intensivierung der Mund-zu-Mund-Propaganda
- *Abgewanderte Kunden* als Basis für Rückgewinnungsaktionen sowie die Aufdeckung von Schwachstellen

Eine Datenbank sollte grundsätzlich folgende *Basisinformationen* enthalten, die es nach unternehmensspezifischen Gegebenheiten sowie jeweiligem Analysezweck zu ergänzen gilt (vgl. hierzu auch Schaller 1988):

✔ **Checkliste: Basisinformationen einer Kundendatenbank**	**Überprüft?**
Kundenstatus (potentieller Kunde, Neukunde, Stammkunde, abgewanderter Kunde)	
Kundenadresse	
Geburtsdatum (wichtig als Anknüpfungspunkt für erneute Kontaktaufnahme sowie für Aufspüren altersspezifischer Bedürfnisstrukturen)	
Dauer der Beziehung zum Kunden	
Zeitpunkt des letzten Kontakts/Kaufs	
Kommunikationskanal (Schaufenster/Ausstellung, Mund-zu-Mund-Werbung, Anzeige, Werbespot, Prospekt, Direct-Mail, Messe-Kontakt, Gelbe Seiten, Internet, Preisausschreiben)	
Ansprechpartner im eigenen Haus (Liste mit Abteilungen oder Mitarbeitern vorgeben)	
Gegebenenfalls Angebote, Angebotserfolg, Ablehnungsgründe, Aufträge an Hauptwettbewerber	
Bei Neukunden und Stammkunden: gekaufte Produkte und Zeitpunkt des (letzten) Kaufs; Umsatzvolumen des Kunden (falls möglich, Umsatzgrößenklassen vorgeben), weitere entscheidungsrelevante Eigenschaften des Kunden (Preissensibilität, Qualitätsbewußtsein u.ä.)	
Bei abgewanderten Kunden: Gründe für die Abwanderung, Abwanderung zu welchen Wettbewerbern	

Wie aber gelangt ein Unternehmen an diese *Informationen*? Aufschlußreich erscheinen in diesem Zusammenhang zwei Beispiele aus der Unternehmenspraxis.

☞ **Beispiel: Arzneimittelpaß von Apotheken**

Apotheken bieten ihren Kunden die Möglichkeit, bei Speicherung der persönlichen Daten eine kostenlose Kundenkarte zu erwerben. Damit sind folgende *Leistungen* verbunden:

- Analyse der gegenseitigen Verträglichkeit der Arzneimittel. Der Kunde kann überprüfen lassen, ob sich das Medikament mit den Mitteln verträgt, die er bereits vor Wochen erworben hat.
- Verzicht auf das Mitbringen des Befreiungsbescheides, da der Apotheker aufgrund der Kundenkarte weiß, ob der Kunde befreit ist oder nicht.
- Auflistung der Rezeptzuzahlungen am Jahresende als Nachweis für die Krankenkasse. Hier kann der Kunde u.U. Geld sparen, da bei geringem Einkommen abhängig vom Familienstand Härtefallregelungen zur Befreiung von Rezeptzuzahlungen existieren.
- Aufstellung sämtlicher Aufwendungen zum Nachweis außergewöhnlicher Belastungen beim Finanzamt. Für den Kunden entfallen somit das Sammeln und Aufbewahren von Einzelbelegen und Quittungsheften.
- 3% Rabatt auf alle Kosmetik- und Körperpflegemittel in der Apotheke, wenn der Kunde mit der Kundenkarte einkauft.
- Kontinuierliche Betreuung. Beispielsweise weiß der Apotheker, welches Schnupfenmittel dem Kunden im letzten Winter geholfen hat - oder welchen Lichtschutzfaktor das Sonnenschutzmittel hatte.

Es ist unschwer zu erkennen, daß der *Apotheker* diese Leistungen nicht selbstlos anbietet, sondern seinerseits eine Reihe von *Vorteilen* aus der Kundenkarte zieht. Neben der Gewinnung umfangreicher Informationen über die Treue seiner Kunden zählen hierzu:

- Erhöhung der Kundenbindung und Aufbau von Wechselbarrieren
- Betreuung des Kunden in der Nachkaufphase und damit über den eigentlichen Kauf hinaus
- Analyse von Verbundwirkungen zwischen einzelnen Sortimentsteilen
- Analyse des Kaufverhaltens: Welche Kunden kaufen welche Produkte in welchen Abständen? Welche Produkte werden gemeinsam erworben (Verbundbeziehungen)? Wie reagiert der Kunde auf Preisänderungen (Preissensibilität)?

☞ **Beispiel: Fünf-Jahres-Sondergarantie für Schlotterer-Rolladen und Klappladen-Systeme**

Der österreichische Rolladenhersteller Schlotterer, der seine Produkte über die Fensterindustrie sowie deren Groß- und Einzelhändler vertreibt, bietet seinen Kunden zusätzlich zur normalen Gewährleistungsgarantie eine Fünf-Jahres-Sondergarantie. Einzige Voraussetzung: Der Kunde muß den Garantieschein, der dem Rolladen beiliegt, ausfüllen und an Schlotterer zurücksenden. Auf dem *Garantieschein* sind Namen und Adresse sowie der Fachhändler, bei dem der Rolladen erworben wurde, anzugeben. Mit diesem System schlägt Schlotterer zwei Fliegen mit einer Klappe: Zum einen erhält das Unternehmen die Anschriften der Endkunden, die normalerweise beim Fachhandel verbleiben, quasi freihaus. Zum anderen erfährt Schlotterer, welche Fachhändler seine Produkte verkaufen.

✎ **Zusammenfassung**

- Zentrale Voraussetzungen für die Erfassung und Analyse von Kundenzufriedenheit sind die Anlage und Pflege einer *Kundendatenbank.*
- Für diesen Zweck existiert ein vielfältiges Angebot an *Customer-Relation-Management (CRM)-Software.*
- Eine Datenbank sollte sich nicht auf die Dokumentation der Beziehungen mit den *Stammkunden* beschränken, sondern flankierend *potentielle Kunden* und *Interessenten, Neukunden* sowie *abgewanderte Kunden* führen.
- Zur Beschaffung der hierzu erforderlichen Informationen eignet sich neben den klassischen Wegen das Angebot zusätzlicher *Serviceleistungen* (etwa Einräumen von über die gesetzlichen Ansprüche hinausgehenden Garantieleistungen, Kundenkartensysteme u.ä.).

5.3 Ansatzpunkte zur Erfassung von Kundenzufriedenheit

5.3.1 Die Ansätze im Überblick

Die meisten Unternehmen beschränken sich aus Gründen der Einfachheit darauf, Kundenzufriedenheit aus Leistungsgrößen wie *Umsatz* und/oder *Marktanteil* abzuleiten. Daß diese Kennzahlen trotz des geringen Erhebungsaufwandes *keine zuverlässigen Rückschlüsse* auf die Zufriedenheit von Kunden zulassen, verdeutlichen die folgenden *Beispiele*:

- Der Umsatz eines Unternehmens kann konjunkturell, saisonal oder durch Preiserhöhungen bedingt gewachsen sein, ohne daß sich die Zufriedenheit der Kunden verändert hat.
- Der steigende Marktanteil eines Unternehmens muß nicht unbedingt darauf zurückzuführen sein, daß die Kunden nun zufriedener sind. Vielmehr ist es auch denkbar, daß die Verbraucher aufgrund kurzfristiger Lieferengpässe von Wettbewerbern notgedrungen dort einkaufen müssen.
- Umsatz- und Marktanteilsveränderungen ist gemeinsam, daß sie nur einen sehr *begrenzten Einblick* in die Ursachen von (Un-)Zufriedenheit gewähren. Das heißt konkret: Im Idealfall weiß man zwar, daß das eigene Unternehmen besser oder schlechter geworden ist, es bleibt aber unklar, in welchen Bereichen bzw. warum.

Wenn man einen fundierten Einblick in die Zufriedenheit der Kunden gewinnen will, bieten sich grundsätzlich *zwei Meßansätze* an, die es im folgenden genauer zu beleuchten gilt (vgl. Tab. 4; ähnlich auch Dichtl/Schneider 1994; Lingenfelder/Schneider 1991; Schneider/Lingenfelder 1990, Standop/Hesse 1985):

- *Objektorientierte Verfahren*: Diese werden in der Unternehmenspraxis am häufigsten eingesetzt. Objektorientiert bedeutet, daß Größen, die nicht auf der Einschätzung der Kunden basieren, sondern am betreffenden Unternehmen anknüpfen, herangezogen werden. Neben den Kennzahlen Umsatz und Marktanteil, die - wie skizziert - mit erheblichen Mängeln behaftet sind, zählen zu dieser Kategorie die *Analyse* der *Kundenloyalität*, die *Auswertung* von *Reklamationen* und *Garantiefällen* sowie die *Durchführung* von *Qualitätskontrollen* (beispielsweise Testkäufe).

- *Subjektorientierte Verfahren*: Diese Meßansätze knüpfen unmittelbar an der Einschätzung des Subjekts, nämlich des Kunden an. Zu diesem Zweck bedient man sich der Königsmethode der Marktforschung, der Kundenbefragung. Grundsätzlich läßt sich zwischen *ereignisorientierten* und *merkmalsgestützten* Verfahren unterscheiden. Bei ersteren wird der Kunde aufgefordert, positive bzw. negative Erfahrungen mit dem Unternehmen frei zu schildern. Im Gegensatz dazu wird er im Falle des zweiten Ansatzes gebeten, ein Unternehmen bzw. dessen Produkte als Ganzes (*eindimensionale Messung*) oder bestimmte Eigenschaften derselben (*mehrdimensionale Messung*) zu bewerten. Auf die Vorstellung der impliziten Meßansätze sowie der Messung des Erfüllungsgrades von Erwartungen wird aufgrund deren geringer Praktikabilität im vorliegenden Kontext verzichtet (vgl. hierzu Lingenfelder/Schneider 1991).

Objektorientierte Verfahren	*Subjektorientierte Verfahren*
• Erfassung von Umsatz und Marktanteil • Analyse der Kundenloyalität • Auswertung von Reklamationen, Garantiefällen und Beschwerden • Durchführung von Qualitätskontrollen (z.B. Testkäufe, Werkstatt-Tests)	• Ereignisorientierte Verfahren ♦ Methode der kritischen Ereignisse • Merkmalsgestützte Verfahren ♦ Eindimensionale Messung ♦ Mehrdimensionale Messung

Tab. 4: Verfahren zur Ermittlung der Kundenzufriedenheit

5.3.2 Die Analyse der Kundenloyalität

Die Analyse der Kundentreue basiert auf der Annahme, daß *zufriedene Kunden* sich *loyal* verhalten, wohingegen *unzufriedene Kunden abwandern*. Dieser Zusammenhang ist nicht immer gegeben. Denn zahlreiche Kunden hegen trotz Zufriedenheit den Wunsch nach Abwechslung und damit nach Produkt- bzw. Anbieterwechsel (sog. *Variety-Seeking*). Und umgekehrt vermag so mancher unzufriedene Kunde nicht zu reagieren, weil es dem Unternehmen gelungen ist, ihn mit spezifischen rechtlichen, ökonomischen, technischen und psychographischen Instrumenten an sich zu ketten (sog. *Kundenbindung*). Hierzu zählen u.a.:

- der Abschluß langfristiger Lieferverträge,
- die Förderung der Abnehmertreue durch entsprechende Rabattsysteme,
- die Einführung von Systemkonzepten (etwa im EDV-Bereich),
- die Erschwerung des Lieferantenwechsels durch technische Vorkehrungen,
- der Aufbau persönlicher Verbindungen und nicht zuletzt die Unterhaltung von Clubs (vgl. Dichtl 1994, S. 68 – 69).

Trotz dieser Einschränkungen können mit der Analyse der Kundenloyalität erste Einblicke in die (Un-)Zufriedenheit der Kunden gewonnen werden. Dies erscheint besonders wichtig, da die meisten Mitarbeiter nur vage Vorstellungen darüber haben, wieviele Kunden jedes Jahr wegen mangelnder Zufriedenheit mit den Produkten und Serviceleistungen abwandern und welcher Profit ihrem Unternehmen dadurch verloren geht.

Um den *wirtschaftlichen Schaden*, der durch den Verlust unzufriedener Kunden entsteht, abschätzen und damit letztlich den eigenen Mitarbeitern vermitteln zu können, sollten die folgenden *vier Schritte* einer *Kundenverlustanalyse* unternommen werden (vgl. Kotler/Bliemel 1995, S. 74 - 75):

(1) Zunächst gilt es, die *Kundenabwanderungsrate* zu berechnen. Im Regelfall wird die Kundenabwanderungsrate bestimmt, indem man feststellt, wie viele Kunden auf Folgeaufträge verzichten. Erste Anhaltspunkte hierfür bieten die Kündigungsrate (etwa bei Zeitschriftenanbietern, Versicherungen) oder der Verzicht auf die Befriedigung von Ersatzbedarf (z.B. bei Bürofachgeschäften, Kopiererherstellern).

(2) Nunmehr muß den *Gründen* für *Abwanderung* nachgegangen werden. Wenn beispielsweise ein Kunde aus dem Einzugsgebiet eines Unternehmens weggezogen ist, kann man ihn selbst durch die Optimierung des Leistungsangebotes nicht halten. Anders sieht es aus, wenn der Kunde einem Unternehmen wegen schlechter Produkte, unfreundlicher Bedienung, mangelhaftem Service, einem ungünstigen Preis/Leistungs-Verhältnis oder anderen, vom Anbieter zu verantwortenden Gründen den Rücken zukehrt.

☞ **Beispiel: Identifikation abgewanderter Kunden bei Viking-Direkt**

Viking-Direkt, Versender von Büroartikeln mit 24 Stunden-Service, fragt bei Kunden nach, die über einen längeren Zeitraum nichts bestellt haben. Per Brief bittet die Geschäftsführung um eine kurze Nachricht, ob der Kunde nach seiner letzten Bestellung nicht zufrieden war. Auf dem Briefbogen ist eine weiße Fläche ausgespart, auf der ein Kunde seine Anmerkungen notieren kann.

(3) Jetzt sollte abgeschätzt werden, wie hoch der *Verlust* ist, den das Unternehmen aus den zuletzt genannten Gründen erleidet. Man kann dies entweder für den abgewanderten Durchschnittskunden oder aber für jeden einzelnen Kunden bestimmen. Der Verlust zeichnet sich am sog. *Kundenverweilwert* ab. Hierunter versteht man den Gewinn bzw. Deckungsbeitrag, den man erwirtschaftet hätte, wenn der Kunde dem Unternehmen für die normale Kundenverweildauer treu geblieben wäre.

(4) Abschließend muß herausgearbeitet werden, was es kosten würde, die Abwanderungsrate zu verringern. Liegt der hierfür veranschlagte Aufwand unter dem Ertrag, der durch die eingedämmte Abwanderungsbewegung erzielt werden kann, sollten die entsprechenden *Maßnahmen* unverzüglich eingeleitet werden.

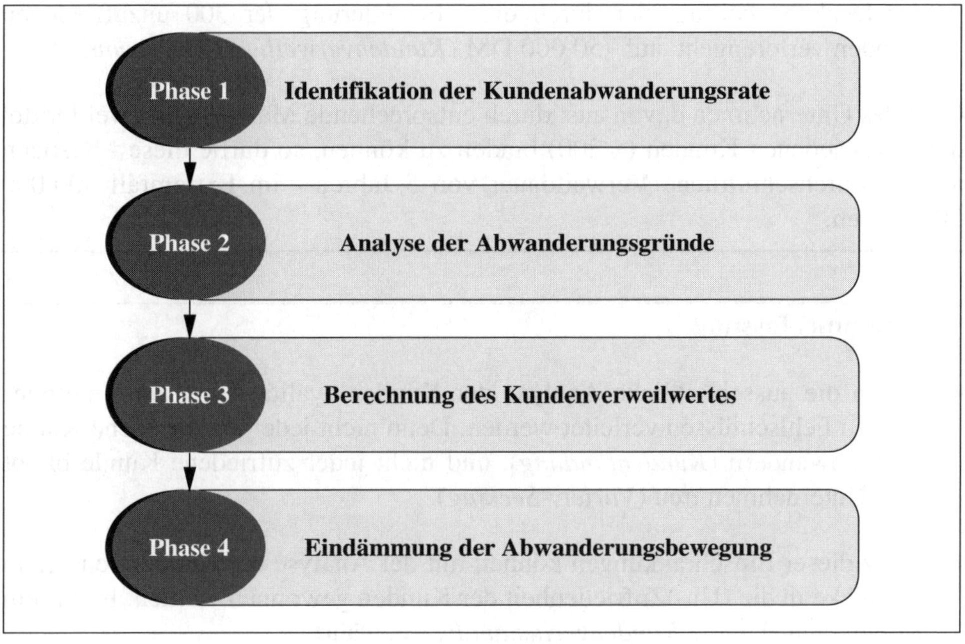

Abb. 4: Die vier Phasen der Kundenverlustanalyse

☞ **Beispiel: Kundenverlustanalyse**

- Ein Unternehmen hat insgesamt 2.000 Kunden und verliert hiervon aufgrund unbefriedigender Leistungen jedes Jahr 300 Kunden (*Kundenabwanderungsrate* = 15 %).

- Im Jahresdurchschnitt brachte jeder der verlorenen Kunden dem Unternehmen einen Deckungsbeitrag von 500 DM (*Kundenwert* p.a.). Das Unternehmen verliert folglich infolge der Unzufriedenheit seiner Kunden pro Jahr 150.000 DM an Deckungsbeitrag.

- Da die durchschnittliche Kundenverweildauer bei 5 Jahren liegt, beläuft sich der Deckungsbeitrag, der durch die Abwanderung der 300 unzufriedenen Kunden verlorengeht, auf 750.000 DM (*Kundenverweilwert insgesamt*).

Geht das Unternehmen davon aus, durch entsprechende Maßnahmen zwei Drittel der unzufriedenen Kunden (= 200) binden zu können, so dürfte diese - bezogen auf die durchschnittliche Verweildauer von 5 Jahren - im Extremfall 500.000 DM kosten.

✎ **Zusammenfassung**

- Durch die ausschließliche Analyse der Kundenloyalität kann ein Unternehmen zu Fehlschlüssen verleitet werden. Denn nicht jeder unzufriedene Kunde kann abwandern (*Kundenbindung*), und nicht jeder zufriedene Kunde bleibt dem Unternehmen treu (*Variety-Seeking*).

- Trotz dieser Einschränkungen können mit der Analyse der Kundentreue erste Einblicke in die (Un-)Zufriedenheit der Kunden gewonnen werden. In diesem Kontext hat sich die *Kundenverlustanalyse* bewährt.

5.3.3 Die Auswertung von Reklamationen und Garantiefällen

Die *gesetzlich vorgeschriebenen Gewährleistungspflichten* von Hersteller- oder Handelsunternehmen im Bereich von Ersatz-, Reparatur- oder Wartungsleistungen sind in den §§ 459 - 492 sowie 633 - 640 BGB geregelt. Darüber hinaus gewähren zahlreiche Unternehmen *freiwillige Garantieleistungen*, die über den gesetzlichen Anspruch hinausgehen. Diese werden dem Käufer auf Basis separater Garantieverträge eingeräumt und können sich auf verschiedene Leistungskomponenten, aber auch auf den Preis oder die Zufriedenheit beziehen (sog. *Preis- oder Zufriedenheitsgarantie*).

☞ **Beispiel: Die Zufriedenheitsgarantie der Commerzbank**

Die Commerzbank gewährt ihren Kunden als einzige der großen Universalbanken eine Zufriedenheitsgarantie. Unzufriedene Kunden bekommen die Kontoführungspauschale der letzten sechs Monate zurückerstattet. Der Kunde kann seinem Unmut nicht nur in einer der über 1.000 Filialen, sondern auch direkt per Telefon, Internet oder Fax Luft machen, an 365 Tagen im Jahr rund um die Uhr. Der damit verbundene Slogan lautet: „Sind Sie unzufrieden? Wir freuen uns auf Sie.“

Mittels solcher *freiwilligen Garantieleistungen* verfolgen die Anbieter folgende *Ziele*:

- Verringerung von Unsicherheit und sog. Nachkaufdissonanzen beim Kunden
- Intensivierung des Kundenkontakts in der Nachkaufphase
- Sicherung von Kundenbindung bzw. langfristiger Markentreue
- Erzielung von Wettbewerbsvorteilen gegenüber der Konkurrenz
- Gewinnung von Informationen für die Kundendatenbank

Da es bereits vor einem Kaufabschluß Grund zur Klage geben kann (z.B. unfreundliche Bedienung, unzulängliche Beratung, ungünstige Öffnungszeit), überschreiten solche Unmutsäußerungen den Rahmen rechtlich begründeter *Reklamationen* (abgeleitet aus dem lateinischen reclamatio: das Gegengeschrei). Reklamationen sind demnach als Sonderfall der Beschwerde aufzufassen. Bereits jetzt wird deutlich, daß eine - wie von den meisten Unternehmen praktiziert - ausschließliche Fokussierung auf Reklamationen bzw. Garantiefälle zu kurz greift. Aus diesem Grund wenden wir uns in Abschnitt sieben ausführlich dem Thema *Beschwerdemanagement* zu.

Nimmt ein Kunde Garantieleistungen in Anspruch, läßt dies einen unmittelbaren *Rückschluß* auf seine *Zufriedenheit* mit der Leistung zu. Aus diesem Grund erscheint es sinnvoll, Garantiefälle zu dokumentieren und systematisch auszuwerten. Dies hilft nicht nur, *Schwachstellen* im eigene Unternehmen aufzuspüren, sondern kann auch als geschickte *Argumentationshilfe* bei Verhandlungen mit *Lieferanten* genutzt werden. Eine *Prüfliste* für die Analyse und Dokumentation der angefallenen Garantiefälle sollte im Regelfall die in der folgenden Checkliste aufgeführten Informationen enthalten. Diese gilt es nach den jeweiligen unternehmensspezifischen Gegebenheiten zu ergänzen.

✔**Checkliste: Dokumentation von Reklamationen und Garantiefällen**	**Überprüft?**
Datum	
Adresse des Kunden	
Dauer der Beziehung zum Kunden	
Umsatzvolumen des Kunden (falls möglich, Umsatzgrößenklassen vorgeben) und weitere entscheidungsrelevante Eigenschaften des Kunden	
Kommunikationsweg (Brief, Telefon, Fax, e-mail, Gespräch)	
Betroffenes Produkt bzw. betroffene Dienstleistung	
Ursache für Inanspruchnahme der Garantie (Liste mit möglichen Gründen vorgeben, etwa Funktionsfähigkeit des Produkts, Fehler bei der Montage, Transportschäden, Nichtgefallen, günstigerer Preis eines anderen Anbieters)	
Verantwortungsbereich (Liste mit unternehmensinternen oder -externen Abteilungen oder Zuständigkeiten vorgeben, aber keine Namen von Mitarbeitern nennen, da sonst Akzeptanzprobleme)	
Garantieanspruch (Ja/nein), evtl. Kulanz	
Eingeleitete Maßnahme/n (Preisnachlaß, Geld zurück, Umtausch, Reparatur, Schadensersatz; Beratungsleistungen, Entschuldigung)	
Zeitraum zwischen Garantieantrag und Lösung des Problems	
Zufriedenheit des Kunden mit der Lösung des Garantieproblems (7-stufige Skala, die von -3 = sehr unzufrieden bis + 3 = sehr zufrieden reicht)	

Die Dokumentation und Auswertung von Garantiefällen ist ein wichtiger Ansatzpunkt zum Aufspüren von Unzufriedenheit. Dabei müssen jedoch einschränkend folgende *Punkte* beachtet werden:

- Mit diesem Instrument läßt sich lediglich die *Unzufriedenheit* von *tatsächlichen Kunden* aufspüren. Potentielle Kunden, die aufgrund von Unzufriedenheit gar nicht erst kaufen, bleiben unbeachtet.
- Mittels der Auswertung von Reklamationen und Garantiefällen können nur eine *unzureichende Kernleistung* (Produkt oder Dienstleistung) und damit ein manifestes Problem aufgedeckt werden. Sog. *Soft-Factors*, wie Unfreundlichkeit des Personals, lange Wartezeiten oder ungünstiger Standort, bleiben außen vor.
- Es wäre falsch davon auszugehen, daß jeder Reklamations- bzw. Garantiefall auf lange Sicht Unzufriedenheit beim Kunden bewirkt. Zwar ruft die Inanspruchnahme eines Garantieversprechens aufgrund des damit verbundenen Aufwandes kurzfristig Verärgerung oder zumindest Unmut beim Kunden hervor. Trotzdem bietet sich dem Anbieter dadurch die Möglichkeit, quasi im *zweiten Anlauf* und damit auf lange Sicht Zufriedenheit herzustellen.

✎ Zusammenfassung

- Die Analyse von Reklamationen und Garantiefällen ist ein *kostengünstiger Ansatzpunkt* zum Aufspüren von Unzufriedenheit.

- *Ursachen* für die Zufriedenheit von Kunden sowie *weiche Faktoren* (z.B. Unfreundlichkeit des Personals, lange Wartezeiten, ungünstiger Standort) können mit diesem Verfahren *nicht untersucht* werden.

- Die kundengerechte Bearbeitung von Reklamationen bietet eine hervorragende Möglichkeit, den Kunden (*im zweiten Anlauf*) zufriedenzustellen.

5.3.4 Die Durchführung von Testkäufen

Mystery-Shopping (auch Silent-Shopping genannt) erfreut sich in den USA bereits großer Beliebtheit. Um die Einhaltung von Qualitätsstandards zu überprüfen, setzen Unternehmen wie McDonald´s, Burger King, die Disney Freizeitparks, Toys´R´Us oder Yves Rocher dort seit vielen Jahren diese Testverfahren ein. In Deutschland hingegen steckt Mystery-Shopping noch in den Anfängen. Eine Ausnahme bilden lediglich Ehrlichkeits- und Manipulationstestkäufe, die darauf abzielen, Diebstahlgefahren und damit Ursachen für Inventurdifferenzen aufzudecken, und die von rund 90 % der Unternehmen des Lebensmitteleinzelhandels durchgeführt werden (vgl. Horst 1999).

Beim Mystery-Shopping werden *Testkäufer* eingesetzt, die im Auftrag eines Unternehmens durch *anonyme Beobachtung* und *ohne Wissen* der *betroffenen Mitarbeiter* im Vorfeld festgelegte Leistungsstandards überprüfen (vgl. hierzu Dreher 2000, S. 26 - 28; o. V. 1998, S. 24 - 39; Platzek 1997, S. 364 - 366; Schneider 1999a, S. 543 - 548).

☞ **Beispiel: Leistungsstandards**

- Wir grüßen jeden Kunden mit Blickkontakt und fragen ihn freundlich nach seinem Wunsch.
- Wir heben den Telefonhörer spätestens beim vierten Klingelzeichen ab.
- Wir beantworten schriftliche Anfragen innerhalb von drei Tagen.
- Wir bestätigen mündliche Vereinbarungen am folgenden Werktag schriftlich.
- Wir reagieren innerhalb von zwei Tagen auf Beschwerden.
- Wir befragen einmal im Jahr unsere Kunden schriftlich.

Mit dem Einsatz von Testkäufern werden im einzelnen folgende *Ziele* verfolgt:
- Überprüfung der Leistungsstandards aus der Sicht von vermeintlichen Kunden
- Identifikation von Schwachstellen und Aufspüren von Verbesserungspotential

- Sensibilisierung und Motivation von Mitarbeitern durch Vorabinformation über den Einsatz des Verfahrens
- Inner- (z.B. zwischen Filialen) und außerbetriebliche Leistungsvergleiche (z.B. mit Wettbewerbern im Sinne eines *Benchmarking*)
- Positive Außendarstellung durch Information von Kunden und sonstigen Zielgruppen über den Einsatz des Verfahrens

Im Gegensatz zu einer Kundenzufriedenheitsbefragung, die schwerpunktmäßig auf die Zufriedenheit nach dem Kauf, also mit Produkt und After-Sales-Service abzielt, untersucht Mystery-Shopping die Qualität eines Anbieters vor und beim Kauf, also in der wichtigsten Phase des Kaufentscheidungsprozesses: Pre-Sales-Service, Freundlichkeit, Verkäufer-Know-How und Kundenorientierung (vgl. Hessler 1999, S. 60 - 62). Beim Einsatz von Testkunden muß auf jeden Fall beachtet werden, daß nach § 94 BetrVG die Aufstellung allgemeiner Beurteilungsgrundsätze für Mitarbeiter der Zustimmung durch den Betriebsrat bedarf.

☞ **Beispiel: Mystery-Shopping bei Subaru**

Subaru begann im Februar 1999 erstmalig, Mystery-Shopping zu nutzen. Zu diesem Zweck wurden 60 Subaru-Händler in ganz Deutschland getestet. Die Testbetriebe rekrutieren sich aus größeren, mittleren und kleinen Autohäusern (jeweils A-, B- und C-Händler) aus städtischen und ländlichen Regionen (jeweils 15 Händler aus Nord-, Süd-, Ost- und Westdeutschland). Damit lassen die Ergebnisse repräsentative Aussagen für das gesamte Händlernetz zu.

Die Vorgehensweise ist folgende: Der Testkäufer betritt den Verkaufsraum und schaut sich fünf Minuten um. Wird er bis dahin nicht angesprochen, erkundigt er sich nach einem Verkäufer. Im ca. 30minütigen Verkaufsgespräch prüft er folgende Kriterien ab: Gesprächseröffnung, Freundlichkeit/Motivation, Eingehen auf Kundenwünsche, Qualifizierung des Kunden (bisheriges Auto, etwaige Bedarfsänderung), Erklärung der Vor- und Nachteile des entsprechenden Subaru-Modells, Vorstellen alternativer Modelle von Subaru, Vergleich mit Konkurrenzprodukten, Image der Marke Subaru, Angebot von Finanzierungsmöglichkeiten und Probefahrt, Einsatz von Informationsmaterial, Vermerk von Name und Adresse des potentiellen Käufers.

Neben marketingpolitischen Zwecken werden Testkäufe auch für forensische Anliegen eingesetzt. Hierzu zählen die Überprüfung der Einhaltung wettbewerbsrechtlicher Vorschriften (Preisauszeichnung, -nachlässe, Zugaben und Ladenöffnungszeiten) sowie vertraglicher Vereinbarungen im Rahmen horizontaler und vertikaler Absatzbindungen. In diesen Fällen sind die Auftraggeber für Testkäufe Lieferanten, Mitbewerber, Wettbewerbsvereine und/oder Wirtschaftsverbände. Im Bereich der Forensik ist der Testkauf ein umstrittenes Instrument. „Wenn das Verhalten des Testkäufers bewußt auf den Nachweis einer Zuwiderhandlung des Testbetriebs im Wettbewerb gerichtet ist und dies voraussetzt, daß der Testkäufer gesetzliche oder vertragliche Regeln vorsätzlich verletzt, entsteht damit ein verfälschtes Urteil über die Realität des Betriebsgeschehens.“ (Katalog E 1995, S. 66, zitiert nach Lauer 1999, S. 483)

Beispielsweise verzeichnen die Hersteller hochwertiger Uhren, welche Uhr wann zu welchem Konzessionär geliefert wurde. Taucht nunmehr Ware bei einem inoffiziellen Händler ohne gestempelten Garantieschein auf und wird sie von einem Testkäufer entdeckt, wird der entsprechende Konzessionär abgemahnt oder ihm bei wiederholtem Verstoß die Erlaubnis zum weiteren Verkauf entzogen. Selbstverständlich trägt er auch die Kosten dieser Aktion. Mit solch selektiven Vertriebsbindungsmethoden wollen sich die Hersteller das Engagement des Händlers sichern. Im Gegenzug gewähren sie ihm Gebietsschutz. Allerdings prüft die Europäische Union zur Zeit, ob solche Verträge statthaft sind (vgl. o. V. 1999c, S. W4).

Sieht man einmal von unabhängigen Experten (etwa Vertreter von Warentestinstituten oder Testesser von Restaurantführern) ab, so stellt sich für ein Unternehmen die grundsätzliche Frage, ob Marktforschungsinstitute mit eigenem Testpersonal oder externe Käufer bzw. autorisierte Mitarbeiter in *Eigenregie* als Testkunden eingesetzt werden sollen. Eine Entscheidungshilfe hierfür bieten die in Abschnitt 6.7.1 diskutierten Vorteile von Eigen- und Fremdforschung. Vergibt man den Auftrag an ein Marktforschungsinstitut, fallen je nach Umfang des Auftrags, der Komplexität des Fragebogens und der Aufgabe Kosten zwischen 100 und 200 DM pro Testkauf an (vgl. o. V. 1999h, S. 30). Ungeachtet der Entscheidung, ob die Testkäufe in Fremd- oder Eigenregie durchgeführt werden, empfiehlt sich für fundierte Nutzung des Mystery-Shopping folgender *4-stufiger Ablaufplan* (vgl. Abb. 5):

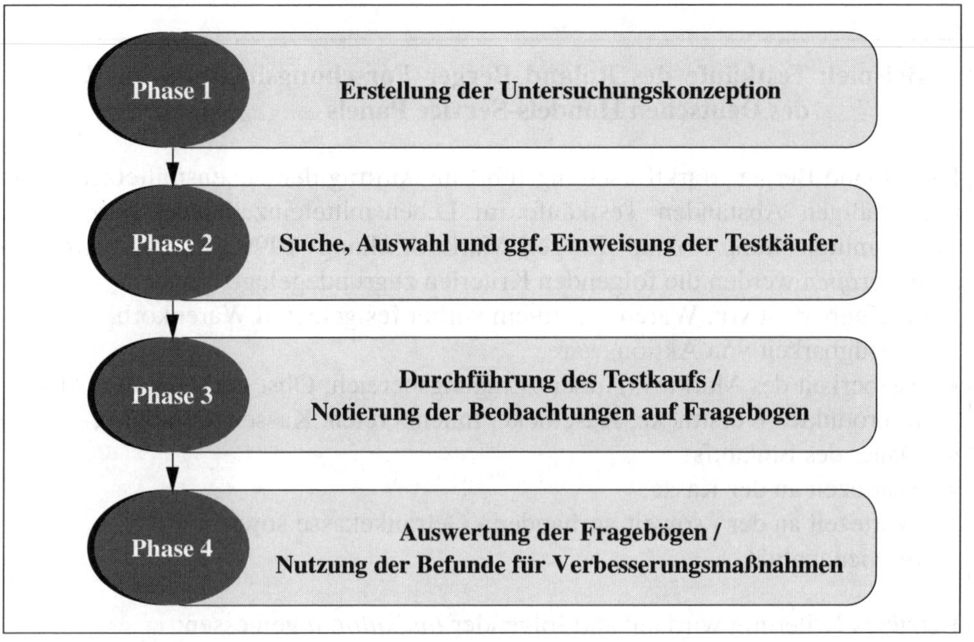

Abb. 5: Die vier Phasen des Mystery-Shopping

Phase 1: Erstellung der Untersuchungskonzeption

Zu Beginn sollten mit den Projektverantwortlichen folgende *Fragen* geklärt werden:

- Was ist das Ziel des Tests?
- Welche Leistungsstandards sollen überprüft werden?
- In welchen Filialen soll getestet werden?
- Welche Zielgruppen sollen die Testkäufer repräsentieren?
- Wie oft und wie lange soll getestet werden?
- Wann sollen die Testkäufe stattfinden (z.B. zur Mittagszeit, kurz vor Ladenschluß)?

☞ **Beispiel: Testkäufe des Roland Berger Forschungsinstituts im Rahmen des Deutschen Handels-Service Panels**

Die Roland Berger Marktforschung führt im Auftrag der Lebensmittelzeitung in regelmäßigen Abständen Testkäufe im Lebensmitteleinzelhandel durch (vgl. Lebensmittelzeitung/Roland Berger Marktforschung 1999, S. 24). Als *Leistungsgrößen* werden die folgenden Kriterien zugrundegelegt:

- Verfügbarkeit von Waren aus einem vorher festgelegten Warenkorb,
- Verfügbarkeit von Aktionsware,
- Sauberkeit des Marktes (Außen-/Eingangsbereich, Obst und Gemüse, Molkereiprodukte, Wursttheke, Käsetheke, Innenbereich, Kassen, Personal),
- Dauer des Einkaufs,
- Wartezeit an der Kasse,
- Wartezeit an der - soweit vorhanden - Getränkekasse sowie
- Servicequalität.

Letzteres Kriterium wird anhand folgender *Indikatoren* gemessen:

- Außen-/Eingangsbereich
- ♦ Parkplatzsuche < 2 Minuten
- ♦ Funktionsfähige Einkaufswagen
- Obst/Gemüse
- ♦ Vorhandensein von Abpacktüten
- ♦ Funktionierende Waagen
- ♦ Frische
- Molkereiprodukte
- ♦ Stichprobe Verfallsdatum
- Personal
- ♦ Tragen von Namensschildern
- ♦ Freundliche Unterstützung
- ♦ Verabschiedung an der Kasse

Phase 2: Suche, Auswahl und gegebenenfalls Einweisung der Testkäufer

Falls keine eigenen Mitarbeiter als verdeckte Kunden auftreten sollen, müssen in dieser Phase zunächst geeignete Testkäufer gesucht und gefunden werden. Die in der anschließenden Checkliste aufgeführten Informationen sollten in einem *Personalbogen* für die Einstellung von Testkunden stehen:

✔ **Checkliste: Personalbogen für die Einstellung von Testkunden**	**Überprüft?**
Titel, Name, Vorname	
Adresse	
Geburtsdatum	
Familienstand	
Anzahl der Kinder	
Tel./Fax. (privat, dienstlich, Handy)	
Ausbildung (Hauptschule, Lehre, Realschule, Abitur, Fachhochschule/Berufsakademie, Universität, zur Zeit noch in Ausbildung/Studium)	
Ausgeübter Beruf	
Eigenes Fahrzeug (Marke, Baujahr, Typ)	
Besitz von Computer, Faxgerät, Handy, Videorecorder, Videokamera, Fotoapparat, Sportgeräten (welche?), Motorrad, Fahrrad (je nach Untersuchungsgegenstand)	
Interessengebiete (je nach Untersuchungsgegenstand): Essengehen, Kochen, Kinobesuch, Fernsehen, Heimwerken, Wandern, Gartenarbeit, Konzertbesuch, Musik hören, Sport treiben, Einkaufen gehen, Mode, Reisen etc. (richtet sich nach potentiellen Auftraggebern)	
Bereits Erfahrungen mit Testkauf	
Warum Interesse, als Testkunde zu arbeiten? (Offene Frage)	
Interesse von Partnern, Familienmitgliedern, Freunden, Bekannten, als Testkäufer tätig zu werden? Falls ja, Name und Anschriften.	
Bankverbindung (Institut, Kto.-Nr., BLZ)	

? Tip: Kriterien bei der Auswahl der Testkäufer:

- Keine Profis engagieren, also z.B. keine Mitarbeiter von Marktforschungsinstituten. Diese würden zu routiniert agieren.

- Beim Einsatz der Testkäufer deren Interessen, Vorlieben und Hobbys berücksichtigen. Es nützt wenig, wenn ein Feinschmecker als Tester in einer Fast-Food-Kette eingesetzt wird.

- Bei der Auswahl der Testkäufer Zielgruppe des zu testenden Unternehmens beachten. Nur so erhält man aussagekräftige Befunde.

Phase 3: Durchführung des Testkaufs und Notierung der Beobachtungen auf einem Fragebogen

Für die *Durchführung der Testkäufe* haben sich folgende *Verhaltensregeln* bewährt:

- Der Situation angemessen kleiden.
- So natürlich wie möglich verhalten.
- Weder übermäßig freundlich noch unfreundlich auftreten.
- Keine Aufzeichnungen innerhalb der Geschäftsräume anfertigen.
- Präzise, aber unauffällig beobachten.

Im Anschluß an den Einkauf muß der Testkäufer seine Angaben präzise und vollständig auf einem *Fragebogen* notieren. Im folgenden findet sich ein für den Lebensmitteleinzelhandel entwickelter Fragebogen.

☞ **Beispiel: Testkauf-Fragebogen Lebensmitteleinzelhandel**

Filiale/Anschrift: ....

Datum: .... Uhrzeit: .... Tester-Code-Nr.: ....

	Ja	*Nein*
Haben Sie direkt einen Parkplatz auf dem Firmengelände gefunden?		
Standen auf dem Parkplatz genügend Einkaufswagen zur Verfügung?		
Lagen im Eingangsbereich Prospekte mit Sonderangeboten aus?		
Waren die Geschäftsräume sauber?		
Trugen die Mitarbeiter Namensschilder?		
Half Ihnen der erste angesprochene Mitarbeiter direkt weiter?		
Wurden Sie zum entsprechenden Regal geführt?		
Wurden Sie gefragt, ob Ihnen noch anders weitergeholfen werden könne?		
War das Haltbarkeitsdatum auf den gekauften Produkten noch gültig?		
War die Wartezeit an der Kasse kürzer als fünf Minuten?		
Waren alle Kassen geöffnet?		
War das Laufband an der Kasse sauber?		
Wurden die korrekten Preise berechnet?		
Haben Sie automatisch einen Kassenzettel bekommen?		
Hat der Kassierer Sie freundlich verabschiedet?		
Lagen an der Kasse Pappkartons zum Einpacken der Ware aus?		
Waren die Einkaufswagen ordentlich aufgestellt?		

Eine wesentliche Voraussetzung für den Erfolg eines Projektes Mystery-Shopping ist die *Qualität* der *Testkäufer*. Hierzu bieten sich folgende *Kontrollmöglichkeiten*:

- Auswertung der Belege von Testkäufen
- Stichwortartige Überprüfung, ob der Mitarbeiter persönlich und zum festgelegten Zeitpunkt am richtigen Ort war
- Regelmäßige Gespräche mit den Testkäufern und Einbindung von Fragen, die diese nur beantworten können, wenn sie persönlich den Auftrag ordnungsgemäß durchgeführt haben
- Information der Mitarbeiter, daß solche Kontrollen durchgeführt werden.

Phase 4: Auswertung der Fragebögen und Nutzung der Befunde für Verbesserungsmaßnahmen

In der letzten Phase des Testkaufs müssen die Daten zunächst ausgewertet und aufbereitet werden. Zu diesem Zweck werden die Ja/Nein-Antworten addiert und jeweils in Prozent von 100 dargestellt. Hierzu eignen sich die gängigen *Tabellenkalkulationsprogramme*. Die Ergebnisse sollten in Tabellen (Achtung: Keine Zahlenfriedhöfe!) und Graphiken dargestellt werden. Insbesondere *Balkendiagramme* haben sich für eine anschauliche Präsentation der Befunde als zweckmäßig erwiesen. Zusätzliche Informationen bieten *Vergleiche* zwischen einzelnen *Filialen* oder *Niederlassungen*. Schließlich sollten die Ergebnisse mit internen (und gegebenenfalls auch externen) Interessenten in *Workshops*, *Qualitätszirkeln* oder *Fokusgruppen* aufgearbeitet und geeignete Verbesserungsmaßnahmen entwickelt werden.

☞ **Beispiel: Testkunden bei der Deutsche Post AG**

Die Deutsche Post AG nutzt seit 1995 ein Testkunden-System. *Externe Testkäufer* haben dabei die Aufgabe, sämtliche der rund 16.500 Postfilialen in Deutschland anhand von Merkmalen, die aufgrund von Kundenbefragungen als entscheidungsrelevant identifiziert wurden, zu analysieren. Die *Kriterien* (u.a. Wartezeit am Schalter, Erscheinungsbild der Geschäftsräume, Freundlichkeit und Kompetenz der Postangestellten) werden in einem detailliert ausgearbeiteten Fragen- und Aufgabenkatalog festgehalten. Kleinere Filialen werden jährlich einmal, größere viermal getestet. Sog. Normtester gewährleisten die Objektivität der Silent-Shoppers. Das Testkunden-System dient nicht nur zur Überprüfung von Leistungsstandards, sondern auch zur Außendarstellung in Vorträgen sowie im Internet.

✎ **Zusammenfassung**

- Testkäufe sind ein *schnelles* und *kostengünstiges Instrument*, um die (Un-)-Zufriedenheit von Kunden aufzuspüren.
- Der Einsatz von Testkunden setzt das Vorhandensein transparenter *Leistungsstandards* voraus.
- Testkäufe haben nur Erfolg, wenn die *Mitarbeiter* die *Ergebnisse akzeptieren.*
- Insbesondere bei Dienstleistungen werden Ergebnisse von Testkäufen häufig in Zweifel gezogen. Als Argument führen die Mitarbeiter an, daß es sich bei den Testkäufen um eine einmalige Momentaufnahme handelt, die kein repräsentatives Bild des Leistungsstandes zeichnet. Deshalb sollten auf jeden Fall *Testwiederholungen* durchgeführt werden.

5.3.5 Die Methode der kritischen Ereignisse

Bei der Methode der kritischen Ereignisse, einem subjektorientierten Verfahren, wird der Kunde durch direkte und offene Fragen (= keine Vorgabe von Antwortkategorien) aufgefordert, sowohl besonders *negative* als auch besonders *positive Erlebnisse* im Umgang mit dem betreffenden Unternehmen, den Mitarbeitern, den Produkten und nicht zuletzt den Service- sowie Dienstleistungen zu schildern (siehe hierzu Haller 1993; Hentschel 1992; Stauss/Hentschel 1993).

☞ **Beispiel: Methode der kritischen Ereignisse am Beispiel eines Finanzinstituts**

Hatten Sie mit der XY-Bank schon einmal ein *Erlebnis*, an das Sie sich *gerne erinnern*? Falls ja, schildern Sie dieses bitte kurz, aber so konkret wie möglich.

✍...

....

....

Und hatten Sie schon einmal ein *negatives Erlebnis* mit der XY-Bank? Falls ja, schildern Sie auch dieses Erlebnis bitte kurz.

✍...

....

....

Die Methode der kritischen Ereignisse eignet sich insbesondere dann, wenn *konkrete Erlebnisse* der Kunden eingefangen und den Mitarbeitern plastisch vermittelt werden sollen. Außerdem hat es sich als zweckmäßig erwiesen, diese Methode mit dem merkmalsgestützten Verfahren zu kombinieren (siehe ausführlich Abschnitt 5.3.6). Auf diese Weise lassen sich im *Vorfeld* einer *standardisierten Befragung* sämtliche Dimensionen der Zufriedenheit aus der Perspektive des Kunden erschließen.

Da es sich bei der Methode der kritischen Ereignisse um offene Fragen handelt, gestaltet sich die *Auswertung* der *Antworten* recht *aufwendig*. Außerdem handelt es sich um Extremerfahrungen im Sinne besonders negativer bzw. positiver Erlebnisse. Diese können verständlicherweise *keinen repräsentativen Überblick* über den Leistungsstand eines Unternehmens vermitteln.

✎ **Zusammenfassung**

- Bei der Methode der kritischen Ereignisse handelt es sich um ein *flexibel einsetzbares Verfahren*, mit dessen Hilfe man ohne tiefgreifende statistischen Kenntnisse sowie Marktforschungs-Know-How und damit in *Eigenregie* ein Stärken/Schwächen-Profil des Unternehmens zeichnen kann.

- Die *Auswertung* der Antworten gestaltet sich aufgrund der offenen Fragengestaltung vergleichsweise *aufwendig*.

- Das Verfahren zeichnet *Extremsituationen* nach und kann folgerichtig niemals einen repräsentativen Überblick über den Leistungsstand eines Unternehmens vermitteln.

- Der Einsatz der Methode der kritischen Ereignisse eignet sich insbesondere im *Vorfeld* einer *merkmalsgestützten Befragung*. Auf diese Weise lassen sich die zufriedenheitsrelevanten Dimensionen des Leistungsangebotes identifizieren.

5.3.6 Das merkmalsgestützte Verfahren

Beim merkmalsgestützten Verfahren, einem zweiten subjektorientierten Meßansatz, wird die Kundenzufriedenheit im Zuge einer standardisierten Befragung anhand sog. *Rating-Skalen* erfaßt. Es bietet sich immer dann an, wenn bei einer größeren Anzahl von Auskunftspersonen ein repräsentativer Überblick über den Leistungsstand eines Unternehmens vermittelt werden soll. Beispielsweise wird der Kunde gefragt:

> „Wie *zufrieden* Sie mit den Leistungen unseres Hauses *insgesamt*? Bitte geben Sie Ihre Bewertung durch ein *Kreuz* auf der folgenden *Skala* an.“

sehr unzu-frieden	unzu-frieden	eher unzu-frieden	weder/ noch	eher zufrieden	zufrieden	sehr zufrieden
-3	-2	-1	0	1	2	3

Aufrund seiner leichten Kommunizierbarkeit haben sich in diesem Zusammenhang auch das *Schulnotenprinzip* (1 = sehr zufrieden; 6 = völlig unzufrieden) als auch die sog. Smileys (☺, 😐, ☹) bewährt. Oder man fordert den Kunden auf, seine (Un-)-Zufriedenheit auf einer *Skala von 0 bis 100* anzugeben.

Um mögliche Ursachen von (Un-)Zufriedenheit aufzudecken, sollte nicht nur die *Gesamtzufriedenheit*, sondern auch die *Zufriedenheit mit einzelnen Leistungsdimensionen* (etwa Freundlichkeit, Beratungsqualität, Qualität der Produkte, Auswahl, Präsentation, Serviceangebot, Öffnungszeiten, Standort, Preiswürdigkeit) in die Untersuchung einfließen.

Bei der Frage nach der Zufriedenheit mit einzelnen Leistungsdimensionen ist es wichtig, dem Befragungsteilnehmer flankierend zur Zufriedenheitsskala eine *Kategorie „Kann ich nicht beurteilen.“* anzubieten. Verzichtet man auf diese, besteht die Gefahr, daß sich die Indifferenzkategorie „weder/noch (0)“ nicht eindeutig interpretieren läßt: Ist der Kunde mit dieser Eigenschaft weder zufrieden noch unzufrieden, oder kreuzt er die Null an, weil er diese Leistungskategorie nicht bewerten kann?

Da nicht davon ausgegangen werden kann, daß dem Kunden sämtliche Leistungseigenschaften gleich wichtig sind, sollte man unbedingt auch die *Bedeutung der einzelnen Eigenschaften* aus Sicht der Klientel erfassen. Hierbei scheiden die vorgestellten Rating-Skalen aus, da der Kunde im Regelfall dazu neigt, seine Ansprüche zu maximieren, d.h. alle Eigenschaften als sehr wichtig einzustufen (sog. *Anspruchsinflation*). Dieser Tendenz kann durch die sog. *Konstantsummen-Methode*, bei der der Proband eine vorher festgelegte Punktzahl auf die einzelnen Leistungseigenschaften verteilen muß, entgegenwirkt werden.

! Tip: Darauf sollte beim Einsatz der Konstantsummen-Methode geachtet werden

- Anzahl der Eigenschaften (in unserem Fall 15) und zu vergebende Punktzahl (hier 100) müssen in einem für die Befragungsperson *überschaubaren Verhältnis* zueinander stehen. Es macht wenig Sinn, 65 Punkte auf 17 Eigenschaften verteilen lassen, weil der Kunde in einem solchen Fall nur schwerlich eine Relation für sich herstellen kann.

- Wird die Konstantsummen-Methode - wie im vorliegenden Fall - zum Zwecke der Erhebung von Bedeutungsgewichten von Eigenschaften zusammen mit der Erfassung von Kundenzufriedenheit eingesetzt, müssen *Reihenfolge* und *Formulierung* der Merkmale bei beiden Fragen *identisch* sein. Ansonsten besteht die *Gefahr* von *Verzerrungseffekten*, und die Zufriedenheit kann nicht mit den Bedeutungsgewichten verknüpft werden, was insbesondere bei der Bildung eines *Zufriedenheitsindex* sowie der Erstellung eines Kundenzufriedenheits-Portfolio (siehe Abschnitt 6.5.4) von Bedeutung ist.

- Die Beantwortung solcher Fragen ist für den Kunden sehr aufwendig. Deshalb sollte dieses Verfahren sehr sparsam eingesetzt werden, d.h. im Regelfall nur einmal pro Befragung.

Zur Erläuterung der Konstantsummen-Methode wird erneut das Beispiel aus dem Kfz-Werkstättenbereich herangezogen.

☞ **Beispiel: Auszug „Konstantsummen-Methode" aus dem Kundenzufriedenheitsfragebogen eines Kfz-Werkstättennetzes**

Wenn sie eine Autowerkstätte auswählen, wie *wichtig* sind Ihnen die folgenden Eigenschaften. Bitte *verteilen* Sie insgesamt *100 Punkte* auf die folgenden *15 Eigenschaften. Je mehr Punkte* Sie einer Eigenschaft geben, desto *wichtiger* ist diese für Sie. Wenn eine Eigenschaft für Sie völlig unwichtig ist, dann geben Sie ihr *0 Punkte*. Sie können die 100 Punkte aufteilen, wie Sie wollen - nur: Sie sollen *alle* 100 Punkte verteilen und Sie sollen *nicht mehr* als 100 Punkte verteilen:

	Platz zum Ausrechnen	*Endgültige Punkteverteilung*
• Freundlichkeit und Hilfsbereitschaft		*5*
• Fachkenntnisse		*15*
• Qualität der durchgeführten Arbeiten		*15*
• Einhaltung des Kostenvoranschlags		*5*
• Preiswürdigkeit der durchgeführten Arbeiten		*10*
• Verständlichkeit der Rechnung		*5*
• Erklärung der durchgeführten Arbeiten		*0*
• Flexibilität bei der Terminvereinbarung		*10*
• Einhaltung des vereinbarten Termins		*10*
• Öffnungszeiten		*0*
• Optisches Erscheinungsbild der Werkstatt		*5*
• Optisches Erscheinungsbild der Mitarbeiter		*5*
• Prompte Bedienung		*5*
• Nähe der Werkstätte zu Wohnung/Arbeitsplatz		*0*
• Bereitstellung eines Ersatzfahrzeugs/ Taxigutschein		*10*
Summe		*100 Punkte*

Auf diese Weise bringt man den Kunden dazu, seine Ansprüche in der Befragung nicht zu maximieren, sondern sich konkret *zwischen* den *Leistungsdimensionen* zu *entscheiden*. Gibt er nämlich einer Eigenschaft viele Punkte, bleiben weniger für die restlichen Leistungsdimensionen übrig. *Kritiker* der direkten Methode führen ins Feld, daß durch die Befragung der Kunden nach der Wichtigkeit von Leistungseigenschaften der *Fragebogen* unnötig *aufgebläht*, die Befragungsteilnehmer durch die *Monotonie* des Fragebogens gelangweilt und ohnehin *keine sinnvollen Ergebnisse* geliefert würden (vgl. Homburg/Rudolph 1995).

Ein Beispiel soll letztgenanntes Argument veranschaulichen: Beim Einsatz der Konstantsummen-Methode zeigt sich, daß der typische Werkstättenbesucher in der Befragung Aspekten wie Einhaltung des vereinbarten Termins vergleichsweise wenig Bedeutung einräumt, da er dies als Selbstverständlichkeit betrachtet. Dies könnte ein Unternehmen zu der Annahme verleiten, daß diese Leistungsdimension vernachlässigbar ist. Man kann sich aber leicht vorstellen, welche Bedeutung diesem Aspekt für die Zufriedenheit des Kunden plötzlich zufällt, wenn er - wie vereinbart - gegen 17.00 Uhr sein Fahrzeug aus der Werkstatt abholen möchte, dort aber erfährt, daß die Reparatur noch nicht abgeschlossen sei. Leider stehe aber kein Ersatzfahrzeug zur Verfügung, um zur 15 Kilometer entfernten Wohnung an der Peripherie der Großstadt, geschweige denn am nächsten Morgen wieder zum Arbeitsplatz zu gelangen.

Zur Vermeidung der skizzierten Schwachpunkte empfehlen Spezialisten, auf die Frage nach der Bedeutung von einzelnen Aspekten für den Kunden ganz zu verzichten und sich der *indirekten Methode* zu bedienen. Hierzu bieten sich verschiedene statistische Methoden wie beispielsweise die *Regressionsanalyse* (siehe Abschnitt 6.5.3) an.

Um eine Vergleichbarkeit zwischen einzelnen Leistungseinheiten (etwa Filialen, Abteilungen, einzelne Mitarbeiter) zu ermöglichen, empfiehlt es sich, auf Basis der erhobenen Teilzufriedenheiten und -wichtigkeiten eine gewichtete Gesamtzufriedenheit, einen sog. *Kundenzufriedenheitsindex* zu berechnen. Dies ist erforderlich, weil die gewichtete Gesamtzufriedenheit im Regelfall von der erfaßten Globalzufriedenheit („Wie zufrieden Sie mit den Leistungen unseres Hause insgesamt?") abweicht.

Denn im Fall der Gesamtzufriedenheit ist generell ein sog. *Positivity-Bias* festzustellen, der sich in einem stets hohen Grad an geäußerter Zufriedenheit niederschlägt. Dies verleitet zu dem Fehlschluß, daß die Mehrzahl der Kunden keine Probleme mit den Produkten bzw. Dienstleistungen wahrnimmt. In Wirklichkeit aber liegt der hohe Grad geäußerter Zufriedenheit darin begründet, daß sich die Befragungsteilnehmer bei einer globalen Frage nach der Zufriedenheit nur oberflächlich mit der Untersuchungsthematik auseinandersetzen. Die Verwendung eindimensionaler bzw. globaler Meßverfahren führt also dazu, daß lediglich das Oberflächenbewußtsein erfaßt wird, während das tatsächliche Qualitätsurteil verborgen bleibt.

Wie aber läßt sich ein aussagekräftiger *Kundenzufriedenheitsindex* berechnen? Folgende Vorgehensweise hat sich in unzähligen Untersuchungen bewährt: Man multipliziert die Teilzufriedenheit mit dem jeweiligen Bedeutungsgewicht und addiert die so gewonnenen gewichteten Teilzufriedenheiten.

☞ ***Beispiel*: Berechnung eines Kundenzufriedenheitsindex**

Im vorliegenden Beispiel einer Kfz-Werkstatt haben wir 15 Teilzufriedenheiten, deren Skala von -3 (= sehr unzufrieden) bis +3 (= sehr zufrieden) reicht. Für die Bedeutungsgewichte stehen uns insgesamt 100 Punkte zur Verfügung. Demnach kann sich der Kundenzufriedenheitsindex in einem Spektrum von - 300 (= 100 Punkte mal -3 (= sehr unzufrieden)) bis + 300 (= 100 Punkte mal +3 (= völlig zufrieden)). Die Extrempunkte des Indizes sind dadurch charakterisiert, daß die Befragungsperson mit sämtlichen Eigenschaften entweder sehr unzufrieden (= -3) oder sehr zufrieden (= +3) ist.

✎ **Zusammenfassung**

- Das merkmalsgestützte Verfahren ist ohne Zweifel der einzige Ansatz, der einen *repräsentativen Einblick* in die Zufriedenheit der Kunden vermittelt.

- Das merkmalsgestützte Verfahren ist vergleichsweise *kosten-, zeit-* und *know-how-intensiv*. Aus diesen Gründen verzichten insbesondere kleine und mittelständische Unternehmen auf den Einsatz des Verfahrens, und nicht wenige Untersuchungen müssen als dilettantisch eingestuft werden.

- Neben den Einzelzufriedenheiten müssen auf jeden Fall die *Bedeutungsgewichte* der *einzelnen Leistungsaspekte* erfaßt bzw. berechnet werden. Ist statistisches Know-How im Unternehmen vorhanden oder werden externe Spezialisten in das Projekt eingebunden, empfiehlt sich die *indirekte Methode* zur Erfassung der Bedeutung von Leistungsaspekten mittels statistischer Methoden (z.B. Regressionsanalyse), weil dieser Ansatz die fundierteren Ergebnisse bietet. Ist dies nicht der Fall, sollte die *direkte Methode* mittels der *Konstantsummen-Methode* als zweitbeste Lösung angewendet werden.

- Im Falle der indirekten Methode sollten Einzelzufriedenheiten und Bedeutungsgewichte idealtypischerweise multiplikativ zu einem *Kundenzufriedenheitsindex* verdichtet werden. Auf diese Weise wird ein fundierter Vergleich zwischen einzelnen Leistungseinheiten und/oder im Zeitablauf möglich.

5.4 Das Timing von Kundenzufriedenheitsanalysen

Grundsätzlich sollte man sich nicht auf die Nutzung eines einzigen Verfahrens zur Messung von Kundenzufriedenheit beschränken, sondern *verschiedene Ansätze* miteinander *kombinieren*. Denn jedes Verfahren verfügt über spezifische Nutzen- und/oder Kostenvorteile. In bezug auf die *zeitliche Durchführung* empfehlen sich die folgenden *Regeln*, die selbstverständlich den jeweiligen Unternehmensgegebenheiten anzupassen sind (vgl. hierzu auch Schneider 1999a, S. 165 - 170):

• Umfangreiche Kundenbefragung (ggf. unter Einbeziehung von Dritten):	alle 2 - 3 Jahre
• Durchführung von Testkäufen (Mystery-Shopping):	einmal jährlich
• Auswertung von Reklamationen und Garantiefällen:	halbjährlich
• Analyse der Kundenloyalität:	branchenspezifisch, da abhängig von Ersatzbedarf, Einkaufsrythmus u.ä.

6 Die sechs Schritte einer fundierten Kundenzufriedenheitsbefragung

Einen fundierten Einblick in die Zufriedenheit der Kunden gewährt die Königsmethode der Primärforschung, die *Befragung*. Da Unternehmen immer wieder an in Eigenregie durchgeführten Untersuchungen scheitern bzw. an Marktforschungsunternehmen viel Geld für wenig fundierte Analysen bezahlen, werden wir uns im folgenden ausführlich Ablauf und Planung einer Kundenzufriedenheitsbefragung widmen.

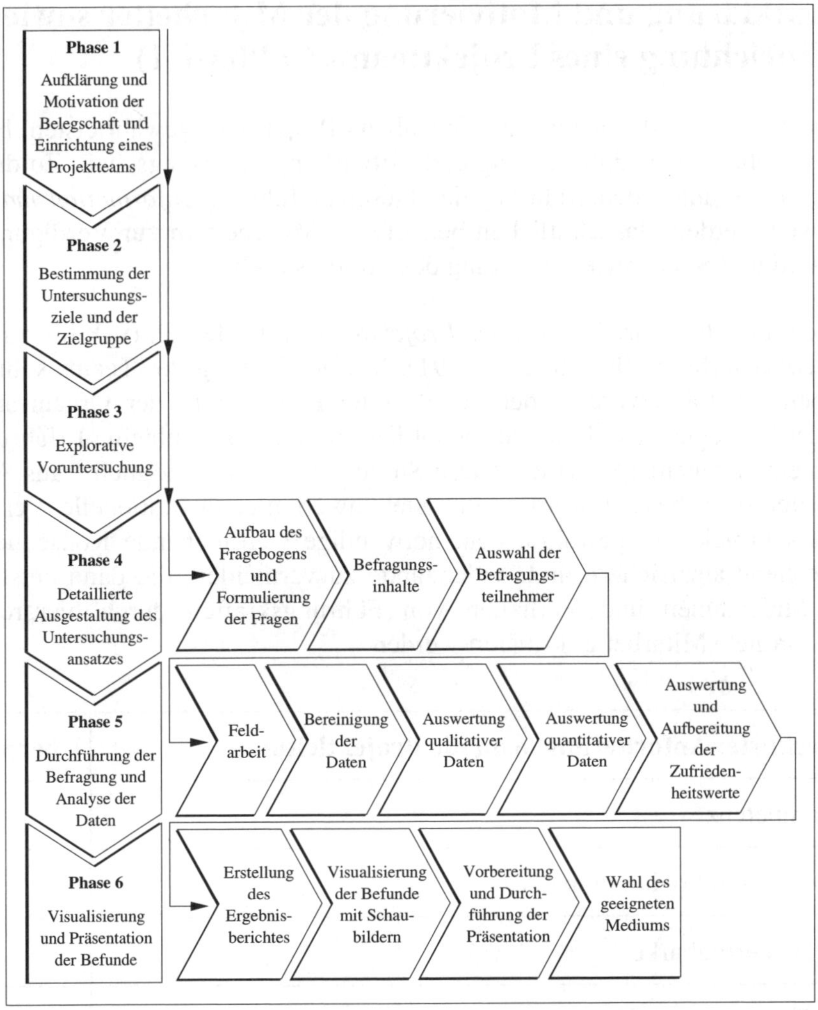

Abb. 6: Die sechs Phasen einer fundierten Kundenzufriedenheitsuntersuchung

Zu diesem Zweck wurde ein *6-stufiger Ablaufplan* entwickelt, der die Durchführung am Beispiel einer schriftlichen Befragung erläutert (siehe Abb. 6; vgl. im folgenden Backhaus/Erichson/Plinke/Weiber 1990; Bellarba/Radtke/Wilmes 1998; Berekoven/Eckert/Ellenrieder 1996; Homburg/Rudolph/Werner 1995, S. 313 - 340; Kotler/Bliemel 1995, S. 187 - 232; Meffert 1992, S. 177 - 385; Nieschlag/Dichtl/Hörschgen 1997, S. 683 - 869). Eine Anpassung des Ablaufplans an andere Formen der Befragung nach unternehmensspezifischen Gesichtspunkten kann ohne größere Schwierigkeiten vorgenommen werden.

6.1 Aufklärung und Motivierung der Mitarbeiter sowie Einrichtung eines Projektteams (= Phase 1)

Um die Akzeptanz des Kundenzufriedenheits-Projekts zu gewährleisten, bedarf es einer frühzeitigen Einbeziehung und Mitwirkung der Belegschaft. Zu diesem Zweck sollte unter Federführung der Geschäftsführung *Informationsmaterial* entwickelt werden, das sämtlichen betroffenen Mitarbeitern zur Verfügung gestellt wird und Sinn sowie Bedeutung des Projekts erklärt.

Außerdem ist die Einrichtung eines *Projektteams* erforderlich (vgl. hierzu auch Doppler/Lauterburg 1999, S. 277 - 291). Mit der Leitung des Teams sollte ein Mitarbeiter betraut werden, der bereits eine Funktion in der Organisations- und/oder Strategieentwicklung ausgeübt hat und über einschlägige Erfahrungen im Projektmanagement verfügt. Diese Stelle sollte - falls möglich - aus Abteilungsleiterebene besetzt werden, um Stellenwert und institutionelle Verankerung des Projekts zu gewährleisten, notwendige weitreichende Konsequenzen entsprechend abzusichern und Widerstände zu vermeiden, die dann entstehen, wenn Maßnahmen und Verhalten von Führungskräften durch hierarchisch untergeordnete Mitarbeiter kritisiert werden.

✔ **Checkliste: Anforderungen an die Projektleitung**	**Überprüft?**
Sachkompetenz	
Methoden- und Sozialkompetenz	
Zeitliche Verfügbarkeit	
Persönliches Engagement	

Die *Mitglieder* des *Projektteams* sollten ähnlichen Hierarchieebenen angehören, um unnötige Hemmungen zu vermeiden und eine offene sowie fruchtbare Kommunikation zu fördern. Außerdem hat es sich als zweckdienlich erwiesen, möglichst viele Unternehmenseinheiten, Sparten, Funktionsbereiche bzw. Abteilungen im Projektteam aufzunehmen, da dies die Akzeptanz des Projekts im ganzen Unternehmen steigert. Dabei darf die Gruppengröße von zehn Personen nicht überschritten werden, da ansonsten die Gefahr einer ineffizienten Zusammenarbeit besteht.

✔ **Checkliste: Anforderungen an das Projektteam**	**Überprüft?**
Teamfähigkeit	
Sachkompetenz, um Probleme und Lösungen richtig beurteilen zu können	
Methodenkompetenz	
Sozialkompetenz	
Fähigkeit zur Selbstkritik	
Energie, Engagement und ausreichend verfügbare Zeit für die Projektarbeit	

6.2 Die Bestimmung der Untersuchungsziele und der Zielgruppe (= Phase 2)

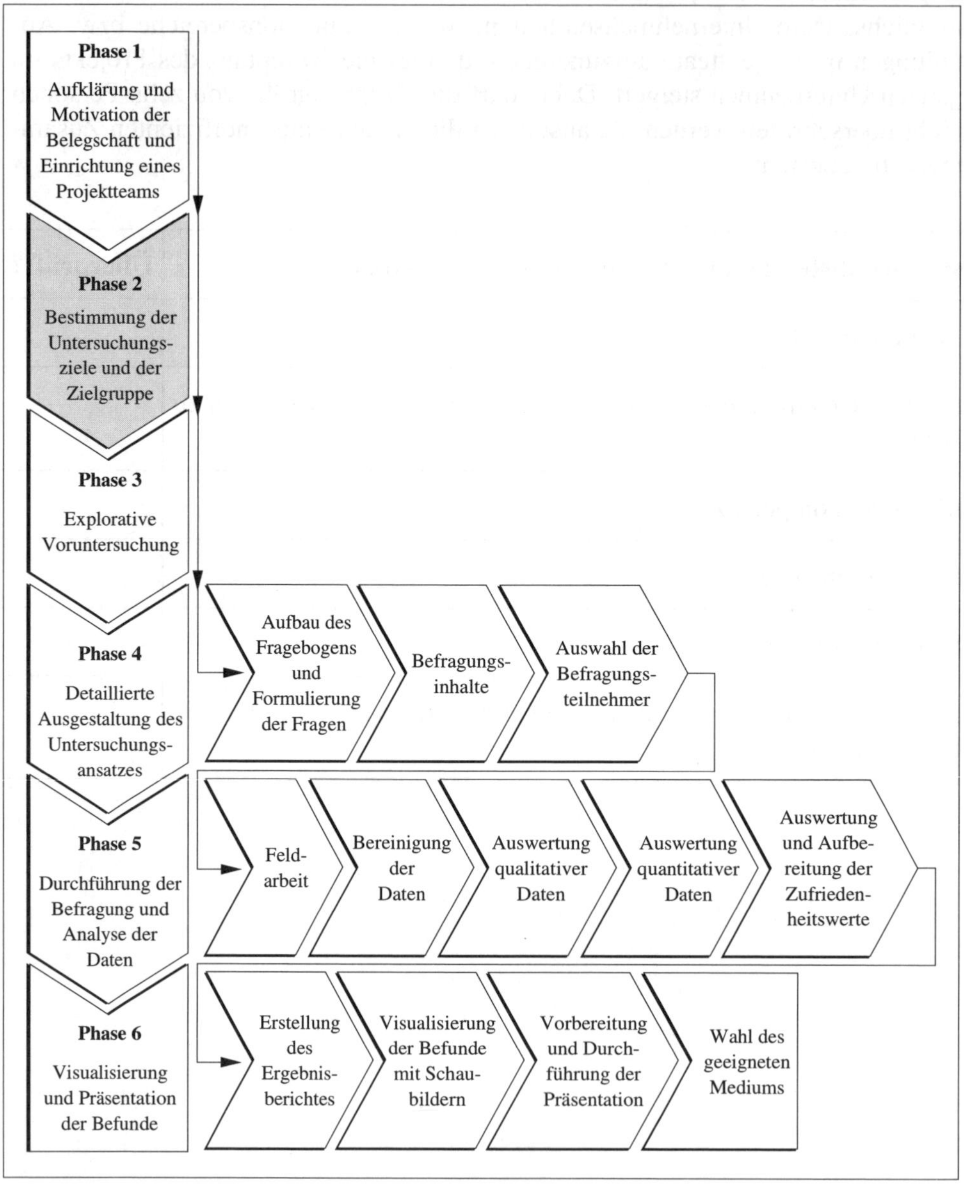

Abb. 7: Phase zwei einer fundierten Kundenzufriedenheitsuntersuchung

In Phase 2 sollte zunächst festgelegt werden, welche Ziele mit der Kundenbefragung verfolgt werden. Hierbei stellen sich grundsätzlich folgende *Fragen*:

- *Inwieweit soll nach einzelnen Marktsegmenten differenziert werden?* Konkret gilt es zu klären, ob sämtliche Kundengruppen (z.B. Schlüsselkunden, Clubmitglieder, interne/externe Kunden), Produktgruppen (z.B. LKW-Sparte), Verantwortungsbereiche (z.B. Niederlassungen), Vertriebswege, Länder und/oder Regionen, in die Befragung einbezogen werden sollen, oder ob man das Augenmerk eher auf einzelne Segmente legt. Grundsätzlich erscheint es zweckmäßig, sich bei der erstmaligen Durchführung einer Kundenzufriedenheitsbefragung im Sinne eines *Pilotprojektes* auf ein Segment zu konzentrieren. Diese Vorgehensweise bietet den Vorteil, aus Anfängerfehlern lernen zu können und diese nicht flächendeckend zu begehen. Zum Zwecke einer im Regelfall sehr aufschlußreichen Vergleichbarkeit von Befunden sollten die Kundenzufriedenheitsbefragungen - vorausgesetzt, es sind entsprechende Budgets und Kapazitäten vorhanden - in späteren Phasen bei sämtlichen Marktsegmenten durchgeführt werden. Denn nur so gelingt es, eine Unternehmenskultur im Sinne einer ganzheitlichen Kundenorientierung glaubwürdig zu verankern.

- *Sollen sämtliche Leistungskomponenten, d.h. sowohl Produkte als auch Dienstleistungen, in die Untersuchung einbezogen werden?* Unmittelbar nachvollziehbar wird diese Fragestellung am Beispiel eines Kfz-Vertragshändlers. Wer hier nur nach der Zufriedenheit mit dem erworbenen Kraftfahrzeug fragt, dem bleiben *Ausstrahlungseffekte* des Kundenservice - etwa bei Wartung und Reparatur - verborgen. Umgekehrt verhält es sich ähnlich: Wer nur die Leistungen der Kfz-Werkstatt analysiert, läßt positive oder negative Einflüsse, die vom erworbenen Fahrzeug ausgehen, außen vor. Da der Kunde gemeinhin nicht zwischen Produkt und Dienstleistung unterscheidet, sondern die Leistungen des Unternehmens im Sinne einer Problemlösung als Ganzes betrachtet, empfiehlt es sich, die Zufriedenheit mit sämtlichen Leistungskomponenten abzufragen.

- *Wer soll im Falle gewerblicher Kunden befragt werden?* Im Falle gewerblicher Kunden handelt es sich um eine sog. *multipersonale Zufriedenheit*, d.h. in der Regel müssen mehrere Funktionsbereiche bzw. Personen gleichzeitig befragt werden (vgl. hierzu auch Schütze 1994). Aufschluß bietet hier das *Buying-Center-Konzept*, das verdeutlicht, daß mindestens vier Funktionsbereiche unmittelbar an einer gewerblichen Kaufentscheidung beteiligt sind: Einkauf, Nutzer, Geschäftsleitung sowie Finanzabteilung. Nachvollziehbar wird dies am folgenden Beispiel aus der Unternehmenspraxis.

☞ **Beispiel: Kauf eines Transporters**

Die Geschäftsleitung der Müller GmbH, eines mittelständischen Unternehmens des Möbeleinzelhandels, beabsichtigt, für die Auslieferung an Kunden zwei neue Transporter anzuschaffen. Zu diesem Zweck wird die *Einkaufsabteilung* damit beauftragt, entsprechende Angebote einzuholen. Der Chef der Einkaufsabteilung bespricht sich zunächst mit einigen *Fahrern*, notiert ihre Erfahrungen mit dem bisherigen Fuhrpark und sammelt ihren Wünsche bezüglich der Anschaffung zukünftiger Fahrzeuge. Danach holt er entsprechende Angebote ein. Nach Prüfung der Angebote präsentiert er der *Geschäftsführung* seine Vorschläge: Diese schließt sich nach kurzer Überlegung der Empfehlung des Chefeinkäufers für zwei Transporter des Automobilherstellers CD anschließt. Zum Zwecke der Klärung von Detailfragen (Finanzierung, Leasing, Zahlungsabwicklung) soll sich die *Finanzabteilung* mit dem Lieferanten in Verbindung setzen.

An diesem Beispiel wird deutlich, daß mehrere Funktionsbereiche an der gewerblichen Kaufentscheidung beteiligt sind und demnach auch deren jeweilige Zufriedenheit mit dem Kauf von Bedeutung ist. Während die angesprochenen Funktionsbereiche in kleineren Unternehmen häufig von einer einzigen Person ausgeübt werden und bei einer Befragung diesbezüglich kaum Probleme auftreten, handelt es sich bei größeren Unternehmen um einen sog. *multipersonalen Kaufentscheidungsprozeß*. Dies macht es erforderlich, den Fragebogen in solchen Fällen nach einzelnen Rubriken zu untergliedern und diesen von den jeweiligen Vertretern der einzelnen Funktionsbereiche (in der Regel Einkauf, Geschäftsleitung, Nutzer, Finanzabteilung) ausfüllen zu lassen.

Nunmehr gilt es, die *konkreten Zielgruppen* der Befragung zu bestimmen. Hierfür bieten sich grundsätzlich an:

- *Potentielle Kunden* → Ziel: Aufspüren von Neukundenpotential, Akquisition neuer Kunden sowie Aufspüren von Verbesserungspotential durch Benchmarking (Ursprung: Benchmarks = Höhepunkte bei der Landvermessung; die eigenen Leistungen und Prozesse werden in Relation zu den Spitzenleistungen der Konkurrenz und/oder von Marktführern in anderen Branchen gesetzt)

- *Derzeitige Kunden* → Ziel: Kundenbindung und Cross-Selling (= bessere Ausschöpfung des Kundenpotentials durch Angebot der gesamten Produktpalette und damit Denken in Geschäftsbeziehungen, nicht in Einmalkontakten). Diese Zielgruppe sollte, wie der Begriff Kundenzufriedenheitsanalyse schon zum Ausdruck bringt, im Zentrum einer solchen Untersuchung stehen
- *Ehemalige Kunden* → Ziel: Aufdecken gefährlicher Schwachstellen sowie Rückgewinnung abgewanderter Kunden

Will man bei letzteren aussagekräftige Ergebnisse erzielen, muß eine entsprechend große *Stichprobe* gezogen werden, da in diesem Segment die Rücklaufquote im allgemeinen recht gering ausfällt. Dies ist auf zwei Gründe zurückzuführen: Zum einen sind Kunden, die aus Unzufriedenheit abgewandert sind, häufig so verärgert, daß sie nicht mehr bereit sind, dem Unternehmen auch noch durch ihre Auskünfte behilflich zu sein. Zum anderen dürften viele der abgewanderten Kunden nicht mehr beim Unternehmen einkaufen, weil sie aus dem Einzugsgebiet gezogen sind, sich u.a. ihre Adresse geändert hat und sie somit nur noch unter großem Aufwand erreichbar wären.

Am Ende von Phase 2 sollten folgende *Aufgaben* abgeschlossen sein:

- Formulierung des Problemhintergrundes, d.h. warum will das Unternehmen eine Befragung durchführen
- Festlegung von Zielgruppen (derzeitige, potentielle und/oder abgewanderte Kunden)
- Übersicht über bereits vorhandene Daten, d.h. Ergebnisberichte bisheriger Studien, sekundärstatistisches Datenmaterial wie Reklamations- und Garantiestatistiken, Unternehmenspublikationen, Geschäftsberichte, Umsatz- und Gewinnentwicklungen u.ä.
- Budget und Zeitrahmen
- Festlegung sog. Action Standards, d.h. von Maßnahmen, die je nach Untersuchungsbefund ins Auge gefaßt werden

6.3 Die explorative Voruntersuchung (= Phase 3)

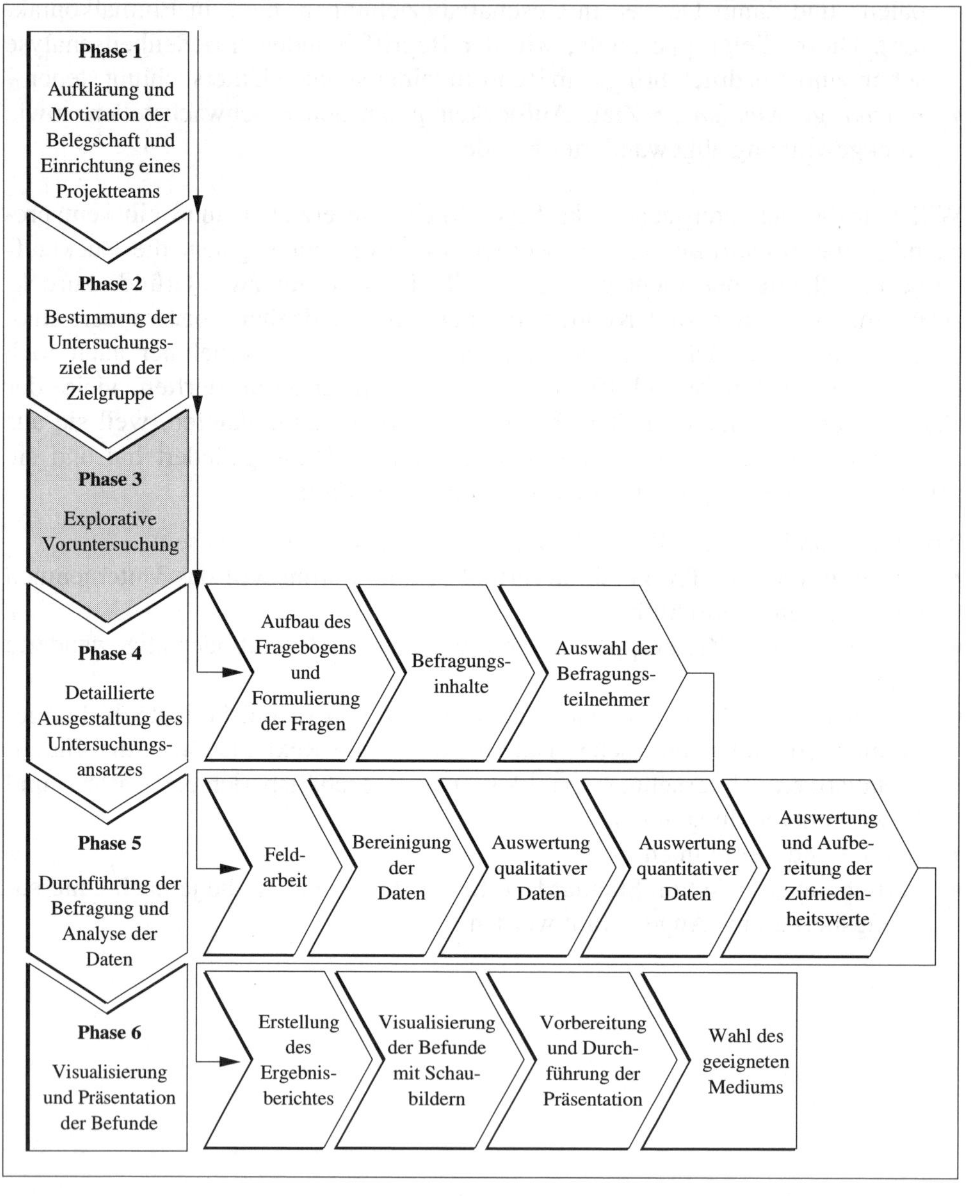

Abb. 8: Phase drei einer fundierten Kundenzufriedenheitsuntersuchung

Unerläßlich ist es, vor der detaillierten Ausgestaltung des Untersuchungsansatzes eine explorative, d.h. das Problemfeld aufhellende und strukturierende Voruntersuchung zu schalten. Hierbei gilt es Klarheit darüber zu gewinnen, welche Erwartungen Kunden an den Anbieter und seine Produkte sowie Dienstleistungen stellen und welche Aspekte in die Kaufentscheidung einbezogen werden. Hierzu bieten sich *zwei Methoden* an:

- das *halbstrukturierte Interview* mit dem Ziel, tiefe Erkenntnisse zu erlangen
- die *Gruppendiskussion*, die breite Einblicke gewährt

Ungeachtet welcher Methode der Vorzug eingeräumt wird, sollte im Vorfeld ein *Interviewerleitfaden* erstellt werden, der die Vorgehensweise grob skizziert. Außerdem hat es sich als nützlich erwiesen, die Gespräche bzw. Diskussionen - das Einverständnis der Teilnehmer vorausgesetzt - auf Tonband aufzuzeichnen. Schließlich sollte man sich darüber im klaren sein, daß sowohl beim halbstrukturierten Interview als auch bei der Gruppendiskussion vergleichsweise hohe Anforderungen an den Interviewer und an denjenigen, der die Angaben auszuwerten hat, gestellt werden.

Es empfiehlt sich, in der explorativen Vorphase sowohl einige Kunden als auch ausgewählte Mitarbeiter zu befragen. Hieraus ergeben sich wesentliche Erkenntnisse für die konkrete Ausgestaltung des Untersuchungsansatzes. Weitere Anregungen können die *Beschwerdeanalyse* (vgl. Abschnitt 5.3.3 sowie 7.4), die *Critical-Incident-Technique* (vgl. Abschnitt 5.3.5) sowie die im folgenden dargestellte *Kundenprozeßanalyse* geben.

Die *Kundenprozeßanalyse*, auch *Blueprint* bzw. *Blaupause* genannt, zielt darauf ab, jene Kontaktpunkte und Aktivitäten zu visualisieren und analysieren, die der Kunde im Rahmen einer Transaktion bzw. Geschäftsbeziehung erlebt. Auf diese Weise können Probleme, welche die Zufriedenheit des Kunden tangieren, im Ablauf identifiziert und auf ihre Ursachen hin untersucht werden.

Bei der Durchführung einer Kundenprozeßanalyse hat sich folgender *Ablauf* bewährt, der am Beispiel eines Hotelaufenthaltes verdeutlicht werden soll (siehe Abb. 9 sowie Bitner 1993; Hinterhuber/Handlbauer/Matzler 1997, S. 71; Quartapelle/Larsen 1996, S. 76 - 82; Stauss/Seidel 1995;):

(1) Visualisierung sämtlicher Kontaktpunkte eines Kunden mit dem Anbieter im Zeitablauf (*Ablaufdiagramm*), also von der Hotelankunft über Gepäckabgabe, Check In, Weg zum Zimmer, Empfang des Gepäcks, Aufenthalt im Zimmer, Anruf des Room Service, Erhalt der Speisen und Essen bis hin zu Check Out und Abfahrt.

(2) Herstellung der Beziehungen zu den unternehmensinternen Prozessen. Dabei trennt die sog. *Line-of-External-Interaction* die vom Kunden allein ausgeführten Handlungen (im Falle eines Hotels beispielsweise Hotelankunft, Weg zum Zimmer und dortiger Aufenthalt) von den Kontakten mit den Mitarbeitern des Unternehmens (etwa Check-In und -Out an der Rezeption). Die sog. *Line-of-Visibility* ihrerseits grenzt den für den Kunden sichtbaren Teil des Dienstleistungssystems (etwa Servieren der Speisen) vom unsichtbaren Teil (beispielsweise Zubereitung der Speisen) ab.

(3) Veranschaulichung, welche *Aspekte* des *physischen Umfeldes* der Kunde an jedem Kontaktpunkt erlebt (z.B. Außenanlage des Hotels, Garage, Einrichtung und Ausstattung des Zimmers), da diese eine wesentliche Rolle bei der Beurteilung der wahrgenommenen Dienstleistungsqualität spielen.

(4) Ermittlung von *Problemen*, Kriterien und Teilprozessen, die einen Einfluß auf die (Un-)Zufriedenheit der Kunden ausüben. Hierzu bietet sich eine Verbindung mit der *Critical-Incident-Technique* (vgl. Abschnitt 5.3.5) an, da auf diese Weise ein umfassendes Bild über die Ursachen der (Un-)-Zufriedenheit des Kunden gezeichnet werden kann.

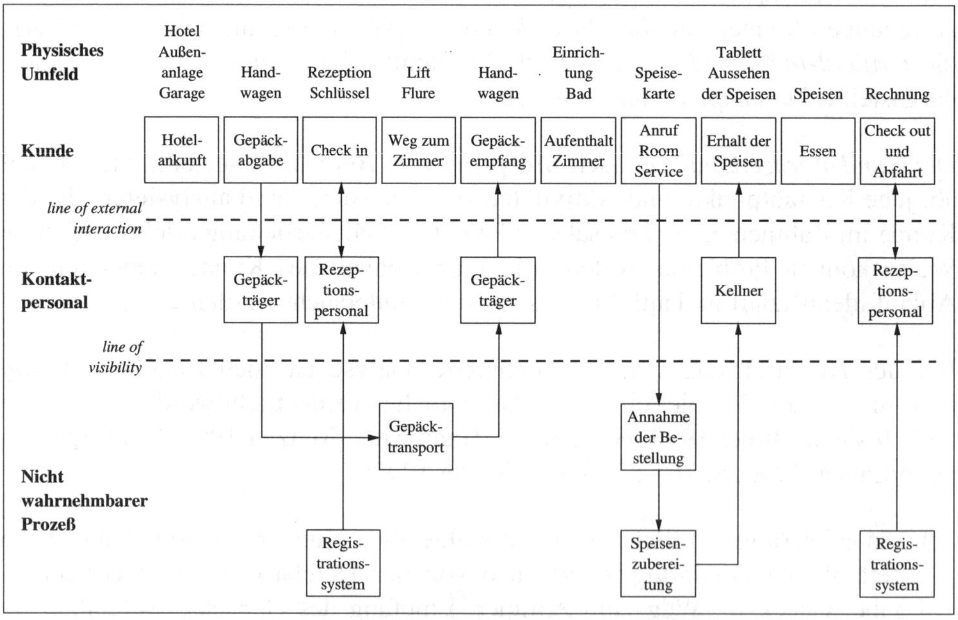

Abb. 9: Der Ablauf einer Kundenprozeßanalyse am Beispiel eines Hotelaufenthaltes (Quelle: Bitner 1993, S. 364)

6.4 Die detaillierte Ausgestaltung des Untersuchungsansatzes (= Phase 4)

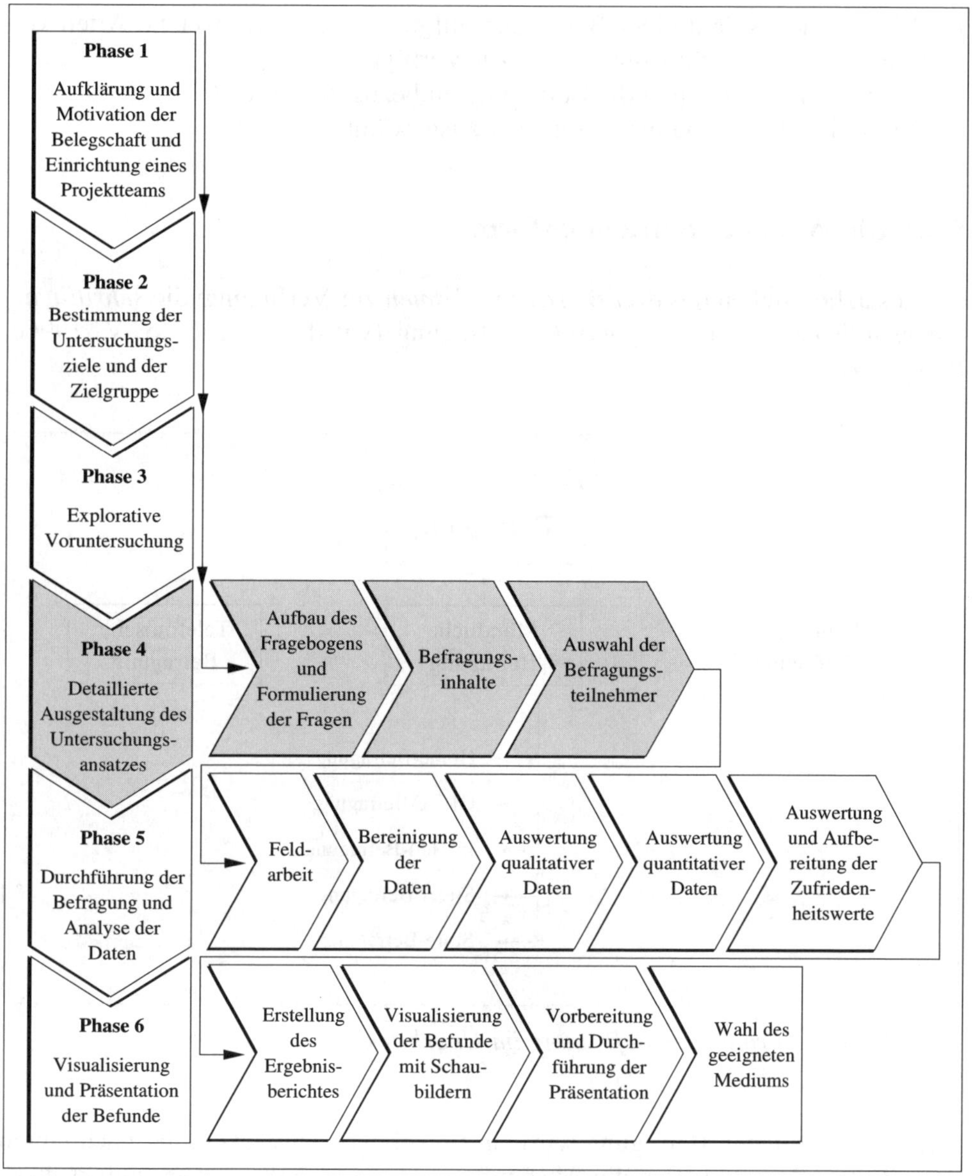

Abb. 10: Phase vier einer fundierten Kundenzufriedenheitsuntersuchung

Bei der konkreten Ausgestaltung des Befragungsansatzes gibt es *vier Sachverhalte* zu klären.

- Welche Befragungsform (schriftlich, mündlich, telefonisch) soll genutzt werden?
- Wie soll der Ablauf einer Befragung aufgebaut sein, und welche Arten von Fragen (offen, geschlossen) stehen zur Verfügung?
- Welche Inhalte sollen in die Befragung einbezogen werden?
- Wie sollen die Befragungsteilnehmer ausgewählt werden?

6.4.1 Die Wahl der Befragungsform

Grundsätzlich stehen uns *drei Befragungsformen* zur Verfügung: die *schriftliche*, die *mündliche* und die *telefonische* Befragung (vgl. hierzu auch o. V. 1996c, S. 33 - 34).

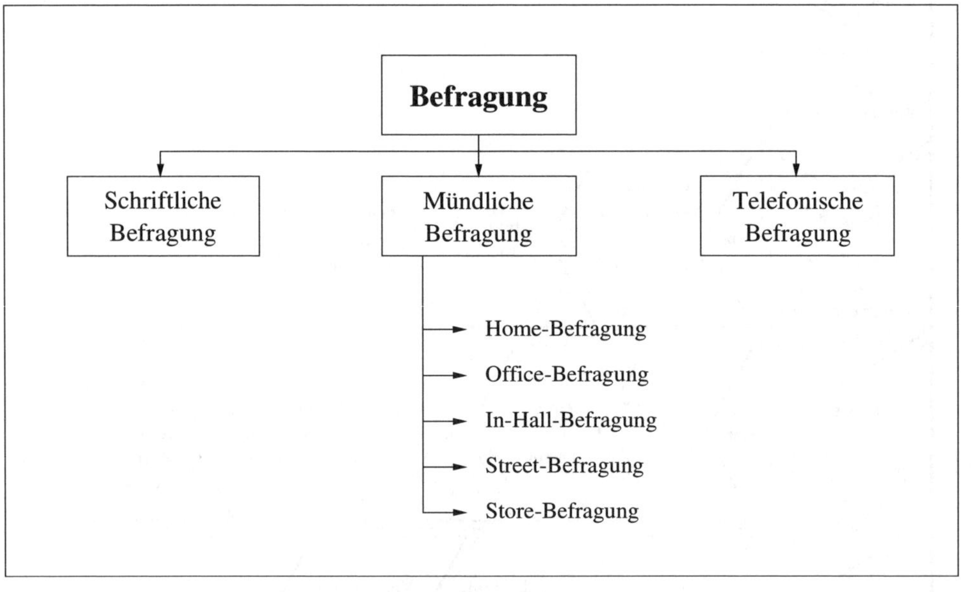

Abb. 11: Die Formen der Befragung im Überblick

Bei der schriftlichen Befragung wird ein Fragebogen entwickelt, der nach einem sog. *Pretest* (Vorabtest) an die Auskunftspersonen verteilt oder verschickt wird. Diese füllen der Fragebogen eigenständig aus und schicken ihn an das betreffende Unternehmen oder ein eingebundenes Marktforschungsinstitut zurück. Eine vergleichsweise innovative Form der schriftlichen Befragung, die in Zukunft an Bedeutung gewinnen wird, repräsentiert die Datenerhebung via Internet (vgl. hierzu o. V. 2000a, S. 24).

Als *Vorteile* der schriftlichen Befragung sind zu nennen:

- Schnelle Auskunft bei einer Vielzahl von Auskunftspersonen
- Befragte haben Zeit zum Nachdenken
- Keine Interviewer notwendig, d.h. die Befragung ist leichter zu organisieren
- Kein Interviewer-Einfluß, d.h. sozial-erwünschtes Antwortverhalten ist nahezu vollständig ausgeschlossen
- Vergleichsweise geringe Kosten, was insbesondere in großen Befragungsgebieten zu Buche schlägt

Als *Nachteile* der schriftlichen Befragung gelten:

- Sinkende Akzeptanz mit steigendem Fragebogenumfang sowie bei heiklen Fragen (z.B. nach dem Einkommen)
- Keine Abfrage spontaner Antworten möglich
- Keine Sicherheit, daß auch wirklich der Adressat antwortet. Z.B. wird der Fragebogen an den Vater verschickt, dieser hat aber wenig Zeit und bittet seinen Sohn (Schüler) oder seine Mutter (Rentnerin), den Fragebogen stellvertretend für ihn auszufüllen
- Meist relativ geringe Rücklaufquote (abhängig vom Interesse am Befragungsgegenstand; siehe hierzu *Checkliste: Erzielung höherer Rücklaufquoten*)

Geringe Rücklaufquoten und damit Stichprobenausfälle können je nach Ursache erhebliche Gefahren in sich bergen. Die sog. unechten oder stichprobenneutralen Ausfälle (z.B. Kunden, die aus dem Einzugsgebiet eines Unternehmens weggezogen sind) stellen nichts anderes als eine Bereinigung des Adreßmaterials dar und sind im Regelfall unproblematisch. Anders sieht es bei den echten Ausfällen (sog. Antwortverweigerungen) aus, die zu einer erheblichen Verzerrung der Befunde führen können (sog. *Non-Response-Problem*). Aus diesem Grund sollte man versuchen, eine möglichst hohe Rücklaufquote zu erzielen.

✔ Checkliste: Erzielung höherer Rücklaufquoten	Überprüft?
Einsatz überwiegend geschlossener Fragen (80/20-Regel)	
Optische Verkleinerung des Fragebogens (Bedrucken der Vorder- sowie Rückseite des Blattes, Verwenden kleinerer Schrifttypen)	
Zeitaufwand für das Ausfüllen des Fragebogens (bei privaten Probanden max. 15 Minuten, bei gewerblichen Kunden max. 30 Minuten)	
Pretest zur Kontrolle der Verständlichkeit der Fragen sowie des formalen Aufbaus des Fragebogens	
Einrichten einer Hotline für evtl. Rückfragen der Befragungsteilnehmer	
Anleitung zum Ausfüllen des Fragebogens	
Individualisierung des Anschreibens und eigenständige Unterschriften	
Im Begleitschreiben Untersuchungszweck erklären, das zugrundeliegende Auswahlverfahren erläutern, dem Adressaten Anonymität zusichern und ihm bereits im Vorfeld für seine Teilnahmebereitschaft danken	
Hinweis im Begleitschreiben auf Zeitpunkt, zu dem der Fragebogen spätestens zurückgeschickt werden sollte (14 Tage bis drei Wochen)	
Beilage einen bereits adressierten und frankierten Rückumschlags	
Materielle Anreize (sog. Incentives) für die Berfragungsteilnehmer (etwa Teilnahme an einer Verlosung; Briefmarkenbriefchen, Telefonkarten, Gutscheine u.ä.)	
Wahl eines günstigen Versandzeitpunkts (für die Befragung privater Haushalte Donnerstag und Freitag; streßintensive Zeiten wie Vorurlaubs- und Urlaubszeit, Vorweihnachtszeit meiden)	
Gegebenenfalls Nachfaßaktion in einer zweiten und dritten Welle; Beilage eines neuen Fragebogens	

☞ **Beispiel: Erhöhung der Rücklaufquote bei ANACOMP und Bang & Olufsen**

ANACOMP, Weltmarktführer auf dem Gebiet der Mikrographie-Produkte (= Miniaturisierung und Speicherung von Dokumenten und Datenbeständen auf *Mikrofilm* oder *-fiches*) erzielen die für ein repräsentatives Ergebnis notwendige Rücklaufquote u.a. durch ein speziell entwickeltes *Incentive*. Für jeden ausgefüllten und zurückgesendeten Fragebogen wird ein bestimmter Betrag (bis zu 35,- DM) von ANACOMP an eine *gemeinnützige Organisation* (etwa SOS-Kinderdorf) *gespendet*. Auf diese Weise erzielt das Unternehmen regelmäßig eine Rücklaufquote von über 70 %. Nach Abschluß der Befragung wird jeder Kunde über die zustandegekommene Gesamtsumme informiert und damit die Bereitschaft erhöht, auch im nächsten Jahr wieder an der Befragung teilzunehmen (vgl. Bieletzki 1996, S. 165).

Interessant ist in diesem Zusammenhang auch der Ansatz des Unterhaltungselektronik-Herstellers Bang & Olufsen. Dieser räumt den Befragungsteilnehmern eine um ein Jahr verlängerte Garantiefrist ein.

✎ **Zusammenfassung:** Die schriftliche Befragung sollten Unternehmen immer dann einsetzen, wenn sie

- über keinen eigenen Interviewerstab verfügen,
- in keinem unmittelbaren persönlichen Kontakt zum Kunden stehen und/oder
- die Befragung in weiträumigen Gebieten durchführen wollen.

Bei der *mündlichen Befragung* stehen sich Interviewer und Auskunftsperson unmittelbar gegenüber (sog. Face-to-Face-Interview). In bezug auf die Erhebungssituation sind folgende *Spielarten* möglich:

- *Home-Befragung*: Der Interviewer sucht die Auskunftsperson zu Hause auf und führt dort die Befragung durch.
- *Office-Interview*: Die Auskunftsperson wird an ihrem Arbeitsplatz befragt. Diese Befragungsvariante empfiehlt sich bei gewerblichen Kunden und einer vergleichsweise hohen Hierarchiestufe der Ansprechpartner.
- *In-Hall-Befragung*: Die Erhebung wird in einem Testlokal durchgeführt, etwa einem angemieteten Raum in einem Einkaufszentrum (sog. Testlokal).
- *Street-Interview*: Die Befragung wird an einer beispielsweise vielfrequentierten Straßenkreuzung oder in einer Fußgängerzone durchgeführt.
- *Store-Test*: Das Interview findet in der Einkaufsstätte statt.

Als *Vorteile* der mündlichen Befragung sind zu nennen:

- Die Auskunftsbereitschaft ist größer als bei der schriftlichen Befragung, nicht zuletzt deshalb, weil der Interviewer psychologische Hemmschwellen und Zweifel der Befragten im direkten Gespräch ausgeräumt werden können.
- Die Gesprächssituation ist kontrollierbar.
- Rückfragen sowohl des Interviewers als auch des Befragten sind möglich.

Als *Nachteile* dieses Verfahrens gelten:

- Hoher Kostenaufwand
- Hoher Zeitaufwand
- Einfluß des Interviewers auf den Befragten (sog. Interviewer-Bias), was sozial erwünschtes Antwortverhalten fördert.

Hinsichtlich der Befragungsstrategien haben sich *zwei Methoden* etabliert:

- Beim *standardisierten Interview* sind Inhalt und Reihenfolge der Fragen genau festgelegt. Der Interviewer muß die Fragen lediglich vorlesen und die Antworten detailliert dokumentieren, so daß er kaum einen Einfluß auf den Befragten ausüben kann. Diese Methode eignet sich insbesondere dann, wenn bei einer größeren Anzahl von Auskunftspersonen eine repräsentative Untersuchung mit vergleichbaren Ergebnissen angestrebt wird.

- Beim *freien Interview* liegen Formulierung und Reihenfolge der Fragen sowie das Hinzufügen von Erläuterungen weitgehend im Ermessensspielraum des Interviewers. Ihm steht lediglich ein Gesprächsleitfaden zur Verfügung, der Ablauf und Inhalt des Interviews grob festlegt. Ein zentraler Vorteil dieser Vorgehensweise liegt im stärkeren Eingehen auf den Befragten. Demnach eignet sich das freie Interview insbesondere für die Befragung von Experten sowie Vertretern höherer Hierarchieebenen. Außerdem können mit dieser Methode neuere und tiefere Einsichten in einen Problemkreis gewonnen werden. Als nachteilig zu nennen sind die vergleichsweise hohen Kosten, die im wesentlichen auf folgende Gründe zurückzuführen sind:
  - ♦ Hoher Aufwand für die Auswertung der Daten aufgrund der Nichtstandardisierung der erhobenen Informationen und der daraus resultierenden Möglichkeit offener Antworten
  - ♦ Hohe Anforderungen an die Interviewer
  - ♦ Evtl. Einsatz mehrerer Interviewer, um systematische Fehler und Verzerrungen (Gefahr des Interviewer-Bias) zu verringern bzw. zu vermeiden

✎ **Zusammenfassung**: Die Form des freien Interviews sollten Unternehmen immer dann wählen, wenn sie

- am Anfang einer Untersuchung stehen und neue bzw. tiefere Einblicke in ein Problemfeld gewinnen möchten,
- die Wahrscheinlichkeit von Erläuterungsbedarf recht hoch ist und/oder
- Experten sowie höhere Hierarchieebenen befragt werden.

Die *telefonische Befragung* (vgl. hierzu auch Prütz 1999, S. 12 - 14) schließlich eignet sich immer dann, wenn nur wenige, leicht zu beantwortende Fragen gestellt werden, in deren Mittelpunkt eher Fakten denn die persönliche Sphäre des Befragten stehen. Dabei ist jedoch die *zunehmende Skepsis* der Bevölkerung gegenüber telefonischer Befragung zu berücksichtigen, da zahlreiche Direktvertreiber via Telefon vermeintliche Marktforschungsfragen als Einstieg in ein Verkaufsgespräch nutzen.

Bei telefonischen Befragungen findet seit geraumer Zeit der Computer Anwendung (sog. *CATI* = Computer Aided Telephone Interviewing). Mittels Software können mittlerweile Stichprobenauswahl, Instruktionen für den Interviewer sowie Dokumentation der Antworten via Bildschirm gesteuert werden.

Computer können grundsätzlich auch für die schriftliche und persönliche Befragung genutzt werden, wobei grundsätzlich *zwei Varianten* zu unterscheiden sind:

- *CAPI* (= Computer Assisted Personal Interviewing): Eingabe durch Interviewer
- *CSAQ* (= Computerized Selfadministered Questioning): Eingabe durch die Auskunftsperson

6.4.2 Aufbau des Fragebogens und Formulierung der Fragen

Beim Aufbau des Fragebogens empfiehlt sich folgendes *Ablaufschema*:

- *Phase 1:* *Eisbrecherfragen* (auch Kontaktfragen oder Einleitungsfragen)
  Sie dienen dazu, das Interview einzuleiten, dem Befragten die Befangenheit zu nehmen und eine entkrampfte Atmosphäre zu schaffen (sog. Aufwärmphase).

- *Phase 2:* *Sachfragen*
  Sie betreffen den eigentlichen Untersuchungsgegenstand und bilden den Hauptteil der Befragung.
  Kontrollfragen (auch Plausibilitätsfragen)
  Damit verfolgt man zwei Ziele, nämlich sowohl die Antworten auf Konsistenz als auch den Interviewer zu überprüfen. Im Regelfall wiederholt man hierzu eine inhaltlich identische, aber von der Formulierung her variierende Frage an einer anderen Stelle des Fragebogens. Aber Vorsicht: Entdeckt der Befragte die Wiederholung, reagiert er in den meisten Fällen verärgert und bricht nicht selten das Interview ab.

- *Phase 3:* *Fragen zur Person*
  Dieser Fragenkomplex sollte am Ende des Interviews positioniert werden, weil dann im Regelfall ein gewisses Vertrauen zur Befragungsperson aufgebaut ist. Er dient zur Erfassung von soziodemographischen Daten wie z.B. Alter, Einkommen, Haushaltsgröße usw. und ermöglicht eine spätere Marktsegmentierung, d.h. die Entwicklung und Umsetzung auf einzelne Zielgruppen zugeschnittener Maßnahmen.

Bei der Formulierung der Fragen stehen grundsätzlich drei Varianten zur Auswahl: die offene und die geschlossene Frage sowie eine Kombination aus beiden. *Offene Fragen* sind dadurch gekennzeichnet, daß keine Antwortkategorien vorgegeben werden, z.B. „Was sind aus Ihrer Sicht die Stärken, was die Schwächen unseres Hauses?“.

Als *Vorteile* offener Fragen sind zu nennen:
- Aufspüren neuer Aspekte
- Keine Verzerrung der Antworten durch vorgegebene Antwortkategorien

Als *Nachteile* gelten:
- Mangelnde Vergleichbarkeit der Antworten
- Die Vielzahl an Antworten erschwert die Kodierung und die Auswertung der Daten.

Im Gegensatz dazu werden bei *geschlossenen Fragen* Antwortmöglichkeiten vorgegeben. Hierbei muß sich die Festlegung der Antwortkategorien am Differenzierungsvermögen der Befragungspersonen orientieren. Folgende *Varianten* stehen zur Verfügung:

- *Ja/Nein-Fragen* (Nominalskala: lediglich Klassifizierung, ohne Wertung)
  - Beispiel: „Kaufen Sie außer in unserem Hause noch in anderen Unternehmen Möbel ein?"
  - Antwortkategorien: Ja/nein
- *Alternativfragen* (Nominalskala: lediglich Klassifizierung, ohne Wertung), bei denen eine oder mehrere Antworten aus einer Reihe vorgegebener Antwortmöglichkeiten ausgewählt werden müssen
  - Beispiel: „An welchem Wochentag gehen Sie meistens einkaufen?"
  - Antwortkategorien: Mo., Di., Mi. usw.
- *Zuordnung von Rängen* (Ordinalskala: keine Aussage über Abstände)
  - Beispiel: „In welchem der folgenden Medien informieren Sie sich am liebsten, und welche Medien gefallen Ihnen weniger gut? Prospekt, TV, Rundfunk, Zeitung, Plakat, Handzettel usw. Vergeben Sie hierzu Ränge von 1 bis 10."
  - Antwortkategorien: Rang 1, 2, 3, ..., 10
- *Skalierungsfragen* (Intervall-/Verhältnisskala)
  - Beispiel: „Wenn Sie einmal Ihre Erfahrungen Revue passieren lassen: Wie zufrieden sind Sie mit den Leistungen unseres Hauses ganz allgemein?" (Intervallskala: feste Abstände, z.B. Temperatur)
  - Antwortkategorien:

sehr unzufrieden	unzufrieden	eher unzufrieden	weder/noch	eher zufrieden	zufrieden	sehr zufrieden
-3	-2	-1	0	1	2	3

  - Beispiel: „Wie viele Personen leben in Ihrem Haushalt?" (Verhältnisskala: absoluter Nullpunkt ist gegeben, z.B. Länge, Gewicht)
  - Antwortkategorien: 1, 2, 3, 4, 5 usw.

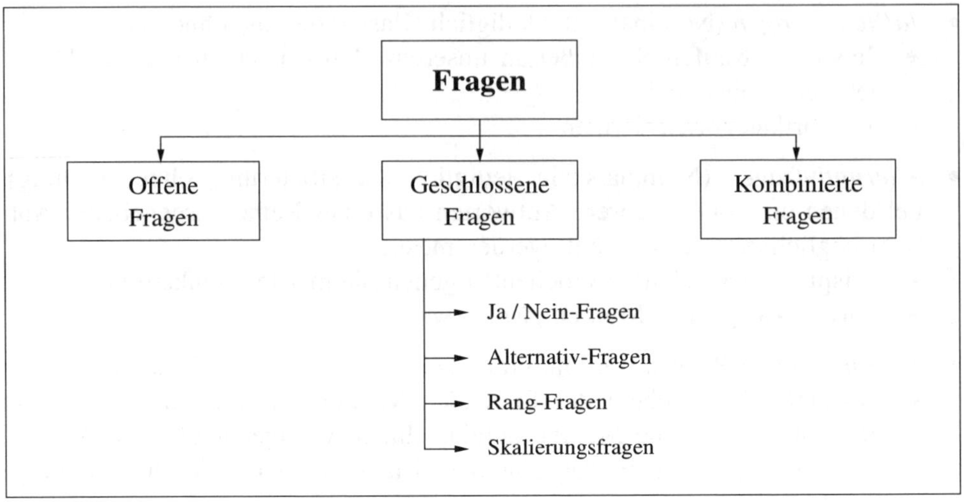

Abb. 12: Die Varianten von Fragen im Überblick

Grundsätzlich ist festzuhalten, daß überwiegend geschlossene Fragen eingesetzt werden sollten, da deren Beantwortung, Codierung sowie Auswertung vergleichsweise wenig Mühe bereiten. Als *Daumenregel* gilt deshalb: 80 % geschlossene Fragen, 20 % offene Fragen.

❢ Tip: Die drei häufigsten Probleme bei Befragungen, und wie man sie bewältigen kann

- *Soziale Erwünschtheit von Antworten*
  Bei tabuisierten Themen oder Prestige/Status-Fragen (Einkommen, Vermögensverhältnisse, Besitz von Produkten) sieht man sich immer wieder mit dem Problem konfrontiert, daß der Befragte nicht seine eigene Meinung oder den tatsächlichen Sachverhalt wiedergibt, sondern so antwortet, wie er glaubt, daß seine Umwelt bzw. der Interviewer es von ihm erwartet.
  Um dieses Problem zu bewältigen, bieten sich zwei Lösungsansätze: Formulierung einer indirekten Fragestellung (z.B. „Was, glauben Sie, denken die meisten Menschen über ...?“) sowie Vorgabe eines anderen als des tatsächlichen Befragungsthemas.

- *Ja-Sage-Tendenz*
  Bei schwer zu durchschauenden Fragen mit der alleinigen Wahlmöglichkeit zwischen Zustimmung und Ablehnung antworten Personen häufiger mit „ja“ als mit „nein“, was natürlich die Befragungsergebnisse verzerrt. Zur Lösung dieses Problems bietet es sich an, auch negative Formulierungen von Fragen

zu verwenden (z.B. „Ich bin dagegen, daß ..." oder „... sollte man abschaffen").

- *Verständnisprobleme*
  Häufig werden doppelsinnige Wörter, Fremdwörter oder ein gehobener sprachlicher Stil verwendet, so daß die angesprochene Zielgruppe mit der Beantwortung einzelner Fragen überfordert ist. Aus diesem Grund sollten einfache, eindeutige und neutrale Fragestellungen verwendt werden.

6.4.3 Die Befragungsinhalte

Im Mittelpunkt einer Kundenzufriedenheitsuntersuchung sollten - wie der Name schon zum Ausdruck bringt - Fragen zur Zufriedenheit des Kunden stehen. Hierzu bieten sich zwei Methoden an, die wir ausführlich in Abschnitt 5.3.5 und 5.3.6 vorgestellt haben die es miteinander zu kombinieren gilt:

(1) Methode der kritischen Ereignisse

(2) Direkte Befragung der Zufriedenheit mit Hilfe des merkmalsgestützten Verfahrens

Wenn man den erheblichen Aufwand einer Befragung auf sich nimmt, wäre es ökonomisch wenig sinnvoll, wenn man den Kunden lediglich nach seiner Zufriedenheit mit dem Unternehmen befragen würde. Um weitere Hintergründe von und Reaktionen auf Kundenzufriedenheit beleuchten zu können, empfiehlt es sich, flankierend zu den o.a. Zufriedenheitsfragen *weitere Aspekte* in die Befragung einzubeziehen. Hierzu zählen:

- Dauer der Beziehung zum Unternehmen,
- Zeitpunkt des letzten Unternehmensbesuchs,
- positive bzw. negative Erlebnisse mit dem Unternehmen,
- Beschwerdeverhalten und -zufriedenheit,
- Grund für den letzten Unternehmensbesuch,
- Benchmarking = Nennung eines mustergültigen Wettbewerbers,
- Wünsche an das Unternehmen sowie
- soziodemographische Merkmale (Geschlecht, Alter etc.).

6.4.4 Die Auswahl der Befragungsteilnehmer

Die Frage, die im Zentrum dieses Abschnitts steht, lautet: Wieviele Untersuchungsteilnehmer braucht man für eine vernünftige, d.h. aussagekräftige Erhebung, und wie werden diese ausgewählt? In diesem Zusammenhang sollte zunächst geklärt werden, auf welcher *Grundgesamtheit* die Untersuchung basieren soll. In unserem Fall heißt das beispielsweise: Werden nur die Kunden befragt, oder beziehen wir auch potentielle und abgewanderte Kunden in die Überlegungen ein?

In einem zweiten Schritt stellt sich die Frage: Führt man eine *Vollerhebung* durch, d.h. will man sämtliche Kunden befragen, oder beschränkt man sich auf eine *Teilerhebung*, d.h. kommt nur ein Teil der Klientel zu Wort? Eine Vollerhebung empfiehlt sich bei einer überschaubaren Zahl von Kunden, die ein bestimmtes Umsatzvolumen auf sich vereinigen. Typische Beispiele hierfür sind die Kunden eines Küchenstudios oder eines Automobilhändlers.

Zeit- und Kostengründe zwingen aber häufig dazu, nicht alle Kunden zu befragen, sondern sich auf einen Teil der Klientel zu konzentrieren. Nach welchen Kriterien aber soll eine solche Stichprobe ausgewählt werden? Hierzu bietet sich eine ganze Reihe sog. *Stichprobenverfahren* an, von denen hier aber nur die für die Unternehmenspraxis leicht handhabbaren und demnach weitverbreiteten vorgestellt werden.

- *Zufallsauswahl*
  Zufallsgesteuerte Auswahlverfahren basieren auf der Grundidee, daß jedes Element eine berechenbare, von Null verschiedene Wahrscheinlichkeit haben muß, in die Stichprobe zu gelangen. Dies setzt ein vollständiges Verzeichnis der Grundgesamtheit (beispielsweise eine Kundendatei) voraus. Hierbei unterscheidet man *drei Verfahren*
  - *Lotterieauswahl*, d.h. die Ziehung von Zetteln o.ä. aus einem Behälter. Für große Stichproben ist dieses Verfahren zu aufwendig.
  - Verwendung von *Zufallszahlen*, d.h. jedem Element wird eine Zahl zugeordnet und die Elemente werden in einem zweiten Schritt nach einem Zufallsgenerator ausgewählt. Auch dieses Verfahren ist in der Regel zu aufwendig und damit wenig praktikabel.
  - *Systematische Auswahl mit Zufallsstart (sog. Herausgreifen des n-ten Falls)*
    Dieses Verfahren, das als leicht handhabbar gilt, soll an einem Beispiel vorgestellt werden: Ein Unternehmen verfügt über eine alphabetisch geordnete, 5.000 Adressen umfassende Kundendatei. Man will eine Stichprobe von 1.000 Personen ziehen. Dann wählt man jede fünfte Adresse aus (Herausgreifen des n-ten sprich fünften Falles).
- *Nichtzufallsgesteuerte Auswahl*
  Im Gegensatz dazu stehen die nichtzufallsgesteuerten Auswahlverfahren, die in eine willkürliche und eine bewußte Auswahl unterschieden werden. Bei der *willkürlichen Auswahl* liegt kein Erhebungsplan vor, sondern man geht aufs Geratewohl vor. Ein Beispiel dafür ist die Befragung von Kunden, die zu einer bestimmten Stunde ein Geschäft betreten. Je nach Tageszeit wird man

dann in der Mehrzahl Berufstätige, Rentner, Schüler oder Studierende antreffen, deren Angaben aber keinesfalls die Meinung sämtlicher Kunden widerspiegeln. Folglich sind solche Befunde praktisch nahezu wertlos.
Basiert die *Teilerhebung* hingegen auf der Kenntnis über die Struktur einer Grundgesamtheit, spricht man von einer bewußten Auswahl. Hierbei unterscheidet man folgende *Verfahren*:

- ♦ *Quota-Verfahren*, d.h. dem Interviewer werden befragungsrelevante Merkmalsquoten als Auswahlvorgaben vorgegeben.
  Beispiel: „Befragen Sie 12 Personen, je 6 Männer und Frauen, gleichverteilt in den drei genannten Altersgruppen."

Quotenplan:	Männlich: 1, 2, 3, 4, 5, 6	Weiblich: 1, 2, 3, 4, 5, 6
	< 30 Jahre: 1, 2, 3, 4	30 - 40 Jahre: 1, 2, 3, 4
		41 - 50 Jahre: 1, 2, 3, 4

  Konkret muß der Interviewer sechs Männer und sechs Frauen befragen. Von den insgesamt zwölf Personen müssen aus jeder Altersgruppe jeweils vier Personen befragt werden. Die Vorteile dieses Verfahrens liegen in der einfachen Planung und Durchführung, den vergleichsweise geringen Kosten sowie der hohen Flexibilität. Als Nachteile gelten die subjektive Festlegung der Quotenmerkmale sowie das schwierige Auffinden von Restquoten.
- ♦ *Cut-Off-Verfahren*, d.h. nur die wichtigsten Elemente (beispielsweise Kunden ab einem bestimmen Auftragsvolumen) werden in die Stichprobe einbezogen. Dieses Verfahren hat sich insbesondere im Investitionsgütermarketing und im Handelsmarketing bewährt.

- *Komplexe Formen der Stichprobenziehung*
  Hier werden im wesentlichen *zwei Spielarten* unterschieden:
  - ♦ *Geschichtete Auswahl*
    Bei diesem Verfahren müssen Kriterien gefunden werden, welche die heterogene Grundgesamtheit in möglichst homogene Schichten aufspalten. Beispielsweise werden die Kunden je nach Auftragsvolumen in A-, B- und C-Kunden aufgeteilt. Sodann stellt sich die Frage, ob diese drei Segmente gleichstark in der Stichprobe vertreten sein sollen (sog. proportionale Stichprobe) oder ob die A-Kunden überproportional stark vertreten sein sollen (sog. disproportionale Stichprobe).
  - ♦ *Mehrstufige Auswahl*
    Sind Grundgesamtheiten hierarchisch aufgebaut (etwa Verkaufsregion, einzelner Vertreter in dieser Region, Kunden der jeweiligen Vertreter), kann man sich die mehrstufige Auswahl zunutze machen. Beispielsweise zieht man zunächst eine Stichprobe der Verkaufsregionen, sodann eine Stichprobe aus den jeweiligen Vertretern und schließlich eine Stichprobe unter den jeweiligen Kunden. Als Vorteile sind die Kostenersparnis zu

nennen, die im wesentlichen auf eine technische Vereinfachung der Erhebungsarbeit (räumliche Konzentration, bessere Kontrolle der Interviewer) zurückzuführen ist. Dem steht das Problem einer exakten Berechnung der Auswahlchancen der Einzelelemente gegenüber, auf die aber im vorliegenden Zusammenhang nicht weiter eingegangen werden soll.

- *Klumpenverfahren*
  Dabei muß die Grundgesamtheit in Untergruppen aufgeteilt werden. Aus diesen werden dann zufällig oder systematisch einzelne Gruppen ausgewählt, die ihrerseits vollständig in die Untersuchung eingehen. Folgendes Beispiel soll die Vorgehensweise verdeutlichen: Anstatt sämtliche Filialen eines Großbäckers in die Befragung einzubeziehen, werden sämtliche Filialen in einer Stadt analysiert. Auch hier liegt der Vorteil wiederum in der Kosten- und Zeitersparnis. Gefahren liegen im sog. Klumpeneffekt, d.h. die Kunden in Stadt A haben vielleicht andere Vorstellungen als in Stadt B oder der ländlichen Region X.

Bei der *Stichprobenziehung* sollten die folgenden *Fehlerquellen* im Auge behalten werden:

- *Planungsfehler*
  Aufgrund einer unpräzisen Definition des Untersuchungsziels und/oder einer unklaren Abgrenzung der Grundgesamtheit entstehen Fehler. Wenn beispielsweise den Ursachen für die Unzufriedenheit der Kunden auf den Grund gegangen werden soll, genügt es nicht, ausschließlich die derzeitigen Klientel zu befragen. Vielmehr müssen auf jeden Fall auch die abgewanderten Kunden in die Analyse mit einbezogen werden, da sich ja gerade in diesem Segment zahlreiche Personen befinden, die ein Unzufriedenheitserlebnis mit dem Unternehmen hatten.

☞ Beispiel: Planungsfehler im Rahmen der Meinungsforschung

Ein anschauliches Beispiel für Planungsfehler bietet die Meinungsforschung, die den Ursprung der heutigen Marktforschung bildet. So erklärten bei der Wahl des US-amerikanischen Präsidenten im Jahre 1948 mit Ausnahme des Gallup-Instituts sämtliche Meinungsforschungsinstitute Thomas Dewey, den Kandidaten der Republikaner, vorschnell zum neuen Präsidenten der USA. Lediglich das Gallup-Institut prognostizierte den richtigen Wahlsieger, nämlich den Demokraten Harry S. Truman. Während nämlich die Konkurrenten auf die Telefonbefragung setzten und in ihren Stichproben damit die wohlhabenden und traditionell eher republikanisch wählenden Bevölkerungsschichten überrepräsentiert waren, gelang es dem Gallup-

Institut, durch persönliche Befragungen ein repräsentatives Stimmungsbild der Gesamtbevölkerung zu zeichnen.

- *Systematische Fehler*
  Hierunter faßt man sämtliche Unzulänglichkeiten, die aufgrund der Art und/oder der Durchführung der Erhebung entstehen (sog. Validität). Derartige Fehler sind im wesentlichen auf folgende Ursachen zurückzuführen:
  - Mangelhafte Fragebogengestaltung
    Beispielsweise drängt man die Auskunftspersonen durch Suggestivfragen („Wenn Sie zukünftig wieder bei uns einkaufen würden, welche der folgenden Produkte würden Sie dann erwerben?“) zu einem bestimmten Antwortverhalten, das aber nicht deren eigentliche Meinung widerspiegelt.
  - Unzureichendes Auswahlverfahren
    Aufgrund der Vorgehensweise bei der Auswahl der Befragungsteilnehmer treten Verzerrungseffekte auf, die dazu führen, daß die Stichprobe die anvisierte Grundgesamtheit nicht ausreichend repräsentiert.
  - Auswahl schlechter bzw. unehrlicher Interviewer
    Diese füllen den Fragebogen schlampig (etwa bei offenen Fragen) oder im Extremfall gar selbst aus (deshalb immer stichprobenartige Kontrolle der Interviewer), geben bei der Beantwortung der Fragen keine entsprechenden Hinweise und/oder können bei Rückfragen keine kompetenten Auskünfte geben.
- *Sachliche Fehler*
  Hierunter faßt man Verzerrungseffekte aufgrund falscher Auskünfte (etwa sozial erwünschtes Antwortverhalten), Ausfällen (z.B. haben Berufstätige keine Zeit, beim Einkauf in der Mittagspause für ein 10minütiges Interview zur Verfügung zu stehen) u.ä. Derartige Fehlerquellen, die man unter dem Schlagwort mangelnde Reliabilität zusammenfaßt, sind am schwierigsten auszumerzen.
- *Stichprobenfehler*
  Darunter versteht man die Abweichung eines Stichprobenergebnisses vom wahren (jedoch unbekannten) Wert der Grundgesamtheit. Grundsätzlich ist folgender Zusammenhang festzustellen: Je größer die Stichprobe, desto größer ist die Chance, die tatsächliche Meinung der Grundgesamtheit zu treffen. Dem stehen jedoch häufig Kosten- und Zeitgründe entgegen.
  In diesem Zusammenhang werden häufig Faustregeln genannt (einige Autoren empfehlen einen Mindestumfang von 100 auswertbaren Befragungen, andere 50 oder gar 30), die auf Erfahrungswerten basieren. Es erscheint we-

nig zweckmäßig, sich an einer solchen Diskussion zu beteiligen, da der erforderliche oder auch praktikable Stichprobenumfang in hohem Maße von der jeweiligen Situation abhängt. Beispielsweise ist eine Befragung im Konsumgüterbereich kaum mit einer solchen im Investitionsgüterbereich zu vergleichen. Der erste Fall ist gekennzeichnet durch zahlreiche Kunden mit einem geringen Auftragsvolumina, demnach muß der Stichprobenumfang vergleichsweise hoch ausfallen. Im zweiten Fall existieren in der Regel nur wenige Auftraggeber, die dafür aber über ganz andere Einkaufsvolumina verfügen. Folglich können hier bereits fünf Befragungen genügen, um einen umfassenden Einblick in die Zufriedenheit der Kunden zu erlangen.

Nachdem festgelegt wurde, anhand welchen Verfahrens die Stichprobe gezogen werden soll, gilt es in einem nächsten Schritt zu entscheiden, *wie viele Kunden* in die Befragung einbezogen werden sollen. Die Stichprobengröße hängt davon ab, wie groß die Grundgesamtheit ist, wie genau das Stichprobenergebnis sein soll und mit welcher Sicherheit die Aussagen zutreffen sollen. Als empfehlenswert hat sich eine Sicherheit von mindestens 95,5 % mit einer Genauigkeit von ± 5 % erwiesen. Die hierfür erforderliche Stichprobengröße errechnet sich nach folgenden Formeln:

„Bei einer Grundgesamtheit > 100.000

$$n = \frac{t^2 \cdot p \cdot q}{e^2}$$

Bei einer Grundgesamtheit < 100.000

$$n = \frac{t^2 \cdot p \cdot q \cdot N}{t^2 \cdot p \cdot q + e^2 \cdot (N-1)}$$

n: Stichprobenumfang
t: zulässiger Fehlerbereich ($t = 1$: 68,3% Sicherheit;
$t = 2$: 95,5% Sicherheit;
$t = 3$: 99,7% Sicherheit)
p: Anteil der Elemente in der Stichprobe, welche die Merkmalsausprägung aufweisen
q: Anteil der Elemente in der Stichprobe, welche die Merkmalsausprägung nicht aufweisen (da p und q im voraus nicht bekannt sind, wird der ungünstigste Fall angenommen, nämlich jeweils 50% [d.h. $50 \cdot 50$])
N: Grundgesamtheit e: Genauigkeit

Bei einer Grundgesamtheit von 5.000 Kunden, einer anvisierten Sicherheit von 95,5 % und einer Genauigkeit von ± 5 % ergibt das einen Stichprobenumfang von 370 Personen." (Hinterhuber/Handlbauer/Matzler 1997, S. 75 - 76). Bei schriftlichen Befragungen ist zudem noch die erwartete *Rücklaufquote* miteinzuberechnen. Bei einem geschätzten Rücklauf von 20 % sind in unserem Beispiel 1850 Fragebögen zu versenden, um die gewünschten Ergebnisse zu erzielen.

6.5 Durchführung der Befragung und Analyse der Daten (= Phase 5)

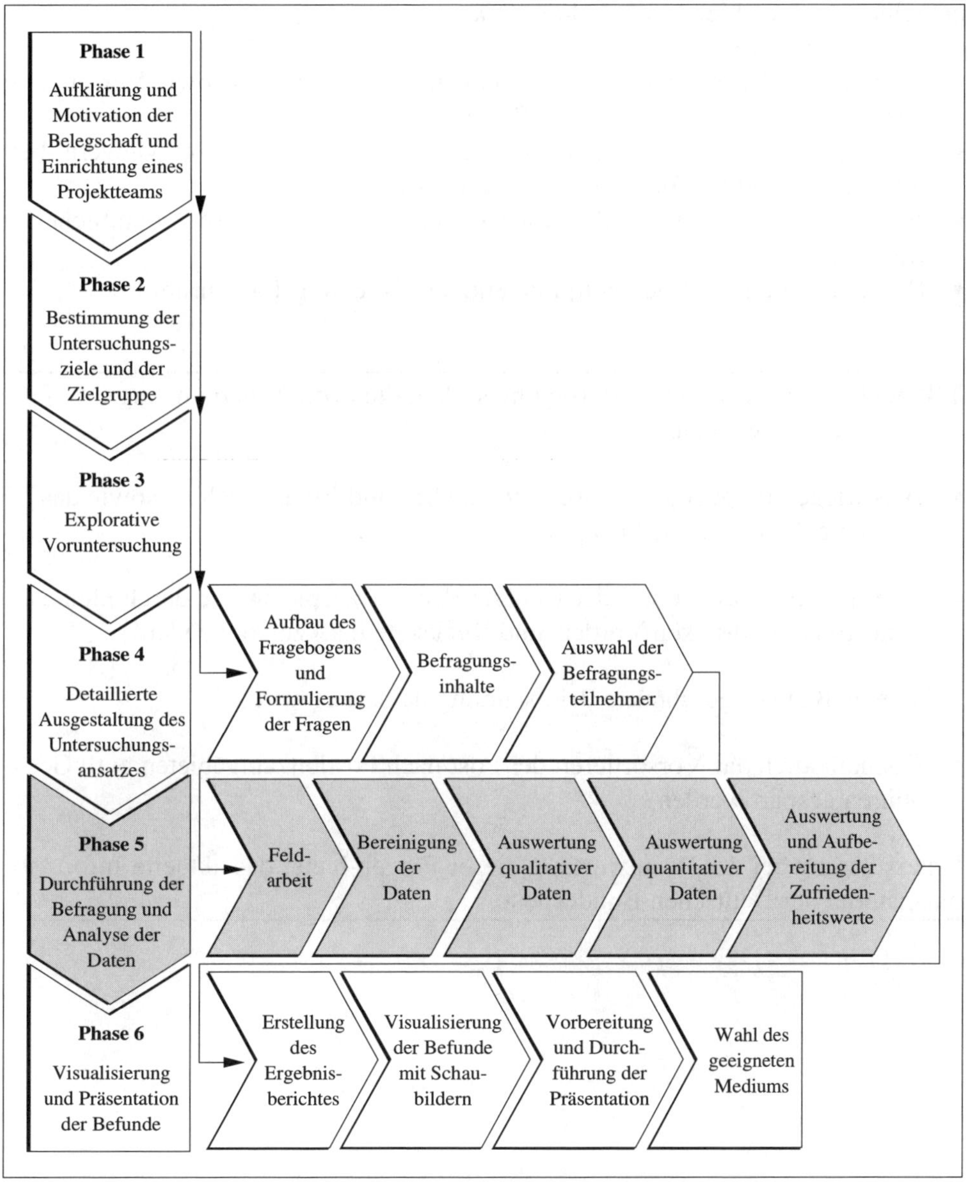

Abb. 13: Phase fünf einer fundierten Kundenzufriedenheitsuntersuchung

6.5.1 Die Feldarbeit

Diese Phase umfaßt die *Vorbereitung* und *Durchführung* der *Befragung*. Im einzelnen gehören hierzu folgende *Aufgaben*:

- Druck der Fragebögen
- Anfertigung der Begleitschreiben und Rückantwortkuverts sowie Versendung der Fragebögen (bei schriftlicher Befragung)
- Anwerbung, Schulung und stichprobenartige Kontrolle von Interviewern (bei mündlichen und telefonischen Befragungen)
- Auswahl eines geeigneten Standplatzes für die Interviewer (bei mündlicher Befragung)
- Dokumentation der Rücklaufquote und des Erhebungsfortschritts

> **Tip**: Bei der schriftlichen Befragung sollten die *Portokosten* im Auge behalten werden.
>
> - Was wiegen Fragebogen, Anschreiben, Hin- und Rückumschlag sowie das evtl. beigefügte „kleine Dankeschön"?
> - Ist es möglich, leichteres oder weniger Papier (beispielsweise durch kleinere Schrifttype, Bedrucken Vorder- und Rückseite u.ä.) zu verwenden?
> - Wie muß die so geschnürte Briefsendung deklariert werden?
> - Können durch das Vorsortieren der Post nach Postleitzahlgebieten evtl. Gebühren gespart werden?
>
> Unterstützung bei der Beantwortung dieser Fragen bietet das aktuelle Informationsmaterial der Deutschen Bundespost.

6.5.2 Die Bereinigung der Daten

Im Anschluß an die Feldarbeit ist es erforderlich, die Fragebögen auf *Vollständigkeit* und *Korrektheit* der *Angaben* zu überprüfen. Mögliche *Ursachen* für fehlende bzw. fehlerhafte Informationen sind

- unkonzentriertes bzw. bewußt falsches Ausfüllen des Fragebogens,
- Unfähigkeit des Teilnehmers, die Fragen zu beantworten, sowie
- Fehler bei der Übertragung der schriftlichen Angaben in die für die Analyse benötigte EDV-Datenmaske.

Bewußt falsch, widersprüchlich oder weitgehend unvollständig ausgefüllte Fragebögen werden von der Analyse ausgeschlossen. Bei Zweifeln an der Korrektheit von Angaben tritt jedoch folgende Schwierigkeit auf: Entweder werden widersprüchliche Angaben rational interpretiert. Demnach hat der Proband bewußt falsch geantwortet. Die Angaben machen keinen Sinn und müssen aus der Analyse ausgeschlossen werden. Oder aber Menschen verhalten sich durchaus widersprüchlich und geben dies auch im Fragebogen an. Dann müßten die Angaben strenggenommen in die Auswertung einbezogen werden.

Fehlen bei einem Fragebogen nur einzelne Angaben, so sind diese mittels sog. *Missing-Values* fallweise auszuschließen. Entweder ersetzt man die fehlenden Werte durch einen Platzhalter, im Regelfall die Ziffer 9, oder durch den Mittelwert der Variablen.

Im Anschluß an die Analyse der Daten ist den *Ursachen* für *unkorrektes* bzw. *unvollständiges Ausfüllen* von Fragebögen auf den Grund zu gehen, um bei zukünftig durchzuführenden Befragungen nicht noch einmal die gleichen Fehler zu begehen. Hat etwa eine Vielzahl von Befragungsteilnehmern darauf verzichtet, eine bestimmte Frage zu beantworten, so kann dies auf mehrere Gründe zurückzuführen sein:

- Die Frage ist unverständlich formuliert, so daß der Proband nicht weiß, was er antworten soll.
- Der Befragungsteilnehmer will eine gewisse Frage nicht beantworten, weil es ihm peinlich, zu aufwendig oder ähnliches ist.
- Der Kunde kann einen bestimmten Sachverhalt nicht beurteilen, findet aber keine entsprechende Antwortkategorie vor („kann ich nicht beurteilen").
- Der Fragebogen ist zu umfangreich oder zu eintönig gestaltet, so daß der Teilnehmer mit der Zeit das Interesse an der Befragung verliert.

Um schließlich *Übertragungsfehler*, die erst nach der Eingabe der Daten in den Computer bemerkt werden, beseitigen zu können, ist es erforderlich, jedem Fragebogen eine bestimmte Nummer zuzuordnen. Diese ist sowohl auf dem

Fragebogen als auch im Computer zu vermerken und ermöglicht den späteren Abgleich der Daten.

6.5.3 Die Auswertung der Daten

Zunächst müssen die gewonnenen Daten *codiert* werden. Dabei werden den einzelnen Ausprägungen der Variablen Zahlen zugeordnet. Hat man zum Beispiel beim Geschlecht die Angabe weiblich und männlich, so erhalten weibliche Befragungsteilnehmer auf der Variable Geschlecht den Wert 1 und männliche Probanden den Wert 2. Anschließend wird eine Datenmatrix erstellt, die in den Spalten die erhobenen Merkmale (z.B. Zufriedenheit, Dauer der Beziehung zum Unternehmen, Alter, Geschlecht) und in den Zeilen die Element (Fälle, Cases), z.B. die Anzahl der Kunden erfaßt.

Für die Datenauswertung stehen leistungsfähige Statistikprogramme (u.a. SPSS) zur Verfügung (vgl. hierzu ausführlich Bausch/Opitz 1993; Janssen/Laatz 1997; Lehnert 1994).

a) Die Auswertung qualitativer Daten

Qualitative Daten werden mit Hilfe offener Fragen erhoben. Da hierbei keine festen Antwortkategorien vorgesehen sind, sondern der Befragte seine Antworten eigenständig formuliert, gestaltet sich die Auswertung recht aufwendig. Um den maximalen Nutzen aus offenen Fragen zu ziehen, den Analyseaufwand aber trotzdem in einem überschaubaren Rahmen zu halten, empfiehlt sich folgende *Vorgehensweise*:

- *Schnelldurchsicht der Antworten und Bildung von Kategorien*
  Um die Vielzahl der Antworten auf eine überschaubare Zahl von Informationen zu komprimieren, empfiehlt es sich, in einem ersten Durchlauf übergeordnete Kategorien zu bilden. Um Verzerrungseffekte zu vermeiden, sollten mindestens zwei Teammitglieder voneinander unabhängig ein Kategoriensystem entwickeln, dieses miteinander abstimmen und auf ein gemeinsames System verdichten. Dabei sollte sich die Anzahl der Kategorien in einem überschaubaren Rahmen halten. Kategorien, die bei der späteren Häufigkeitsauszählung einen gewisse Prozenthürde (z.B. 3 %) unterschreiten, sollten unter einer Rubrik „Sonstiges“ zusammengefaßt werden.

- *Zuordnung der Antworten zu den einzelnen Gruppen und Häufigkeitsauszählung*
  In einem zweiten Schritt gilt es, die frei formulierten Antworten zu Gruppen zusammenzufassen und deren Häufigkeit zu erfassen. Auf diese Weise können erste Hinweise auf die Priorität von Verbesserungsmaßnahmen aufgedeckt werden.

- *Wörtliche Wiedergabe prägnanter Aussagen*
  Schließlich sollten sämtliche Aussagen auch in der Datenmaske wörtlich erfaßt werden. Dies ist zwar mit einem nicht zu unterschätzenden Eingabeaufwand verbunden, bietet aber die Möglichkeit, herausstechende Aussagen im Ergebnisbericht zu präsentieren. Diese Aussagen sind insbesondere dazu geeignet, quantitative Daten und Kennzahlen anschaulich zu untermalen, und überzeugen durch ihre hohe Anschaulichkeit.

b) Die Auswertung quantitativer Daten

Mit der Analyse quantitativer Daten, die mittels geschlossener Fragen ermittelt werden, verfolgt man in der Regel *drei Ziele*:
- Verdichtung der gewonnenen *Einzeldaten (Datenkomprimierung),*
- *Beschreibung von Sachverhalten (Deskription)* und
- Aufdeckung von Ursache-Wirkungs-Zusammenhängen *(Erklärung und Prognose).*

Hierfür stehen folgende *Instrumente* zur Verfügung:
- *univariate Maßzahlen*
  - ♦ Ziel: Verdichtung von Daten und möglichst genaue Beschreibung von Sachverhalten
  - ♦ Beispiele:
    - * *arithmetischer Mittelwert*, z.B. die durchschnittliche Zufriedenheit. Die Berechnung des arithmetischen Mittels erfordert metrisches Skalenniveau.
    - * *Median*, d.h. der genau in der Mitte liegende Wert einer Rangwertreihe. Links und rechts vom Median liegen also gleich viele Merkmalswerte. Da das arithmetische Mittel bei Vorliegen extremer Ausreißer an Aussagekraft verliert, nutzt man in solchen Fällen den Median. Außerdem benötigt man hierbei lediglich ordinales Skalenniveau.
    - * *Modus*, d.h. die Merkmalsausprägung, die am häufigsten vorkommt. Der Modus findet insbesondere bei nominal meßbaren Merkmalen Anwendung.

* *Varianz*, die angibt, wie weit die Merkmalswerte um den arithmetischen Mittelwert streuen.

- *Verhältniszahlen*
  - ♦ Ziel: Verdichtung von Daten und möglichst genaue Beschreibung von Sachverhalten durch Verknüpfung von zwei Maßzahlen.
  - ♦ Beispiele:
    * *Prozentzahlen*, z.B. 70 % der befragten Kunden sind mit den Leistungen unseres Hauses zufrieden
    * *Indexzahlen*, beispielsweise die Bildung eines Zufriedenheitsindex
- *bivariate Verfahren*
  - ♦ Ziel: Entdeckung und Überprüfung des zwischen zwei Variablen bestehenden Zusammenhangs
  - ♦ Beispiele:
    * *Kreuztabellierung*, d.h. Anordnung aller möglichen Kombination von zwei Merkmalen in einer Tabelle. Beispielsweise können wir aus der folgenden Kreuztabelle erkennen, daß der Anteil der zufriedenen Kunden unter den Käufern der Marke X mit 68,2 % über doppelt so hoch liegt wie bei Marke Y (31,8 %).

	Anteil Kunden		
Erworbene Marke	unzufrieden	zufrieden	Summe
X	30 (37,5 %)	150 (68,2 %)	180 (60 %)
Y	50 (62,5 %)	70 (31,8 %)	120 (40 %)
Summe	80	220	300

Tab. 5: Beispiel für eine Kreuztabelle

    * *Korrelationszusammenhang*, d. h. welche Stärke und welche Richtung hat der Zusammenhang zwischen zwei Variablen. Beispielsweise kann mit Hilfe der Korrelationsanalyse beantwortetet werden, inwieweit ein Zusammenhang zwischen Kundenzufriedenheit und Wiederkaufabsicht besteht.
- *Multivariate Methoden*

  Ziel: Analyse des zwischen mehr als zwei Variablen bestehenden Zusammenhangs. Es erscheint an dieser Stelle nicht möglich, mehr als einen ersten Eindruck der Nutzungsmöglichkeiten multivariater Analyseverfahren zu vermitteln. Im folgenden werden ausgewählte Verfahren aufgezählt, deren Zielsetzung skizziert und mögliche Fragestellungen, die sich mit Hilfe des jeweiligen Verfahrens beantworten lassen, exemplarisch aufgeführt (vgl. im folgenden weiterführend Backhaus/Erichson/Plinke/Weiber 1990):

- *Regressionsanalyse*
  - * Ziel: Analyse von Richtung und Stärke des Zusammenhangs zwischen mehreren Variablen
  - * Beispiele:
    - – Welche Eigenschaften (Preis, Qualität, Kompetenz des Personals, Freundlichkeit der Mitarbeiter) spielen bei der Zufriedenheit des Kunden eine entscheidende, welche eine untergeordnete Rolle?
    - – Welchen Einfluß haben die Dauer der Beziehung zu einem Anbieter und die Zufriedenheit mit dem Ergebnis einer Beschwerde auf die Kundenzufriedenheit?
- *Varianzanalyse*
  - * Ziel: Analyse der Wirkung von Faktoren auf die interessierende(n) Variable(n)
  - * Beispiele:
    - – Wie wirken sich alternative Marketingmaßnahmen auf die Kundenzufriedenheit aus?
    - – Lassen sich Unterschiede in der Kundenzufriedenheit auf Beruf und Alter der Kunden zurückführen, und welche Beziehungen kennzeichnen diese Einflußfaktoren?
    - – Welchen Einfluß hat eine Preisänderung auf die Kundenzufriedenheit und die Markentreue der Konsumenten?
    - – Wie beeinflussen Vertriebsweg und Kaufzeitpunkt den Absatz des Produktes und die Zufriedenheit der Kunden?
- *Diskriminanzanalyse*
  - * Ziel: Erklärung von Gruppenunterschieden
  - * Beispiel:
    - – Welche Unterschiede bestehen zwischen zufriedenen und unzufriedenen Kunden?
- *Kontrastgruppenanalyse*
  - * Ziel: Identifikation von Gruppen, die in bezug auf eine zu beobachtende Variable möglichst unterschiedlich sind
  - * Beispiel:
    - – Durch welche Merkmale sind extrem unzufriedene Kunden gekennzeichnet?
- *Clusteranalyse*
  - * Ziel: Identifikation von Gruppen, die in bezug auf zu beobachtende Variablen möglichst ähnlich sind
  - * Beispiel:
    - – Lassen sich in bezug auf die Zufriedenheit mit einzelnen Teilleistungen Kundensegmente identifizieren, die ein ähnliches Urteil abgeben?

- ♦ *Faktorenanalyse*
  - * Ziel: Verdichtung von Informationen unter Abwägung von Komplexitätsreduktion und Informationsverlust
  - * Beispiel:
    - – Läßt sich die Vielzahl der erhobenen Teilzufriedenheiten (Preis, Qualität, Freundlichkeit, Kompetenz, Innenausstattung, Angebotspalette, Öffnungszeiten, Termineinhaltung, Sauberkeit etc.) auf wenige übergeordnete Faktoren verdichten?

Weiterführende Ausführungen zum Conjoint Mesurement sowie zur Mehrdimensionalen Skalierung, die im vorliegenden Kontext nicht vorgestellt wurden, finden sich bei Nieschlag/Dichtl/Hörschgen (1997), S. 824 - 835.

6.5.4 Auswertung und Aufbereitung der Zufriedenheitswerte

a) Gesamtzufriedenheit und attributspezifische Zufriedenheitswerte

Zur besseren Darstellung der Zufriedenheitswerte wird die in unserem Beispiel von -3 bis +3 reichende Skala auf eine Skala von 0 bis 100 transformiert. Es ist unschwer nachzuvollziehen, daß ein Zufriedenheitswert von 70 aussagekräftiger ist als einer von +1,2.

Auf der transformierten, nunmehr von 0 bis 100 reichenden Zufriedenheitsskala erreichen die als Beispiel dienenden Kfz-Werkstätten einen durchschnittliche *Gesamtzufriedenheit* von 68 Punkten. Dieser Wert gewährt jedoch noch keinen Einblick in die Ursachen für Zufriedenheit bzw. Unzufriedenheit. Deshalb erscheint es notwendig, die attributspezifischen Zufriedenheitswerte unter die Lupe zu nehmen.

Um die Ergebnisse überschaubarer zu gestalten, wurden die ursprünglichen vierzehn Leistungsbestandteile mit Hilfe der in Abschnitt 6.5.3 vorgestellten *Faktorenanalyse* auf voneinander unabhängige Kerndimensionen *verdichtet*. Konkret lassen sich die folgenden *sieben Kerndimensionen* sowie die *jeweiligen Zufriedenheitswerte* identifizieren:

- Leistungsqualität 85 Punkte
  - ♦ Fachkenntnisse
  - ♦ Qualität der durchgeführten Arbeiten

- Preis/Leistungs-Verhältnis 66 Punkte
  - Preiswürdigkeit der durchgeführten Arbeiten

- Transparenz 64 Punkte
  - Verständlichkeit der Rechnung
  - Erklärung der durchgeführten Arbeiten

- Zuverlässigkeit 75 Punkte
  - Einhaltung des vereinbarten Termins
  - Einhaltung des Kostenvoranschlags

- Freundlichkeit und Hilfsbereitschaft 70 Punkte
  - Freundlichkeit und Hilfsbereitschaft

- Convenience (Bequemlichkeit) 48 Punkte
  - Nähe der Werkstätte zu Wohnung/Arbeitsplatz
  - Bereitstellung eines Ersatzfahrzeugs/Taxigutschein
  - Öffnungszeiten
  - Flexibilität bei der Terminvereinbarung
  - Prompte Bedienung

- Erscheinungsbild 45 Punkte
  - Optisches Erscheinungsbild der Werkstatt
  - Optisches Erscheinungsbild der Mitarbeiter

Läßt man einmal die unterschiedliche Bedeutung einzelner Kerndimensionen außer Betracht, so zeigt sich, daß die Leistungsqualität mit 85 Punkten vergleichsweise positiv eingestuft wird und demnach nicht für die vergleichsweise geringe Zufriedenheit verantwortlich zeichnet. Vielmehr müssen die geringen Zufriedenheitswerte bezüglich Bequemlichkeit (48 Punkte) und dem optischen Gesamterscheinungsbild (45 Punkte) nachdenklich stimmen. Offensichtlich existiert in bezug auf diese *weichen Faktoren* erheblicher *Verbesserungsbedarf*.

b) Das Kundenzufriedenheitsportfolio als Instrument zur Strategie- und Maßnahmenfindung

Einen fundierteren Einblick gewinnt man, wenn man zusätzlich zu den Einzelzufriedenheiten die Bedeutungsgewichte der einzelnen Dimensionen, die sich mit Hilfe der in Abschnitt 6.5.3 vorgestellten Regressionsanalyse identifizieren lassen, in die Analyse einbezieht. Mit diesen Informationen läßt sich ein *Kundenzufriedenheitsportfolio* erstellen, das auf *zwei Dimensionen* basiert:

- relative Bedeutung einzelner Leistungskomponenten für das Gesamturteil der Kunden sowie
- Ausmaß der erreichten Kundenzufriedenheit in bezug auf diese einzelnen Leistungskomponenten.

Wie aus Abb. 14 ersichtlich wird, lassen sich die einzelnen Kerndimensionen mit Hilfe des Kundenzufriedenheitsportfolios in *vier Quadranten* einordnen, anhand derer sich unterschiedliche *Normstrategien* ableiten lassen:

- Die *Rechts-unten-Position* enthält sämtliche Leistungsbestandteile, bei der das bewertete Unternehmen zwar eine hohe Kundenzufriedenheit erreicht, diese Stärken aber von den Kunden als nicht sonderlich bedeutsam eingestuft werden. Konsequenterweise stellt sich hier die Frage, ob solche Leistungen nicht mehr Kosten verursachen als Kundennutzen stiften und demnach Einsparpotential bieten.
- Die *Links-unten-Position* beinhaltet ebenfalls Leistungskomponenten, die von den Kunden als vergleichsweise unwichtig bewertet werden. Hier kann das Unternehmen die geringe Kundenzufriedenheit akzeptieren, sollte diese Leistungsbereiche jedoch in bezug auf Veränderungen in der Kundenwahrnehmung im Blick behalten.
- Die *Rechts-oben-Position* mit hoher relativer Bedeutung der Leistungskomponenten für den Kunden und gleichzeitig einem hohen Zufriedenheitsniveau repräsentiert die Wettbewerbsvorteile eines Unternehmens. Dementsprechend sollten diese Stärken ausgebaut oder zumindest gehalten und dem Kunden vermittelt werden.
- Die *Links-oben-Position*, bei der die relative Bedeutung zwar ebenfalls hoch ist, die erreichte Kundenzufriedenheit jedoch niedrig ausfällt. Hier kommt es darauf an, die identifizierten Schwachstellen mit hoher Priorität auszumerzen.

Insgesamt sollte das *idealtypische Kundenzufriedenheitsprofil* also von *rechts oben nach links unten* verlaufen.

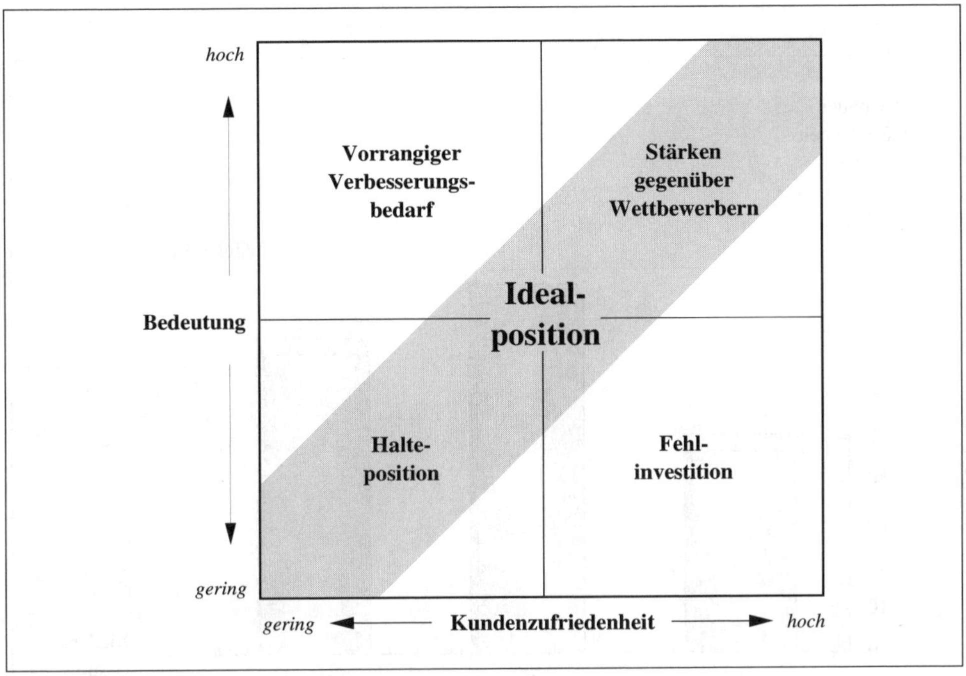

Abb. 14: Das Kundenzufriedenheitsportfolio

c) Quer- und Längsschnittanalysen

Im Zuge einer *Querschnittsanalyse* wird offenkundig, daß zwischen den einzelnen Niederlassungen erhebliche Unterschiede in bezug auf die Kundenzufriedenheit bestehen. Beachtenswert erscheint dieser Zusammenhang vor dem Hintergrund, daß einige Kfz-Hersteller Bonussysteme eingeführt haben, die auf Kundenzufriedenheit basieren. Von den Gegnern dieser Systeme wird ins Feld geführt, daß zahlreiche Ursachen für Kundenzufriedenheit (beispielsweise die Qualität der Fahrzeuge) nicht in der Einflußsphäre des einzelnen Vertragshändlers liegen. Dagegen ist anzuführen, daß alle Händler über die gleichen herstellerbezogenen Rahmenbedingungen (z.B. Qualität der Fahrzeuge, Preise) verfügen und Unterschiede in der Kundenzufriedenheit demnach auf die Leistung des einzelnen Händlers zurückzuführen sind (siehe Abb. 15).

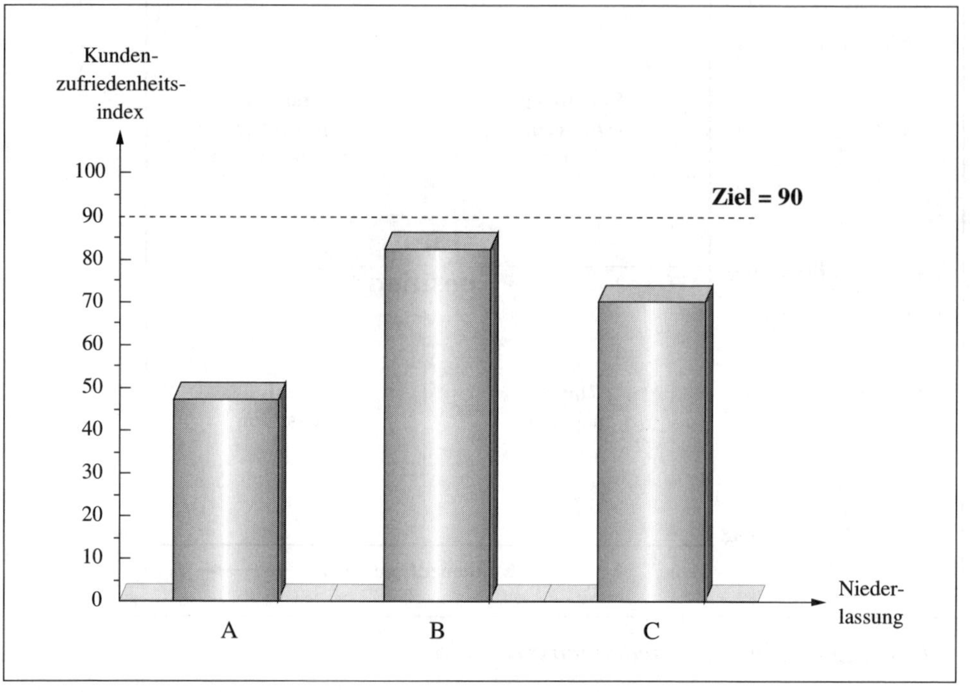

Abb. 15: Die Kundenzufriedenheit in der Querschnittsbetrachtung

Im Rahmen der *Längsschnittanalyse* tritt zutage, daß die Zufriedenheit in den vergangenen Jahren zwar kontinuierlich gesteigert werden konnte, aber noch deutlich von der Zielgröße 90 Punkte entfernt ist (siehe Abb. 16).

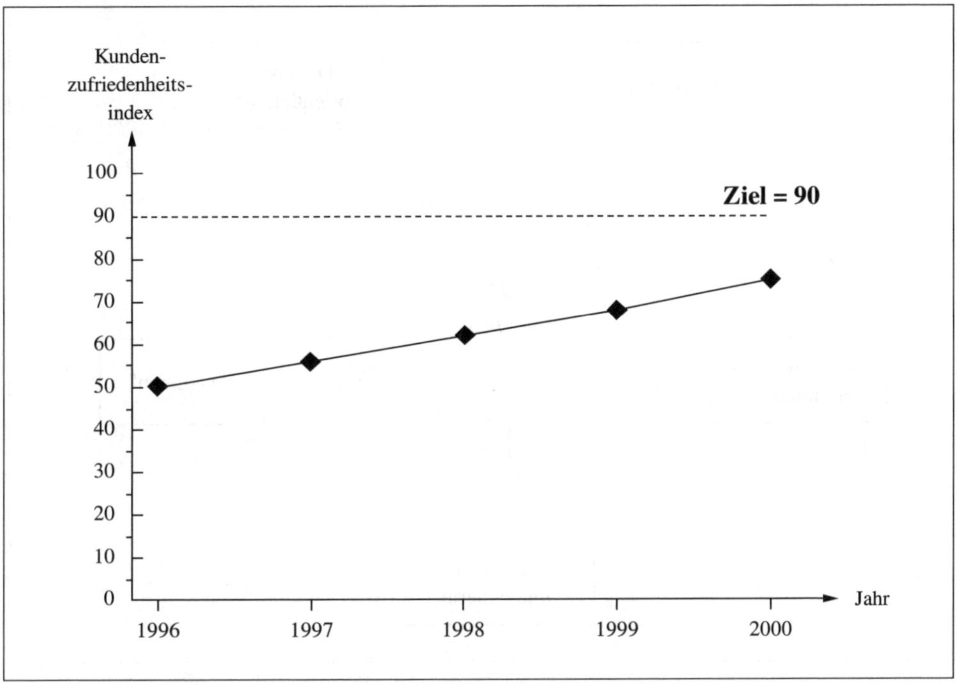

Abb. 16: Die Kundenzufriedenheit in der Längsschnittbetrachtung

d) Die Identifikation homogener Zielgruppen

Nicht alle Kunden stellen die gleichen Anforderungen an ein Unternehmen, so daß eine Gesamtbetrachtung Unterschiede zwischen einzelnen Zielgruppen verdeckt. Deshalb ist es erforderlich, hinsichtlich der Bedürfnisstruktur homogene Zielgruppen zu identifizieren und mittels spezifischer Marketingstrategien und -instrumente zu bearbeiten (sog. *Marktsegmentierung*). Unter Heranziehung der *Clusteranalyse*, die in Abschnitt 6.5.3 vorgestellt wurde, konnten im Falle unseres Kfz-Werkstättenbeispiels folgende *fünf Zielgruppen* identifiziert werden (siehe Abb. 17):

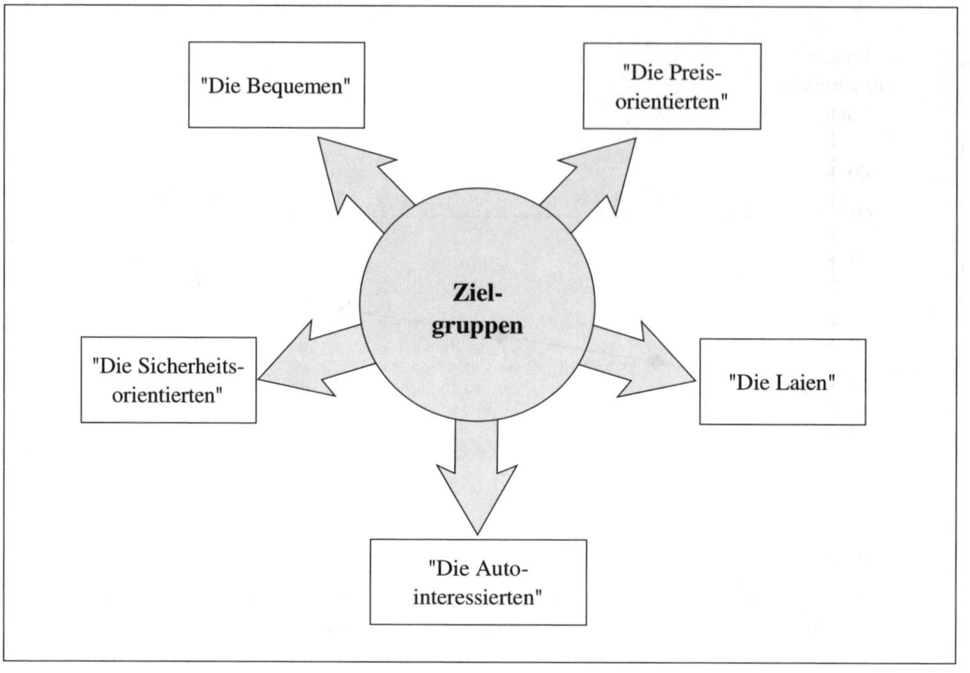

Abb. 17: Die mit Hilfe der Clusteranalyse identifizierten Zielgruppen

- *Die Bequemen*
  Dieser Kundentypus empfindet Reparatur- und Wartungsarbeiten als lästiges Übel, das er so bequem und schnell wie möglich beseitigen will. Demnach stehen die Nähe der Werkstätte, günstige Öffnungszeiten, die Flexibilität bei der Terminvereinbarung sowie prompte Bedienung ganz oben auf seiner Prioritätenliste.

- *Die Preisorientierten*
  Für den preissensiblen Kunden stehen ein günstiges Preis/Leistungs-Verhältnis sowie Leistungstransparenz im Vordergrund. Bei älteren Fahrzeugen spielen zeitwertgerechte Reparaturen einer erhebliche Rolle.

- *Die Laien*
  Für den Laien ist das Auto eine Black-Box, von der er nichts versteht, die aber funktionieren muß. Aufgrund fehlender Kompetenz beurteilt er die Kfz-Werkstätte anhand von Ersatzgrößen, wie der Freundlichkeit und Hilfsbereitschaft des Personals sowie der optischen Gesamterscheinung des Unternehmens.

- *Die Autointeressierten*
  Diese Zielgruppe interessiert sich in weit überdurchschnittlichem Maße für das Thema Automobil. Demnach legen die Vertreter dieses Segments gesteigerten Wert auf die Fachkompetenz der Werkstätte, wobei die Preisgünstigkeit in den Hintergrund rückt. Ebenso spielt die Leistungstransparenz eine nicht zu unterschätzende Rolle.
- *Die Sicherheitsorientierten*
  Diese Zielgruppe hegt die permanente Unsicherheit, übervorteilt zu werden. Vor diesem Hintergrund kommt den Leistungsdimensionen Zuverlässigkeit im Sinne der Einhaltung des Kostenvoranschlags sowie Transparenz (Verständlichkeit der Rechnung, Erklärung der durchgeführten Arbeiten) zentrale Bedeutung zu.

6.6 Visualisierung und Präsentation der Befunde (= Phase 6)

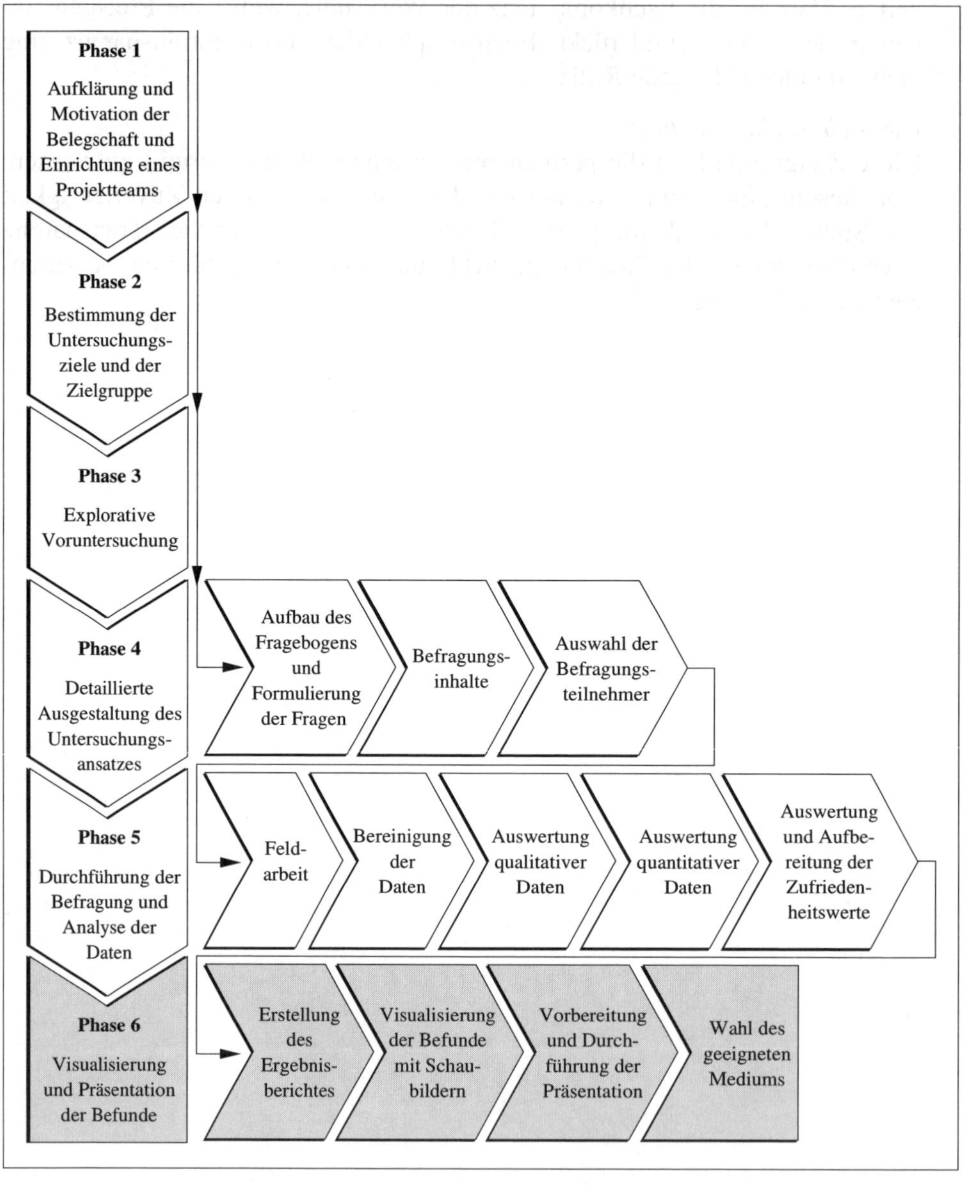

Abb. 18: Phase sechs einer fundierten Kundenzufriedenheitsuntersuchung

6.6.1 Die Erstellung des Ergebnisberichtes

Zum Abschluß des Projektes werden die erzielten Befunde in verständlicher Weise visuell ansprechend aufbereitet, fachlich kompetent kommentiert und managementorientiert kommunizierbar in einem *schriftlichen Ergebnisbericht* zusammengefaßt. Dieser kann - je nach Bedarf - um einen Tabellen- und Abbildungsband, Overhead-Folien sowie eine CD-Rom ergänzt werden.

Bei der Anfertigung des Ergebnisberichts hat sich folgender *Aufbau* bewährt:

- Zentrale Befunde im Überblick
- Ausgangssituation und Ziel der Untersuchung
- Darstellung des Untersuchungsdesigns
- Untersuchungssteckbrief (siehe Tab. 6)
- Angaben zur Repräsentativität der Befunde
- Übersichtliche und interpretierte Darstellung der Befunde, keine Zahlenfriedhöfe
- Zusammenfassung, wobei keine neuen Argumente und Informationen nachgeschoben werden sollen
- Gestaltungsempfehlungen

Design	Analyse der Zufriedenheit derzeitiger und abgewanderter Kunden
Datengewinnung	Schriftliche Befragung mit standardisiertem Fragebogen; Befragungsdauer max. 10 Minuten
Auswahlverfahren	Zufallsprinzip nach der Methode Herausgreifen des n-ten Falles aus der Kundendatei
Stichprobenumfang	Je Filiale 500 Personen (derzeitige Kunden: n = 400, abgewanderte Kunden: n = 100), das entspricht bei 10 Filialen insgesamt 5.000 Personen
Untersuchte Filialen	Dresden, Düsseldorf, Frankfurt, Freiburg, Köln, Leipzig, Mannheim, München, Oberhausen, Stuttgart
Rücklaufquote	Derzeitige Kunden: 10 %, das entspricht 400 auswertbaren Fragebögen Abgewanderte Kunden: 5 %, das entspricht 50 auswertbaren Fragebögen
Zeitlicher Ablauf	Konzeption: Pretest: Feldarbeit: Datenaufbereitung: Datenanalyse: Abfassen des Berichts:

Tab. 6: Beispiel für einen Untersuchungssteckbrief

6.6.2 Die Visualisierung von Befunden mittels Schaubildern

Die Visualisierung der Daten in Form von Graphiken ermöglicht es, die Befunde verständlich, vergleichbar und leicht nachvollziehbar zu kommunizieren. Unter anderem stehen hierzu folgende Grundtypen von Schaubildern zur Verfügung (vgl. Schneider 1999b, Zelazny 1999):

- Kreisdiagramm (vgl. Abb. 19)
  - Geeignet zur Darstellung von Anteilen an der Gesamtheit
  - Kennzeichen: Worte wie Anteil, Prozentsatz, X Prozent
  - „35 Prozent der Kunden sind mit Unternehmen X sehr zufrieden."
- Balkendiagramm bzw. Säulendiagramm
  - Geeignet, wenn Einzelobjekte in eine Rangreihe gebracht werden sollen
  - Kennzeichen: Worte wie größer als, kleiner als, gleich, höher als, geringer als
  - „1999 lag die Kundenzufriedenheit bei Niederlassung B höher als bei den Niederlassungen A und C." (siehe Abb. 15)

    bzw.
  - Geeignet, wenn die Besetzung von Größenklassen visualisiert werden soll
  - Kennzeichen: Worte wie Verteilung, Häufigkeit, Bereich X - Y, Konzentration
  - „In der Verteilung nach Altersgruppen sind deutliche Unterschiede in der Kundenzufriedenheit festzustellen."
- Kurvendiagramm
  - Geeignet, wenn Veränderungen im Zeitablauf dargestellt werden sollen
  - Kennzeichen: Worte wie verändern, wachsen, steigen, zunehmen, fallen, sinken, schwanken
  - „Seit 1996 ist die Kundenzufriedenheit kontinuierlich gestiegen." (siehe Abb. 16)
  - „In den letzten sieben Quartalen waren heftige Kundenzufriedenheitsschwankungen zu verzeichnen."
- Punktediagramm
  - Geeignet, wenn Beziehungen zwischen Variablen visualisiert werden sollen
  - Kennzeichen: Worte wie relativ zu ..., steigt (nicht) mit ..., fällt (nicht) mit, verändert sich (nicht)
  - „Die Zufriedenheit der Kunden steigt mit der Dauer der Beziehung zum Unternehmen."

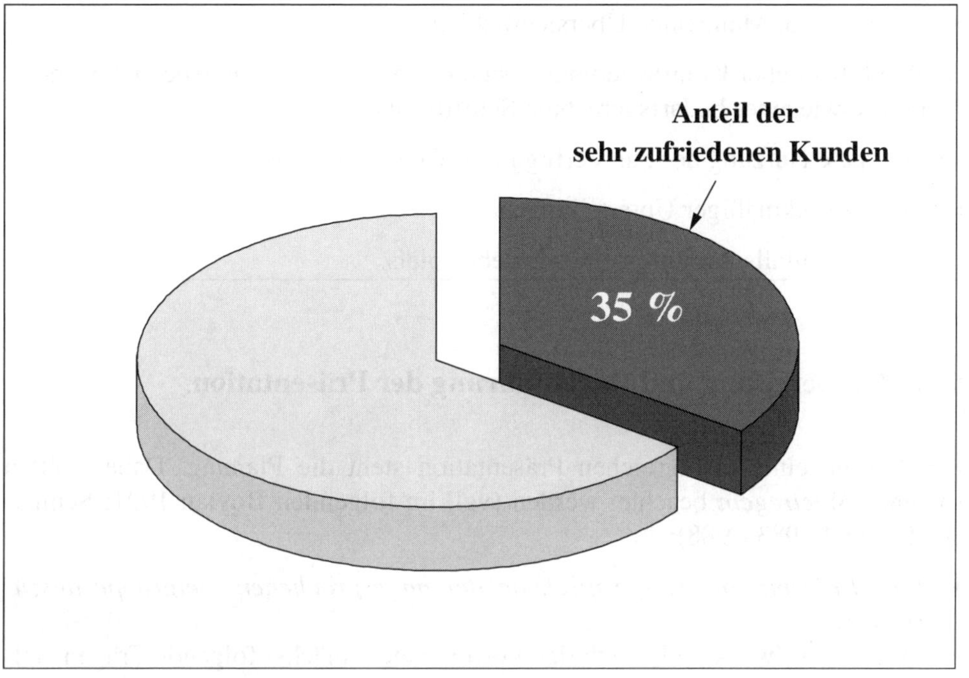

Abb. 19: Der Anteil der sehr zufriedenen Kunden

❢ Tip: Die drei häufigsten Fehler bei der Visualisierung von Befunden und Ansatzpunkte zu deren Vermeidung

- Fehler Nr. 1: Die Betrachter werden mit Informationen überlastet.

⇒ Tabellen in Abbildungen umwandeln. So werden Zahlenfriedhöfe vermieden.

⇒ Zahlen auf grundsätzlich eine Stelle hinter dem Komma abrunden.

⇒ Doppelte bzw. unnötige Informationen vermeiden.

⇒ Auf EDV-Spielereien verzichten.

- Fehler Nr. 2: Es fehlen wichtige Informationen.

⇒ Erstellen einer Legende, welche die einzelnen Symbole und Kontrastierungen erklärt.

⇒ Beschriften der Achsen mit Dimensionen.

⇒ Wahl eines zweckmäßigen und aussagekräftigen Titels für jedes Schaubild.

- Fehler Nr. 3: Mangelnde Übersichtlichkeit

⇒ Wahl deutlicher Kontrastierungen, sich klar voneinander abhebender Symbole sowie einer bedarfsgerechten Schriftgröße.

⇒ Optimale Nutzung des zur Verfügung stehenden Raums.

⇒ Wahl zweckmäßiger Unterteilungen.

⇒ Gegebenenfalls Anführen eines Lesebeispiels.

6.6.3 Vorbereitung und Durchführung der Präsentation

Am Beginn einer erfolgreichen Präsentation steht die Planung. Dabei sollten folgende *Spielregeln* beachtet werden (vgl. im folgenden Boylan 1991; Schneider 1999b, S. 983 - 988):

- *Eine Präsentation ist spezifisch an der angesprochenen Zielgruppe auszurichten.*
  Zu diesem Zweck sollte sich der Vortragende zunächst folgende Fragen stellen:
  - Welche Erwartungen haben die Zuhörer an den Vortrag, und was will der Referent bei ihnen erreichen bzw. auslösen? Neugier, Betroffenheit, Nachdenklichkeit, Skepsis oder Begeisterung?
  - Welche fachliche Vorbildung besitzen die Zuhörer? Die Klärung dieser Frage ist von zentraler Bedeutung für die sprachliche Formulierung, die Auswahl der zu behandelnden Aspekte sowie die Visualisierung der Befunde.
  - Welcher Hierarchiestufe gehört das Auditorium an? Dies hat unmittelbare Auswirkungen auf den zweckmäßigen Verdichtungsgrad der Informationen. Konkret heißt das nichts anderes, als daß bei höheren Ebenen tendenziell eher generelle und strategische Aspekte in den Vordergrund gestellt werden sollten, wohingegen auf unteren Hierarchieebenen ins Detail gehende Gesichtspunkte von größerer Bedeutung sind.
  - Was weiß das Publikum bereits über das Thema, und hat es bereits Erfahrungen mit selbigem gesammelt? Bei Nichtberücksichtigung läuft der Referent Gefahr, sein Auditorium entweder zu langweilen oder zu überfordern.

- ♦ Mit welchen Einwänden ist zu rechnen, und wie kann man diesen bereits im Vorfeld begegnen? In diesem Zusammenhang hat sich die Strategie der zweiseitigen Argumentation bewährt. Dabei greift man mögliche Einwände im Vorfeld selbst auf und versucht diese zu entkräften. Dadurch steigert der Vortragende seine Glaubwürdigkeit und nimmt möglichen Widersachern frühzeitig den Wind aus den Segeln.

- *Eine Präsentation muß klar strukturiert sein.*
  Bei der *logischen Gliederung* von Vorträgen hat sich folgendes Schema bewährt:
  - ♦ Einstieg, indem ein persönlicher oder sachlicher Kontakt zum Auditorium hergestellt wird
  - ♦ Anliegen des Vortrags
  - ♦ Ablauf
  - ♦ Erläuterung der einzelnen Punkte mit Vor- und Nachteilen, Fakten und persönlichen Erfahrungen zu den einzelnen Punkten
  - ♦ Fokussierung der Ergebnisse auf einige Kernaussagen, wobei keine neuen Argumente und Informationen nachgeschoben werden sollen
  - ♦ Gestaltungsempfehlungen
  - ♦ Ausstieg mit persönlichem Stil
  - ♦ Im Anschluß an die Präsentation Diskussion mit den Teilnehmern

- *Eine Präsentation muß Interesse bei den Zuhörern erzeugen.*
  Das Ziel einer jeden Präsentation ist es, die Zuhörerschaft in Bewegung zu setzen. Hierbei sollte man zunächst klären, bei welchen Inhalten das Auditorium auf welche Weise einbezogen werden kann. Beispielsweise lassen sich die Teilnehmer aktivieren, indem man Fragen stellt, anstatt nur alles mundgerecht zu präsentieren. Um Beiträge kontinuierlich aufzunehmen, hat sich die Nutzung eines Flipcharts bewährt.
  Des weiteren muß geklärt werden, ob man Zwischenfragen während der Präsentation zuläßt oder ob man die Teilnehmer bittet, sich ihre Fragen zu notieren und am Ende des Vortrages zu stellen. Der Referent sollte anschaulich formulieren und seine Ausführungen durch Beispiele, eigene Erfahrungen und bildhafte Vergleiche bereichern (Talking-by-Painting). Er sollte Blickkontakt zu seinem Publikum halten, und seine Wirkung durch wohldosierte Visualisierung verstärken. Er sollte auf Satzungetüme und die übertrieben häufige Verwendung von Fremdwörtern sowie Fachbegriffen verzichten, sondern vielmehr kurze, einfache Sätze und geläufige Worte nutzen.

- *Eine Präsentation muß organisatorisch vorbereitet sein.*
Zunächst sollte geklärt werden, welcher Zeitbedarf für die inhaltliche und organisatorische Vorbereitung des Vortrages sowie die eigentliche Präsentation (Vortrags- und Diskussionszeit) benötigt werden. Des weiteren gilt es zu überlegen, welche Infrastruktur (Hinweisschilder, ausreichende Sitzmöglichkeiten, Anordnung der Stuhlreihen, Verdunklungsmöglichkeit des Raumes, Getränke, Schreibunterlagen für die Teilnehmer u.ä.) und welche Hilfsmittel (Overhead-Projektor, Flipchart, Pinwand, PC-Beamer, Dia-Projektor, Stifte, Metaplan-Koffer etc.) genutzt werden können bzw. wollen. Und schließlich sollten ein Einladungsschreiben (Thema, Ort, Datum, Uhrzeit (Beginn/Ende), Agenda, evtl. Anfahrtsskizze und Parkmöglichkeiten) sowie Unterlagen für die Teilnehmer (sog. Hand-Out) erstellt werden.

6.6.4 Die Wahl des geeigneten Mediums

Im folgenden finden sich die gängigsten Präsentationsmedium im *Stärken/Schwächen-Profil* (vgl. Boylan 1991):

- *Overhead-Projektor* → geeignet für sämtliche Arten von Präsentationen, insbesondere für die Einweg-Informationsübermittlung
    - ♦ Stärken: - ständiger Blickkontakt zum Auditorium
      - Kopierbarkeit der Folien
      - Aktivierung des Publikums, in dem Beiträge auf Blankofolie aufgeschrieben werden
    - ♦ Gefahren: - „Folienschlachten" (im Durchschnitt pro Folie 5 Minuten einrechnen)
      - „Foliensalat" bei Rückfragen

- *Flipchart* → geeignet für die Entwicklung von Gedankengängen und das Sammeln von Wortmeldungen (Notizblock für stichwortartige Diskussions- und Ergebnisprotokolle sowie Checklisten)
    - ♦ Stärken: - nach kurzer Einübung leicht handhabbar
      - einzelne Charts können später als Protokoll dienen
    - ♦ Gefahren: - Unleserlichkeit bei schlampiger Schrift
      - Verlust des Blickkontakts mit den Zuhörern

- *Pinwand* → geeignet für Themen, die erst während der Präsentation entwickelt werden
  - ♦ Stärken: - Aktivierung der Teilnehmer
    - Möglichkeit anonymer Beiträge
    - Zeitersparnis, da alle Teilnehmer gleichzeitig schreiben können
    - ideal für großflächige, bildhafte Darstellungen
  - ♦ Gefahren: - Metaplan-Müdigkeit bei übermäßigem Einsatz
    - Überforderung des Vortragenden, da Inhalte der Kärtchen spontan strukturiert werden müssen
    - Verlust des Blickkontakts mit den Zuhörern

- *Dia-Projektor* → geeignet für detailgetreue, reale Wiedergabe von Objekten
  - ♦ Stärke: - stimulierende Wirkung durch Farben
  - ♦ Gefahren: - Ermüdungsgefahr durch Abdunkelung des Raumes
    - hoher Vorbereitungsaufwand
    - geringe Flexibilität, da Ablauf des Vortrags durch Reihenfolge der Dias vorgegeben ist

- *Beamer* → geeignet für computergestützte Präsentation
  - ♦ Stärke: - Vermittlung eines professionellen Eindrucks
  - ♦ Gefahren: - hoher Anschaffungsaufwand
    - zum Teil ungenügende Lichtstärke

6.7 Eigen- und Fremdforschung

6.7.1 Eigen- und Fremdforschung im Stärken/Schwächen-Profil

Nachdem der Ablauf einer Kundenzufriedenheitsuntersuchung in seiner ganzen Komplexität vorgestellt wurde, stellt sich die Frage, ob ein Unternehmen eine solche Studie in Eigenregie durchführen oder besser als Auftrag an ein Marktforschungsunternehmen vergeben soll. Vor diesem Entscheidungshintergrund müssen zunächst die jeweiligen *Vorteile* der *Fremd*- und *Eigenforschung* betrachtet werden.

Als *Vorteile* von *Marktforschungsunternehmen* bzw. *-instituten* gelten

- keine Betriebsblindheit,
- geringere Gefahr interessengefärbter Ergebnisse und damit höhere Objektivität,

- Einsatz von Spezialisten (z.B. bei Fragebogengestaltung, bei statistischer Auswertung der Ergebnisse) sowie
- Aktualität des Fachwissens.

Für die Durchführung einer Kundenzufriedenheitsstudie in *Eigenregie* dagegen sprechen:
- Vertrautheit mit dem Problem,
- höhere Praxisrelevanz der Analyse,
- größere Einfluß- und Kontrollmöglichkeiten der Geschäftsführung auf den Ablauf der Untersuchung,
- weniger Kommunikationsprobleme,
- Job-Enrichment für die eingesetzten Mitarbeiter/innen,
- größere Diskretion sowie
- Verbleib der Kenntnisse, Forschungserfahrungen und Erste-Hand-Informationen im eigenen Haus.

Vor diesem Hintergrund empfiehlt es sich in den meisten Fällen, ein Projektteam, das sich aus internen und externen Vertretern zusammensetzt, mit der Durchführung der Kundenzufriedenheitsstudie zu beauftragen. Zwar scheuen sich insbesondere kleine und mittelständische Unternehmen aus Kostengründen häufig davor, Marktforschungsunternehmen in ein solches Projekt einzubeziehen. Trotzdem oder gerade deshalb muß an dieser Stelle deutlich gesagt werden, daß diese mit Aufgaben wie der Erstellung eines Fragebogens und/oder der statistischen Auswertung der Daten häufig schlichtweg überfordert sind. Dies führt im Regelfall zu dilettantischen Untersuchungen, die zu gravierenden Fehlschlüssen führen können und im Endeffekt mehr Geld kosten, als wenn zum richtigen Zeitpunkt ein externer Partner hinzugezogen worden wäre. Dies haben die meisten Großunternehmen bereits erkannt, so daß heutzutage zahlreiche Marktforschungsaufgaben an externe Spezialisten vergeben (sog. Outsourcing) werden.

Dessen ungeachtet sollte das Unternehmen gegenüber seinen Kunden die Federführung bei einem Kundenzufriedenheitsprojekt signalisieren. Denn so unterstreicht die Geschäftsführung den hohen Stellenwert einer solchen Untersuchung und macht extern und nicht zuletzt auch intern deutlich, daß es sich hier um eine *Chefsache* handelt.

6.7.2 Die effiziente Zusammenarbeit mit Marktforschungsinstituten

Für die Kooperation mit Marktforschungsinstituten sollten folgende *Spielregeln* beachtet werden (vgl. im folgenden o. V. 1996a, S. 37). Diese gelten überwiegend auch dann, wenn ein Kundenzufriedenheitsprojekt von interner Seite durchgeführt wird:

- Marktforschung sollte nicht erst einsetzen, wenn der Erfolg eines Unternehmens gefährdet ist (Marktforschung als Feuerwehr). Ihr volles Leistungspotential erreicht die Marktforschung vielmehr, wenn sie kontinuierlich im Sinne eines *Frühwarnsystems* genutzt wird.
- Daten sollten nicht nur gesammelt werden, sondern auch *problemgerecht* ausgewertet sowie aufbereitet und genutzt werden. Ansonsten besteht die Gefahr, daß viel Geld für Marktforschung ausgegeben wird, die Berichte aber ungelesen in den Regalen verstauben.
- Marktforschung, die hauptsächlich dazu dient, bereits getroffene Entscheidungen der Geschäftsführung abzusichern, birgt die Gefahr in sich, die Kultur eines Unternehmens nachhaltig zu stören. Will man das Vertrauen der Mitarbeiter in die Führung und auch in zukünftige Marktforschungsprojekte nicht verlieren, sollte solche *Pseudoforschung* unterbleiben.
- Der Auftraggeber sollte die Marktforschung nicht zum „Zahlenknecht" degradieren, sondern die Marktforscher auch in den *Problemlösungsprozeß integrieren*. Demnach dürfen ein Projekt und damit die Zusammenarbeit mit einem Marktforschungsinstitut nicht - wie häufig üblich - mit der Abgabe des Ergebnisberichtes enden. Vielmehr sollten weiterführende Beratung, Sonderauswertungen und Unterstützung bei der Umsetzung der Analysebefunde in konkrete Maßnahmen zum Full-Service-Angebot eines Marktforschungsunternehmens gehören.
- Die Befunde eines Marktforschungsprojekts finden nur Akzeptanz bei den Mitarbeitern, wenn ein *Projektteam* gebildet wird, in dem sowohl Mitarbeiter des eigenen Hauses als auch Vertreter des Marktforschungsinstituts vertreten sind. Das Team sollte die optimale Gruppengröße von 6 - 8, max. 10 Personen nicht überschreiten. Außerdem sollten die Vertreter des Auftraggebers möglichst der gleichen Hierarchieebene angehören, um eine offene Mitarbeit zu gewährleisten. Außerdem sollten sie weder der höchsten noch der niedrigsten Hierarchieebene angehören, damit eine breite Akzeptanz des Projektes im Unternehmen gewährleistet wird.

- Die Marktforscher sollten den Auftraggeber nicht mit unwichtigen Details, statistischen Detailfragen und unverständlicher Fachterminologie belasten. Vielmehr sollte das Marktforschungsinstitut die für die Marketing-Entscheidungen des Auftraggebers relevanten Informationen in *verständlicher Weise* zur Verfügung stellen: visuell ansprechend aufbereitet, fachlich kompetent kommentiert und managementorientiert kommunizierbar - geliefert als Tabellen- und Abbildungsband, als Folienpräsentation oder auf CD-Rom.
- Ideal ist es, wenn beim *Auftraggeber Fachwissen* über die Möglichkeiten und Grenzen der Marktforschung existiert. Dies fördert zum einen den Dialog mit dem Marktforschungsinstitut und stellt zum anderen sicher, daß mit den Marktforschungsbefunden später gearbeitet wird bzw. spätere Projekte in Eigenregie durchgeführt werden können.

Der *klassische Ablaufplan* der *Zusammenarbeit* zwischen *Auftraggeber* und *Marktforschungsinstitut* gestaltet sich folgendermaßen:

- Research-Briefing
  Wesentliche Bestandteile dieser Phase sind:
  - ♦ Formulierung des Problemhintergrundes, d.h. warum will das Unternehmen eine Marktforschungsstudie in Auftrag geben
  - ♦ Übersicht über bereits vorhandene Daten, d.h. Ergebnisberichte bisheriger Studien, sekundärstatistisches Datenmaterial wie Reklamations- und Garantiestatistiken, Unternehmenspublikationen, Geschäftsberichte, Umsatz- und Gewinnentwicklungen u.ä.
  - ♦ Gegebenenfalls Vorstellungen zum Forschungsdesign, z.B. nur Befragung gewerblicher Kunden mittels persönlicher Interviews
  - ♦ Budget und Zeitrahmen
  - ♦ Benennung von Ansprechpartnern aus dem Unternehmen; gegebenenfalls Einrichtung eines Projektteams, das mit Vertretern des Hauses sowie Mitarbeitern des Marktforschungsinstituts besetzt ist
  - ♦ Festlegung sog. Action-Standards, d.h. von Maßnahmen, die je nach Untersuchungsbefund ins Auge gefaßt werden

- Konferenz
  Im Mittelpunkt dieser Veranstaltung steht die Frage, inwieweit es dem Marktforschungsunternehmen bzw. dem Projektteam gelungen ist, die Vorstellungen des Auftraggebers in einen Fragebogen und ein entsprechendes Untersuchungsdesign umzusetzen.

- Zwischenbericht
  Hier berichten die Vertreter des Marktforschungsinstituts über den Stand des Projektes, was angesichts des häufig zu beobachtenden Zeit- und Entscheidungsdrucks bei Ad-hoc-Studien die Möglichkeit bietet, eventuell notwendige Korrekturen durchzuführen.

- Auswertungssitzung
  Sofern auf der Seite des Auftraggebers Marktforschungskompetenz vorhanden ist, sollten die Kondensation der Befunde und das Ableiten von Gestaltungsempfehlungen gemeinsam vorgenommen werden.

- Endpräsentation der Befunde.
  Die Präsentation der Befunde sollte folgende Bestandteile enthalten:
  - Ausgangssituation und Ziel der Untersuchung
  - Darstellung des Untersuchungsdesigns
  - Zeitraum der Planung, Durchführung der Feldarbeit sowie Analyse der Daten
  - Bei schriftlichen Befragungen: Höhe der Rücklaufquote
  - Angaben zur Repräsentativität der Befunde
  - Übersichtliche und interpretierte Darstellung der Befunde, keine Zahlenfriedhöfe
  - Abschließend Fokussierung der Ergebnisse auf einige Kernaussagen

An die Präsentation der Befunde schließt sich in der Regel eine *Diskussion* mit den Teilnehmern an.

7 Die Optimierung des Beschwerdemanagement

7.1 Beschwerden unter Chancen/Risiko-Gesichtspunkten

Unverzichtbar im Zusammenhang mit einem erfolgreichen Kundenzufriedenheitsmanagement ist die systematische *Bearbeitung*, *Sammlung*, *Auswertung* und *Nutzung* von *Beschwerden* (vgl. im folgenden Bruhn 1982; Graf 1990; Günter 1995, S. 275 - 291; Hansen/Hofmann 1989; Hansen/Jeschke 1991, S. 201 ff.; Hansen/Schoenheit 1987; Hirschman 1974; Meffert/Bruhn 1981, S. 597 - 613; Meffert/Bruhn 1979, S. 106 - 108; Nieschlag/Dichtl/Hörschgen 1997, S. 955 - 958; Riemer 1986; Runow 1982; Stauss 1989, S. 41 - 62; Schneider 1998b, S. 17 - 22). Da es bereits vor einem Kaufabschluß Grund zur Klage geben kann (z.B. unfreundliche Bedienung, unzulängliche Beratung, ungünstige Öffnungszeit), überschreiten diese den Rahmen rechtlich begründeter *Reklamationen*, die wir eingehend in Abschnitt 5.3.3 behandelt haben. Für Reklamationen ist charakteristisch, daß der Verkäufer für Sachmängel nach den §§ 459 ff. BGB haftet. Sie bilden also einen Sonderfall der Beschwerde, woran deutlich wird, daß eine ausschließliche Fokussierung auf Reklamationen, wie sie von den meisten Unternehmen praktiziert wird, viel zu kurz greift.

☞ **Beispiel: Der Schiedsrichter der Banken**

Damit Meinungsverschiedenheiten zwischen Kunde und Bank schneller aus dem Weg geräumt werden können, haben letztere ein *außergerichtliches Schlichtungsverfahren* eingeführt. Seit 1992 hilft ein unabhängiger *Ombudsmann* den Privatkunden, Differenzen unbürokratisch und schnell zu klären. In den vergangenen Jahren wurden insgesamt rund 11.000 *Reklamationen* eingereicht. Von den von den Ombudsmännern entschiedenen Verfahren ist knapp die Hälfte (46,0 %) zugunsten der Bankkunden entschieden worden; in 4 % der Fälle wurde ein Vergleich angeregt. Die Banken haben in 50 % der Fälle Recht erhalten. Bis zu einem Streitwert von 10.000 DM ist der Schlichterspruch für die Bank bindend, nicht jedoch für den Kunden. Ist dieser mit der Entscheidung des Ombudsmanns nicht einverstanden, steht ihm der Rechtsweg offen (vgl. o. V. 1999b, S. 33).

Um auf Beschwerden angemessen reagieren zu können, benötigt ein Unternehmen detaillierte Kenntnisse über das Verhalten seiner unzufriedenen Kunden. Unzufriedenheit kann sich darin äußern, daß jemand mehr oder weniger deutlich seinem Unmut Luft macht, oder aber er verzichtet aus Unkenntnis, einer Fehleinschätzung der Lage heraus oder wegen vermeintlicher Aussichtslosigkeit des Unterfangens darauf. Ob es bei Unzufriedenheit zu einer Beschwerde kommt oder nicht, hängt im wesentlichen von *drei Faktoren* ab (vgl. Hansen/Jeschke 1991, S. 205 ff.):

- Unzufriedene Kunden wägen ab, ob der mit einer Beschwerde voraussichtlich verbundene *Erfolg* (Wiederherstellung der Funktionsfähigkeit des erworbenen Produktes, Ersatz der Ware, Rückerstattung oder nachträgliche Minderung des Kaufpreises, in der Kritik an einem Mitarbeiter liegende Befriedigung etc.) den damit einhergehenden *Aufwand* (z.B. Telefon-, Porto- und Fahrtkosten; physische und psychische Anstrengungen) rechtfertigt. Ist dies nicht der Fall, verzichtet man auf die Beschwerde. In diesem Zusammenhang wurde festgestellt, daß sich unzufriedene Kunden häufig von dem hohen zeitlichen und finanziellen Einsatz, dem Fehlen einer Erfolgsgarantie und dem mit der Äußerung einer Beschwerde verbundenen Ärger abschrecken lassen (vgl. Goodman u.a. 1987, S. 168 ff.).
- Käufer beschweren sich um so eher, je bedeutsamer ihnen ein *Problem* erscheint, je klarer es sich um einen offenkundigen *Mangel* handelt und je genauer die *Ursache* der Unzufriedenheit eingegrenzt werden kann. Konsequenterweise beziehen sich Unmutsäußerungen überwiegend darauf, daß neue Produkte Mängel aufweisen oder bereits in Gebrauch befindliche nicht sachgemäß repariert bzw. gewartet wurden (vgl. Weinhold/Baumgartner 1982, S. 73).
- Neben *soziodemographischen Größen* wie Alter, Geschlecht, Bildung und Beruf sind es vor allem psychische Faktoren, die das Beschwerdeverhalten von Verbrauchern beeinflussen. Es leuchtet ein, daß sich eher solche Menschen beschweren, die Selbstvertrauen besitzen, als Meinungsführer fungieren und über fundierte Produktkenntnisse sowie einschlägige Informationen und Erfahrungen im Umgang mit Kontrahenten verfügen (vgl. Bruhn 1982, S. 145).

Statt Beschwerden als Chance zu begreifen, neigen die meisten Unternehmen bzw. deren Mitarbeiter dazu, diese bewußt zu übersehen, nach außen hin abzuwehren und/oder nach innen hin zu vertuschen. Ein derartiges Verhalten ist auf folgende *Befürchtungen* zurückzuführen:

- Mitarbeiter empfinden Beschwerden als unangenehm, da sie Fehler sichtbar machen und zu negativen *persönlichen Konsequenzen* führen können.
- Niedrige Beschwerderaten werden gemeinhin als Zeichen von Qualität, hohe Beschwerderaten hingegen als *negativer Imagefaktor* angesehen.

- Die *Kosten* der *Beschwerderegulierung* (z.B. Zahlungen aus Kulanzgründen, Gewährung von Geschenken, Verzicht auf Berechnung von Werkstattleistungen) werden gefürchtet, während der Nutzen, der aus der Beschwerdehandhabung erwächst (Umsatzsicherung durch Kundenbindung, Mund-zu-Mund-Werbung zufriedener Kunden etc.), auf den ersten Blick nicht erfaßbar scheint.
- Unternehmen fürchten, daß ein aktiver Umgang mit Beschwerden sowohl die Ansprüche der Kunden als auch die Gefahr des Mißbrauchs durch sog. *Querulantentum* erhöht.

Die skizzierten Ängste führen dazu, daß Mitarbeiter dazu neigen, Beschwerden mit Hilfe bestimmter *Techniken* in den Hintergrund zu drängen. Hierzu zählen

- der Aufbau vom Beschwerdebarrieren (etwa fehlende Ansprechpartner oder keine klaren Zuständigkeiten),
- das Bagatellisieren der Probleme im Gespräch mit dem Kunden und
- die kleinliche Regulierung der Beschwerde.

Durch derartige Verhaltensweisen werden zwar die sich aus der Unzufriedenheit des Kunden ergebenden Probleme beiseite geschoben, die möglichen negativen Folgen (stille Abwanderung, negative Mund-zu-Mund-Werbung) jedoch nicht behoben. Welche *Gefahren* in einer solchen Strategie liegen und welche Chancen ein Unternehmen dadurch verspielt, belegen die im Auftrag der US-Regierung durchgeführten *TARP-Studien* (Technical Assistance Research Program).

☞ **Untersuchungsergebnis: TARP-Studien**

- 19 von 20 unzufriedenen Kunden verzichten auf eine Beschwerde. In den meisten Fällen sind hierfür Beschwerdehürden verantwortlich, die - bewußt oder unbewußt - von den betroffenen Unternehmen aufgebaut werden.
- Kunden, die sich beschweren, sind eher bereit, diesem Unternehmen treu zu bleiben, auch wenn das geäußerte Problem nicht zu ihrer Zufriedenheit gelöst wurde.
- Rund zwei Drittel der Kunden, die sich beschwert haben, bleiben dem Unternehmen treu, das ihr Problem gelöst hat. Wird die Bearbeitung eines Problems als zügig wahrgenommen, steigt die Wiederkaufrate auf 95 % an.
- Kunden, die sich beschweren und das Gefühl haben, daß ihr Problem gelöst wurde, berichten im Durchschnitt fünf Personen über ihre positiven Erfahrungen.

Ähnlich beeindruckend präsentieren sich die folgenden Berechnungen, die im Zusammenhang mit Beschwerden für den *deutschen Möbel- und Küchenfachhandel* angestellt wurden (vgl. Kamp/Stober 1999, S. 50):

☞ **Untersuchungsergebnis: Ökonomische Folgen der Beschwerdehandhabung im deutschen Möbel- und Küchenfachhandel**

- Direkte Umsatzverluste: 1 Mrd. DM
- Umsatzverluste durch verlorene Folgegeschäfte 2 Mrd. DM
- Umsatzverluste gesamt: 3 Mrd. DM
- Direkte Gewinnverluste: 500 Mio. DM
- Gewinnverluste durch verlorene Folgegeschäfte: 1 Mrd. DM
- Gewinnverluste gesamt: 1,5 Mrd. DM

Ein aktives Beschwerdemanagement könnte den Gewinn um 5 Prozent steigern.

Die vorliegenden Untersuchungsergebnisse belegen, daß ein aktives Beschwerdemanagement einerseits die Möglichkeit bietet, frühzeitig Unzufriedenheit aufzuspüren (sog. *Frühwarnsignale*). Zum anderen können durch Schaffung von Beschwerdezufriedenheit die *Loyalität* sowie die *positive Mund-zu-Mund-Werbung* der Kunden erhöht werden.

7.2 Realität und Idealzustand im Umgang mit Beschwerden

Um sich dem Thema Beschwerdemanagement weiter zu nähern, erscheint es zweckdienlich, einen genaueren Blick darauf zu werfen, wie im Unternehmensalltag mit den Unmutsäußerungen der Kunden typischerweise umgegangen wird (vgl. im folgenden Kamp/Stober 1999, S. 50). Der *Ist-Zustand* in der Handhabung von Beschwerden läßt sich folgendermaßen charakterisieren:

- Beschwerden werden als etwas Schlimmes betrachtet, womit niemand im Unternehmen etwas zu tun haben will.
- Aus Angst vor der Aufdeckung von Fehlern fühlen sich Mitarbeiter grundsätzlich nicht zuständig, Sie schieben lieber anderen Abteilungen oder dem

Kunden, der sich rechtfertigen muß, den „Schwarzen Peter“ zu.

- In Diskussionen mit dem Kunden steht das Verursacherprinzip („Wer ist schuld?“), nicht aber die Problemlösung („Was können wir tun?“) im Vordergrund.
- Erst unter massivem Druck des Kunden wächst die Bereitschaft, das Problem zu lösen.
- Die Beschwerde wird entmenschlicht, der Kunde wird zur Sache.

Wie aber sieht die Idealkonstellation (= *Soll-Zustand*) aus?

- Der Kunde tauscht sein Geld nicht gegen „nackte“ Ware, sondern er will seine Bedürfnisse befriedigen und u.a. Sicherheit erwerben. Dies schließt eine angemessene Reaktion des Unternehmens auf berechtigte Beschwerden ein.
- Beschwerdemanagement hat nur Erfolg, wenn die teamorientierte Bearbeitung im Vordergrund steht.
- Anstelle von Schuldzuweisung muß die kollektive Verantwortung für den Kunden treten (sog. Ownership; siehe Abschnitt 8.4.1).
- Die Optimierung des Beschwerdemanagement erfordert die Verknüpfung mit materiellen und nicht-materiellen Anreizen für die Mitarbeiter (siehe Abschnitt 8.5).

☞ **Untersuchungsergebnis**: **Kundenmonitor Deutschland**

Ziel des Kundenmonitors Deutschland, eines nationalen Kundenbarometers, ist die jährliche Fortschreibung von Daten zur Kundenzufriedenheit einzelner Branchen und Unternehmen sowie die Schaffung eines branchenübergreifenden Benchmarking mittels Kennzahlen zur Kundenorientierung auf Branchen- und Anbieterebene. Im Rahmen dieser Untersuchung wurde festgestellt, daß die Beschwerderaten, bezogen auf die Gesamtzahl der Kunden, zwischen 2 und 15 % schwanken. Verhältnismäßig hohe Beschwerderaten von 10 und mehr Prozent haben folgende Branchen: Banken und Sparkassen, Bau- und Heimwerkermärkte, Briefpost, Lebensmittelmärkte/-geschäfte, Mobilfunk (Serviceprovider), Onlinedienste.

Nach wie vor bedenklich stimmt das Beschwerdemanagement in der Mehrzahl der untersuchten Branchen. Ein Großteil der Unternehmen hinterläßt mehr als 50 % weniger zufriedene oder unzufriedene Beschwerdeführer. Im Zeitvergleich ist es lediglich drei Branchen (Banken und Sparkassen, Briefpost, Stadt- und Kreisverwaltungen) gelungen, signifikante Fortschritte in der Verbesserung der Beschwerdezufriedenheit zu erzielen (vgl. Ertl 1999, S. 28 - 31).

7.3 Die Schaffung eines beschwerdefreundlichen Klimas

Vorgesetzte setzen Beschwerden in der Regel mit Fehlern des Mitarbeiters gleich, wodurch die skizzierten *Verdrängungsmechanismen* in Gang gesetzt werden. Das Wort Fehler erscheint in diesem Zusammenhang aber kaum angebracht. Denn Fehler bzw. Beschwerden der Kunden sind - wie uns erfolgreiche Unternehmen immer wieder vor Augen führen - nötig, um *neue Lösungen* zu finden bzw. vorhandene Lösungen zu verbessern.

Vor diesem Hintergrund erscheint es erforderlich, den konstruktiven Umgang mit Beschwerden und damit mit Fehlern in der *Unternehmenskultur* zu verankern. Dem steht deren dysfunktionale Handhabung in der Realität entgegen. Denn wenn jemand – wie es typisch ist – zur Verantwortung gezogen wird, falls er einen Fehler gemacht hat, wird er alles daran setzen, um diesen zu vertuschen bzw. ihn anderen in die Schuhe zu schieben. Hierdurch werden ein angepaßtes Ja-Sagertum gefördert, Risikovermeider herangezüchtet und Fehler nicht mehr als Möglichkeit zur Kurskorrektur genutzt. Das System ist nicht mehr *lernfähig*, das Unternehmen wird mittelfristig in die Krise stürzen.

☞ **Beispiel: Der Umgang mit Fehlern bei BMW**

Zahlreiche Unternehmen haben bereits erkannt, daß nicht das Begehen eines Fehlers, sondern dessen Vertuschen das eigentliche Problem darstellt. So stößt man in den Führungsgrundsätzen von BMW auf folgende *Leitlinie*: „Jeder darf Fehler machen – nur nicht den, ihn zum Schaden des Unternehmens zu vertuschen."

Der konstruktive Umgang mit Fehlern und damit letztlich mit Beschwerden ist demnach Ausgangspunkt einer *kundenorientierten Unternehmenskultur*. Auf den Punkt gebracht bedeutet das: Ohne Toleranz gegenüber Beschwerden keine Kundenorientierung. In diesem Zusammenhang müssen sich Führungskräfte immer wieder vor Augen führen, daß die von Beschwerden ausgehende Kritik dem Betroffenen weh tut und ihn verletzt.

Erfolgreicher als *Kritik* erscheint die *Konfrontation.* Die *Unterschiede* stellen sich folgendermaßen dar:

- Kritik ist personenbezogen, allgemein, anschuldigend, vergangenheitsorientiert.
- Konfrontation hingegen gestaltet sich problembezogen, spezifisch, auf Verbesserung abzielend und in die Zukunft gerichtet.

Konfrontation zielt folglich darauf ab, dem Mitarbeiter Informationen - in unserem Fall dokumentierte und analysierte Beschwerden des Kunden - zur Verfügung zu stellen, über die der andere vielleicht bislang nicht verfügte. Auf diese Weise gelingt es, den *„blinden Fleck"* im Selbstbild des Mitarbeiters zu verkleinern. Das Selbstbild wird durch ein Fremdbild, nämlich die Einschätzung des Kunden, ersetzt. Konfrontation eröffnet damit Lernmöglichkeiten, ohne zu verletzen (vgl. Sprenger 1996, 5. Aufl., S. 201 – 213).

! Tip: Wie Führungskräfte im Gespräch mit Ihren Mitarbeitern Kundenbeschwerden behandeln sollten

- Bei erstmals auftretenden Beschwerdefällen sollten Sanktionen vermieden werden.
- Führungskräfte sollten gemeinsam mit ihren Mitarbeitern ein Gespräch über die Beschwerde führen, ohne Schuld zuzuweisen.
- Es sollte das gemeinsame Anliegen von Führungskräften und Mitarbeitern sein, die Ursachen zu analysieren und das in einer Beschwerde enthaltene Lernpotential herauszuarbeiten.
- Die Konzentration sollte darauf liegen herauszuarbeiten, was an der Beschwerde positiv ist.
- Das Augenmerk sollte weniger auf fehlerhaftem Verhalten in der Vergangenheit als vielmehr darauf ruhen, wie man sich in Zukunft besser verhalten sollte.
- Fragen der Führungskräfte sollten mehr als Angebot zur Veränderung genutzt werden und weniger um herauszufinden, wie es zu der Beschwerde kam. Was ist jetzt zu tun? Was kann man daraus lernen?
- Jede Problemlösung, die den Mitarbeiter abwertet oder herabsetzt, führt das Unternehmen nicht weiter.

Quelle: in Anlehnung an Sprenger 1996, 5. Aufl., S. 201 – 213.

✎ **Zusammenfassung**

- Im Unternehmensalltag beschwert sich nur ein begrenzter, keineswegs repräsentativer Ausschnitt der Abnehmer. Dies führt zwangsläufig dazu, daß Beschwerden lediglich die *„Spitze des Eisbergs“ Unzufriedenheit* bilden.

- Ein Unternehmen muß deshalb daran interessiert sein, den *Anteil* der unzufriedenen Kunden, die sich beschweren, zu *erhöhen.*

- Mitarbeiter verbinden mit Beschwerden eine Reihe von *Befürchtungen*, was dazu führt, daß sie versuchen, Beschwerden mit Hilfe bestimmter *Techniken* in den Hintergrund zu drängen. Hierzu zählen der Aufbau vom Beschwerdebarrieren (etwa fehlende Ansprechpartner oder keine klaren Zuständigkeiten), das Herunterspielen der Probleme im Gespräch mit dem Kunden und die kleinliche Regulierung der Beschwerde.

- Durch derartige Verhaltensweisen werden zwar die sich aus der Unzufriedenheit des Kunden ergebenden Probleme beiseite geschoben, die möglichen negativen Folgen (stille Abwanderung, negative Mund-zu-Mund-Werbung) werden jedoch nicht vermieden. Dies hat erhebliche *negative ökonomische Konsequenzen.*

- Führungskräfte sollten im Umgang mit Beschwerden gegenüber ihren Mitarbeitern weniger Kritik üben als diese mit den Unmutsäußerungen des Kunden zu konfrontieren und konstruktive Lösungsansätze für die Zukunft zu erarbeiten.

7.4 Die vier Phasen des Beschwerdemanagements

Um aktiv mit Beschwerden umzugehen und darauf aufbauend die Zufriedenheit der Kunden zu erhöhen, sollten die folgenden *vier Schritte* zum festen Bestandteil eines aktiven Beschwerdemanagement gemacht werden (vgl. Abb. 20):

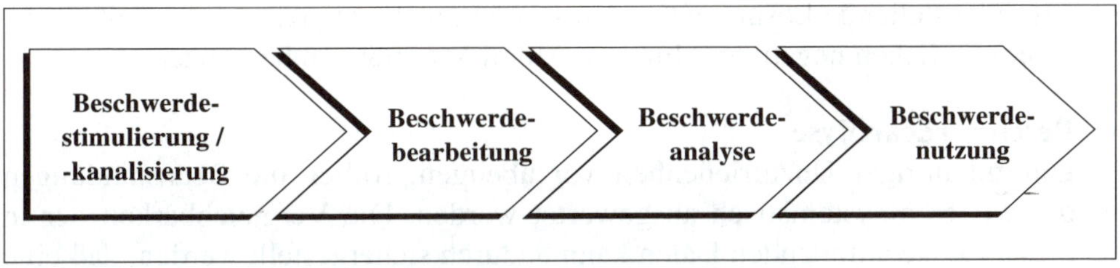

Abb. 20: Die vier Phasen des Beschwerdemanagements

- **Beschwerdestimulierung und -kanalisierung**
  Unzufriedenen Kunden muß die Möglichkeit geboten werden, ihrem Unmut Luft zu machen. Die Unternehmenspraxis zeigt, daß es einem guten Teil der unzufriedenen Kunden genügt, den Mitarbeitern des betreffenden Unternehmens einmal *die Meinung zu sagen* und ihnen das Versprechen auf Besserung abzunehmen. Deshalb muß dem Kunden diese Chance geboten werden. Es sollte alles daran gesetzt werden (was auf den ersten Blick paradox klingt!), daß sich diejenigen Kunden, die mit den Leistungen unzufrieden sind, auch tatsächlich bei den Mitarbeitern beschweren. Denn nur so gelingt es zu verhindern, daß verärgerte Kunden still und leise abwandern. Durch folgende *Maßnahmen* kann es dem Kunden erleichtert werden, sich bei Unzufriedenheit zu beschweren.

! Tip: Abbau von Beschwerdebarrieren

- Aktiver Hinweis der Mitarbeiter auf Beschwerdemöglichkeiten
- Installation sog. Meckerkästen im Verkaufsraum
- Einrichtung eines speziellen Beschwerdetelefons und Bekanntmachen dieser Einrichtung auf Rechnungsformularen, Gebrauchsanweisungen, Plakaten sowie in Anzeigen, Werbebriefen u. ä.
- Anbieten einer Zufriedenheitsgarantie („Bei Unzufriedenheit Geld zurück“)

- **Beschwerdebearbeitung**
In einem nächsten Schritt sollten die Mitarbeiter berechtigten Kundenklagen aktiv begegnen. Die Vielfalt möglicher Beanstandungsursachen und die damit verknüpfte *Gefahr des Querulantentums* erfordern in jedem Fall eine Prüfung, die sich auf spezielle Kriterien (z.B. bisheriges Umsatzvolumen, Verantwortlichkeit, Garantieanspruch etc.) stützt. Falls eine Beschwerde als gerechtfertigt eingestuft wird, muß auf kürzestem Wege eine für alle Beteiligten zufriedenstellende Lösung gefunden werden, nicht zuletzt, um die Zeitspanne einer möglichen negativen Mund-zu-Mund-Werbung zu begrenzen.

- **Beschwerdeanalyse**
Um zukünftiger Unzufriedenheit vorzubeugen, sollten die Beanstandungen des weiteren systematisch ausgewertet werden. Die Vergleichbarkeit der in diesem Zuge anfallenden Daten kann dadurch sichergestellt werden, daß eine entsprechende *Prüfliste* angefertigt wird. Um die spätere Auswertung und damit die Vergleichbarkeit der Angaben zu erleichtern, sollten hierbei möglichst detailliert *Antwortkategorien* zum Ankreuzen vorgegeben werden. Analog zur Auswertung von Reklamationen und Garantiefällen (vgl. Abschnitt 5.3.3) sollte eine *Prüfliste* für die Dokumentation und Analyse der angefallenen Beschwerden folgende Informationen enthalten:

! Tip: Prüfliste für Beschwerdedokumentation

- Datum
- Adresse des sich beschwerenden Kunden
- Dauer der Beziehung zum Kunden, Umsatzvolumen des Kunden (falls möglich, Umsatzgrößenklassen vorgeben) und weitere entscheidungsrelevante Eigenschaften des Kunden
- Beschwerdeweg (Brief, Telefon, Gespräch)
- Grund der Beschwerde (Liste mit möglichen Gründen vorgeben, etwa Funktionsfähigkeit des Produkts, Freundlichkeit des Personals, Wartezeiten)
- Verantwortungsbereich (Liste mit Abteilungen oder Zuständigkeiten vorgeben, aber keine Namen von Mitarbeitern nennen, da sonst unternehmensinterne Akzeptanzprobleme)

- Garantieanspruch (Ja/nein)
- Eingeleitete Maßnahme/n (mögliche Kategorien: Preisnachlaß, Geld zurück, Umtausch, Reparatur, Schadensersatz; Beratungsleistungen, Entschuldigung)
- Zeitraum zwischen Beschwerde und Bearbeitung sowie Lösung des Problems (tagesgenau)
- Zufriedenheit des Kunden mit der Lösung des Problems (7-stufige Skala, die von -3 = sehr unzufrieden bis + 3 = sehr zufrieden reicht)

- **Beschwerdenutzung**

  Um schließlich die Nutzung der Beschwerdeinformationen vor Ort zu gewährleisten, sollten die gewonnenen Informationen an die betroffenen unternehmensinternen (etwa Verkauf) und -externen Stellen (beispielsweise Lieferanten) weitergeleitet werden. Unternehmensintern können die Beschwerdeinformationen beispielsweise in Qualitätszirkeln oder Fokusgruppen als Basis von Schwachstellenanalysen dienen.

✎ **Zusammenfassung**

- Ein erfolgreiches Beschwerdemanagement umfaßt *vier Phasen.*
- *Beschwerdestimulierung* und *-kanalisierung* zielen darauf ab, Beschwerdebarrieren abzubauen und Unmutsäußerungen an die betreffenden Stellen zu leiten.
- Die *Beschwerdebearbeitung* hat zur Aufgabe, auf kürzestem Wege eine für alle Beteiligten zufriedenstellende Lösung zu finden.
- Die *Beschwerdeanalyse* dient dazu, die Beschwerdefälle anhand einer Prüfliste zu dokumentieren, auszuwerten und damit zukünftiger Unzufriedenheit vorzubeugen.
- Die *Beschwerdenutzung* schließlich gewährleistet die Weiterleitung der gewonnen Erkenntnisse an die betroffenen internen und externen Stellen, wo spezifische Problemlösungen erarbeitet werden.

8 Das Management der Kundenzufriedenheit

8.1 Die Schwierigkeiten bei der Umsetzung von Kundenzufriedenheit - Fallstudie

Um das Leitbild der Kundenorientierung mit Leben zu füllen, führte die Geschäftsführung eines Großhändlers aus der Kfz-Zubehörteilebranche in Zusammenarbeit mit einem wissenschaftlichen Institut eine umfangreiche Kunden- und Mitarbeiterbefragung durch. Dabei kristallisierte sich eine mangelnde Kundenorientierung heraus, die *Zufriedenheit* der *Kunden* war vergleichsweise *schwach* ausgeprägt. Die Defizite waren jedoch nur zum Teil an der direkten Schnittstelle zum Markt zu finden, sondern traten zu einem erheblichen Teil bei *kundenfernen Abteilungen* sowie dem Beziehungsgefüge innerhalb des Unternehmens zu tage.

Während der externe Kooperationspartner die Befragungsergebnisse vor den Führungskräften präsentierte, wuchsen die *Spannungen.* Die Geschäftsleitung, die einen zwischen autoritär und patriarchalisch angesiedelten Führungsstil praktizierte, rieb sich angesichts der schlechten Zufriedenheitswerte geradezu süffisant die Hände und holte gemäß ihrem Selbstverständnis zum großen Schlag gegen das mittlere Management aus. Deren Vertreter ihrerseits versuchten, sich aus der Schußlinie zu retten. Zweifel am Untersuchungsansatz wurden geäußert, man verstrickte sich in Detailproblemen, und der akademisch ausgebildete Nachwuchs wollte sich gegenüber der Geschäftsleitung profilieren, indem er Fragen zur statistischen Auswertung der Daten stellte. Am Ende der Diskussion forderte die Geschäftsleitung das *mittlere Management* dazu auf, die Befunde den eigenen Mitarbeitern vor Ort zu vermitteln und Vorschläge zur Verbesserung der Kundenorientierung zu erarbeiten. Damit war der Auftrag für den externen Kooperationspartner zunächst erfüllt.

Nach drei Monaten wurde der externe Partner erneut eingeladen. Offensichtlich war man bei der Erarbeitung von Maßnahmen keinen Schritt weitergekommen. Der Versuch einer *Top-Down/Bottom-Up-Kommunikation* über die einzelnen Hierarchieebenen war *gescheitert.* Es drängte sich der Eindruck auf, daß das mittlere Management nur einen willkürlich gebildeten Ausschnitt der Befunde und diesen auch nur verzerrt an ihre Mitarbeiter weitergegeben hatte. Außerdem waren die Führungskräfte augenscheinlich nicht in der Lage, mittels geeigneter Kreativitäts- und Moderationstechniken gemeinsam mit den eigenen Mitarbeitern Verbesserungsvorschläge zu erarbeiten. Schließlich konnte man sich des Eindrucks nicht verwehren, daß die Führungskräfte auch gar kein Interesse daran hatten, solche Vorschläge zu entwickeln, da sie dadurch ja nur Gefahr liefen, von der Geschäftsleitung mit deren Umsetzung beauftragt zu werden.

8.2 Die vier Säulen eines erfolgreichen Kundenzufriedenheitsmanagements

Der vorliegende Erfahrungsbericht aus dem Beraterallltag führt plastisch vor Augen, daß die *systematische Erfassung* der *Kundenzufriedenheit* und die *Einrichtung eines Beschwerdemanagementsystems* lediglich die *ersten Schritte* zu mehr Kundenorientierung sein können. Weiterhin ist es erforderlich, im Anschluß an die Erfassung von Kundenzufriedenheit diese systematisch zu managen.

Läßt man die vorangegangene Schilderung noch einmal Revue passieren, kristallisieren sich *vier Problemfelder* heraus, die beim Management von Kundenzufriedenheit immer wieder zu beobachten sind:

- Die bisher gelebte Unternehmenskultur steht in Kontrast zum Leitgedanken Kundenzufriedenheit.
- Die Ursachen für die mangelnde Zufriedenheit der Klientel werden ausschließlich an der direkten Schnittstelle zum Kunden gesucht.
- Die Mitarbeiter sehen keinen Anreiz, sich für mehr Kundenzufriedenheit zu engagieren.
- Es fehlt an Instrumenten und Fertigkeiten, um den Wandel zu mehr Kundenzufriedenheit zu bewältigen.

Demnach basiert das erfolgreiche Management von Kundenzufriedenheit auf *vier Säulen*:

- Verankerung des Leitgedankens der Kundenzufriedenheit in der *Unternehmenskultur* (intrinsische Motivation)
- Ausrichtung sämtlicher, d.h. auch kundenferner Abteilungen an den *Bedürfnissen externer* und *interner Kunden*
- Gewährung von an die Zufriedenheit der Kunden geknüpften *monetären* und *nicht-monetären Gratifikationen* für die Mitarbeiter (extrinsische Motivation)
- Einsatz von Instrumenten des *Change-Managements*, um den Unternehmenswandel sicherzustellen (siehe Abb. 21)

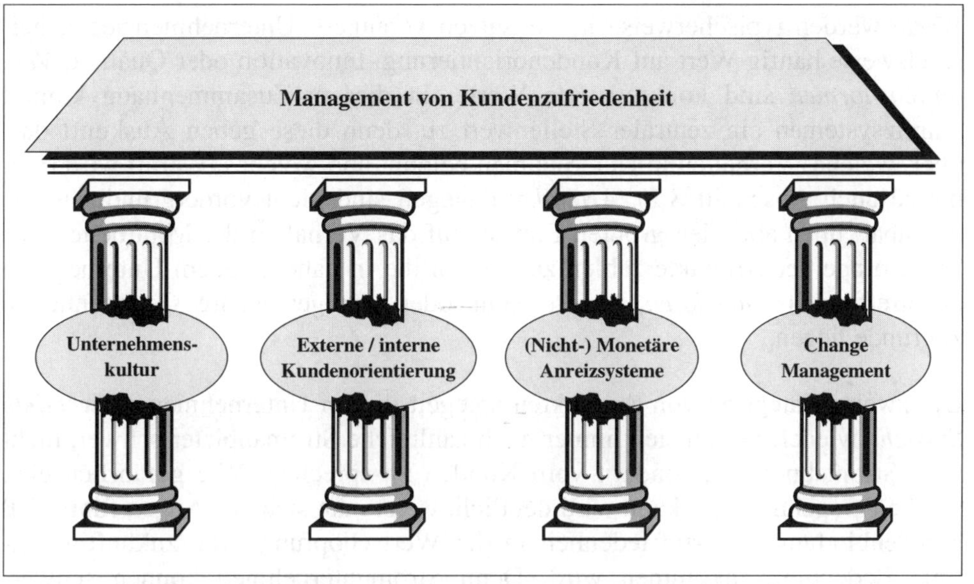

Abb. 21: Die vier Säulen eines erfolgreichen Management von Kundenzufriedenheit

8.3 Die Schaffung einer kundenorientierten Unternehmenskultur

8.3.1 Komponenten der Unternehmenskultur

Die Verankerung der Kundenorientierung in *Unternehmenskultur* ist Grundvoraussetzung für ein erfolgreiches Management von Kundenzufriedenheit. Unter Kultur versteht man in diesem Zusammenhang die Summe der Überzeugungen, die sich im Laufe der Unternehmensgeschichte entwickelt haben, um die Probleme der internen Integration (Zusammenhalt) sowie der Anpassung an externe Marktgegebenheiten (Überleben) zu lösen. Sie umfaßt die Gesamtheit der Regeln (To do´s and Not to do´s), die zu ungeschriebenen Gesetzen werden und neuen Mitarbeitern als die richtige Art des Denkens, des Fühlens und des Handelns vermittelt werden (vgl. Doppler/Lauterburg 1999, S. 54). Diese ungeschriebenen Regeln umfassen im wesentlichen *drei Komponenten: Werte, Verhaltensnormen* und *Artefakte* (Kunsterzeugnis, von Menschen geformter vorgeschichtlicher Gegenstand; vgl. im folgenden o. V. 1999f, S. 32.).

Werte werden typischerweise in Leitsätzen verankert. Unternehmen legen beispielsweise häufig Wert auf Kundenorientierung, Innovation oder Qualität. *Verhaltensnormen* sind konkretisierte Werte. In diesem Zusammenhang kommt Anreizsystemen ein zentraler Stellenwert zu, denn diese geben Auskunft darüber, welches Verhalten in Unternehmen belohnt und welches bestraft wird (vgl. hierzu auch Abschnitt 8.5). *Artefakte* dagegen sind nicht vordergründig wahrnehmbar, üben aber den größten Einfluß auf das Verhalten der Mitarbeiter aus. Zur Gruppe der Artefakte zählen zum einen die in nahezu jedem Unternehmen anzutreffenden *Anekdoten*, denen mehr oder weniger wahre Gegebenheiten zugrunde liegen.

Die zweite Kategorie von Artefakten spiegelt die im Unternehmen *verwendete Sprache* wieder. So tun sich immer noch zahlreiche Stromanbieter schwer, nicht vom Stromabnehmer, sondern vom Kunden zu sprechen. Wie gefährlich eine solche Perspektive sein kann wird deutlich, wenn man sich vor Augen führt, daß Kundenbindung und -zufriedenheit in der Wertschöpfungskette zukünftig zentrale Bedeutung zukommen wird. Denn Stromunternehmen können schwerpunktmäßig nur in diesen Bereichen eine nachhaltige Differenzierung im Markt und damit Wettbewerbsvorteile erzielen (vgl. Stein 2000, S. 32).

Auf den Punkt gebracht: Die Formulierung wohlklingender Leitsätze und Visionen reicht nicht aus, um den Grundsatz der Kundenorientierung zu verankern. Flankierend stellt sich dem Management die Aufgabe, Artefakte systematisch zu untersuchen und zu gestalten. Hierzu müssen in einer *ersten Phase* Artefakte gesammelt und in Hinsicht auf Kundenorientierung bewertet werden. Dafür bieten sich u.a. Gespräche mit neuen Mitarbeitern an, da diesen am ehesten die Besonderheiten eines Unternehmens auffallen. In der *zweiten Phase* gilt es, der Kundenorientierung zweckdienliche Artefakte zu verankern. Das Spektrum der Instrumente reicht hier von der Auszeichnung für besonders kundenorientierte Mitarbeiter bis hin zu baulichen Maßnahmen, welche die Kommunikation zwischen Mitarbeitern fördert. In der *dritten Phase* bietet sich eine Kundenbefragung an, um den Erfolg der Maßnahmen zu mehr Kundenorientierung zu messen.

8.3.2 Charakteristika erfolgreicher Unternehmenskulturen

Die zentrale Frage im Zusammenhang mit einer kundenorientierten Unternehmenskultur lautet: Wie können wir Werte, die dem Unternehmenserfolg schaden, beseitigen, und solche, die ihn steigern, fördern? Damit ist Kultur keine gesonderte Funktion wie Finanzierung, Produktion oder Absatz. Vielmehr durchdringt sie jeden betrieblichen Sachverhalt im Sinne einer *Querschnittsfunktion*. Die geteilten Wertvorstellungen führen zu gemeinsamen Verhaltensmustern, zu verinnerlichten Normen.

Um die Unternehmenskultur in Richtung Steigerung der Kundenzufriedenheit zu verändern, ist es erforderlich, ein lebendiges Managementsystem zu entwerfen, das von den neuen Wertvorstellungen durchdrungen ist. Dies umfaßt folgende *Aufgabenstellungen* (vgl. Egan 1999, S. 67):

- *Definition der Wertvorstellungen*
  Führungskräfte müssen das neue Wertesystem zwar formen, können es aber nicht von oben nach unten verordnen. Konkret bedeutet das, daß die neue Kultur in einem Top-Down/Bottom-Up-Gegenstromprinzip entwickelt werden muß, d. h. die Mitarbeiter sämtlicher Hierachieebenen in den Wandelungsprozeß einbezogen werden.
- *Ausrichtung von Strategien, operativen Geschäftsfeldern und Unternehmenspolitik an den Wertvorstellungen*
  Wurde die Kultur klar formuliert und gab es im Anschluß Anstrengungen, diese konkret zu verwirklichen? Ein solcher Wandelungsprozeß kann erhebliche Zeit in Anspruch nehmen, da sich verinnerlichte Werte nicht von heute auf morgen verändern lassen. Initiative von Führungskräften, die ihren Worten Taten folgen lassen, ist daher unabdingbar.
- *Identifikation der verborgenen Elemente der Kultur*
  Häufig klafft einer erhebliche Lücke zwischen der offiziell kommunizierten Kultur und den tatsächlich gelebten Werten und Verhaltensmustern. Man äußert sich in eine bestimmte Richtung, handelt aber geradezu entgegengesetzt. Führungskräfte sprechen über Kundenzufriedenheit, letztlich zählt aber nur der kurzfristige Umsatz. Es ist ein schwieriger, aber unerläßlicher Teil des Wandels, solche verborgenen Grundsätze und Inkonsistenzen aufzudecken.

Als *Faktoren erfolgreicher Unternehmenskulturen* haben sich herauskristallisiert (vgl. Clifford/Cavanaugh 1985):

- *Kreative Unruhe*
  Kreative Unruhe und Experimentierfreudigkeit auf allen Hierarchiestufen sind Grundvoraussetzung für Unternehmenserfolg. Jeder bürokratischen Verkrustung muß von vornherein kompromißlos entgegengetreten werden. Neue Ideen und Veränderungsbereitschaft müssen konsequent belohnt werden.
- *Konfliktfähigkeit*
  Eine konstruktive Streitkultur, also die Fähigkeit, Spannungsfelder frühzeitig aufzuspüren und Konflikte konstruktiv auszutragen, wird zum Erfolgsfaktor.

- *Zusammengehörigkeitsgefühl*
  Das „Wir" muß anstelle von „die dort drüben", „die dort unten" oder „die dort oben" treten. Abteilungsegoismen und Feindbilder müssen abgebaut werden, an deren Stelle muß das Gefühl des Zusammengehörens und Beteiligtseins treten.
- *Sinnvermittlung*
  Hierunter versteht man die Fähigkeit, jeder Mitarbeiterin und jedem Mitarbeiter - von der Führungsspitze bis an die Basis - Philosophie und Ziele des Unternehmens sowie den eigenen, individuellen Beitrag zum gemeinsamen Ganzen zu vermitteln.
- *Kommunikation*
  Die informelle Kommunikation muß konsequent gefördert und genutzt werden. Hierarchie- und abteilungsübergreifende Informationsveranstaltungen, Arbeitstagungen, Qualitätszirkel und Workshops müssen organisiert werden.

8.3.3 Die Fixierung des Unternehmensleitbildes

Die Unternehmenskultur findet ihre Fixierung im *Unternehmensleitbild*. Hierunter versteht man ein System von Leitmaximen, an denen sich das Handeln der Mitarbeiter orientieren soll (vgl. im folgenden Achterholt 1991).

Neben dem Titel (etwa „Das Unternehmensleitbild der XY AG") sollte das Unternehmensleitbild folgende *drei Module* enthalten:

- *Präambel oder Einleitung*
  Diese umfaßt Zielsetzung und Funktion des Leitbildes, erklärt, daß es sich zum Teil noch um Sollvorstellungen handelt, und schließt häufig mit dem Appell an die Mitarbeiter, die Grundsätze zu übernehmen und weiterzuentwickeln.
- *Kernleitbild*
  Hier werden die unternehmerischen Grundsätze als Leitsätze formuliert und als Überblick auf einer Seite zusammengefaßt. Ihr Destillat können Kernleitbilder in Slogans wie „Ford - Die tun was" oder „Avis - We try harder" finden. Diese beinhalten einerseits ein Signal an die Kunden, indem man verspricht, die Leistung ständig zu verbessern, und andererseits einen Aufruf an die Mitarbeiter, bestmögliche Leistungen zu erbringen (vgl. hierzu ausführlich Al-Sibai 2000, S. 70).
- *Erweitertes Leitbild*
  Dieses umfaßt eine jeweils rund einseitige Ausführung zu jedem einzelnen Leitsatz.

☞ **Beispiel: Das Kernleitbild der Firma Knauber (Baumärkte)**

- Der Kunde ist für uns die wichtigste Person. Wir behandeln ihn so, wie wir selbst gern behandelt werden möchten.
- Unser Motto: Liebe zum Detail.
- Mit unserem Sortiment setzen wir Maßstäbe.
- Unser gesundes Preis/Leistungs-Verhältnis ist der Garant für unsere Wettbewerbsfähigkeit.
- Wir stellen höchste Ansprüche an die Warenpräsentation, Sauberkeit und Ordnung.
- Ungewöhnliche Serviceleistungen sind für uns normal.

8.3.4 Vom abstrakten zum gelebten Unternehmensleitbild

Von *Kritikern* wird gegenüber Unternehmensleitbildern der Vorwurf allgemeiner Unverbindlichkeit und Abstraktheit ins Feld geführt. Wenn die Mitarbeiter verstehen sollen, was gemeint ist, müssen die abstrakten Begriffe durch nachvollziehbare Konkretisierungen ergänzt werden. Das Leitbild hat nur dann eine Daseinsberechtigung, wenn es konkret die Mitarbeiter des Unternehmens in Bewegung setzt. Jede andere Art von Leitbild ist eine reine Alibiübung der Geschäftsführung (vgl. Krauthammer/Hinterhuber 1999, S. 33).

Steigerung der Kundenzufriedenheit ist zunächst ein abstraktes Ziel. Mögliche *Konkretisierungen* sind beispielsweise:

- Jeder Mitarbeiter weiß, wer sein Kunde ist und was dieser will.
- Der Kunde und seine Probleme, Wünsche und Bedürfnisse werden ernst genommen.
- Auch interne Partner werden als Kunden betrachtet und behandelt.
- Es herrscht nach außen (externe Kunden) als auch nach innen (interne Kunden) eine ausgeprägte Dienstleistungsmentalität.
- Interne und externe Kunden werden aktiv an der Entwicklung neuer Produkte und an der Verbesserung der Dienstleistungen beteiligt.
- Das Denken und Handeln von Mitarbeitern und Führungskräften ist konsequent auf die Steigerung von Kundenzufriedenheit ausgerichtet.

Vor dem Hintergrund der häufig berechtigten Kritik allgemeiner Unverbindlichkeit und Abstraktheit kommt weiterhin der Vorbildfunktion des (Top-)Management zentrale Bedeutung für den Erfolg einer kundenorientierten Unternehmensphilosophie zu. Nur wenn es gelingt, Unternehmensphilosophie und -leitbild durch *Legenden, Rituale, Veranstaltungen, Regelungen, Maßnahmen* und *Symbole* mit Leben zu füllen, verlieren diese ihren wenig konkreten Charakter.

☞ **Beispiel: Die Umsetzung des Unternehmensleitbildes bei IBM und Wal-Mart**

IBM etwa erfüllt das Leitbild der Kundenzufriedenheit mit Leben, indem Führungskräfte in Qualitätsprojekte konkret eingebunden werden. So übernimmt ein Manager die Bearbeitung sämtlicher Beschwerdebriefe, die Aufgabe darf nicht an Mitarbeiter delegiert werden. Die Beschwerdebriefe müssen innerhalb von zehn Tagen beantwortet werden. Eine Rückfrage beim Kunden nach einer Frist von sechs Wochen muß einen Zufriedenheitsgrad von mindestens 80 % ergeben.

Ein weiteres Beispiel bietet der amerikanische Konzern Wal-Mart, das größte Handelsunternehmen der Welt. Bei der Eröffnung des ersten deutschen Wal-Mart-Supercenters in Dortmund, bei der selbstverständlich auch Kunden zugegen waren, ruft der Geschäftsführer in den Raum: „Wer ist die Nummer eins?“. Die Antwort der Belegschaft: „Der Kunde.“ Sämtliche Mitarbeiter tragen Westen, auf deren Vorderseite zu lesen ist: „Wie kann ich IHNEN helfen“? Auf der Rückseite steht: „Wal Mart - Unsere Leute machen den Unterschied.“ Außerdem können die Mitarbeiter sich stets ein Bild davon machen, wie der Kunde sie sieht - dank mannshoher Spiegel im Treppenhaus.

Durch solche und ähnliche Rituale, Veranstaltungen und Symbole verankert Wal-Mart seine Unternehmensstrategie bei Kunden und Mitarbeitern: Dauerniedrigpreise, die auf einem ausgefeilten Kostenmanagement sowie Einkaufsmacht basieren, und Top-Service, der sich u.a. an den breiten Wegen zwischen den Regalen, den vielen besetzten Kassen, die lange Schlangen verhindern sollen, sowie ausgedehnten Öffnungszeiten ablesen läßt (vgl. o. V. 1999i, S. 21).

8.3.5 Die Gefahr der Doppelbindung

„Unternehmens-Botschaften geraten nicht dadurch in Schwierigkeiten, daß man sie angreift, sondern daß man sie ernstnimmt.“ (Sprenger 1996, 5. Aufl., S. 222). Nachvollziehbar wird diese scheinbar widersprüchliche Aussage anhand folgender Szene aus dem Unternehmensalltag:

> ☞ **Beispiel: Doppelbindung der Mitarbeiter**
>
> In den Unternehmensleitlinien einer großen Kaufhauskette steht: „Im Mittelpunkt all unserer Aktivitäten steht der Kunde.“ Die neue Mitarbeiterin beherzigt diese Maxime und räumt einem Kunden aufgrund einer aus ihrer Sicht durchaus berechtigten Beschwerde Kulanz ein. Damit handelt sie sich von ihrem Vorgesetzten eine Rüge ein: „Sie müssen doch die Kosten unseres Hauses im Blick behalten. Wenn alle so großzügig handeln würden wie Sie, wären wir in einem Jahr pleite.“

Das skizzierte Phänomen wird mit dem Begriff *Double-Bind* belegt (vgl. im folgenden Sprenger 1996, 5. Aufl., S. 222 – 242). Konkret bedeutet das nichts anderes, als daß der Mitarbeiter zwei sich gegenseitig ausschließende Botschaften erhält, die er nicht gleichzeitig ausführen kann. Symptomatisch für dieses Phänomen ist das *Spannungsfeld* zwischen *Kunden-* und *Umsatzorientierung*.

Oft begegnen wir beiden Forderungen gleichzeitig. Totale Kundenzufriedenheit auf der einen Seite, „Abschluß, egal wie!“ auf der anderen Seite. Hinzu kommt, daß die Frage nach dem „Wie“ des Verkaufens in vielen Unternehmen streng konjunkturabhängig geregelt ist: Kundenorientiert in guten Zeiten, umsatzorientiert in schlechten Zeiten.

Die meisten Unternehmen begehen den Fehler, daß sie (in guten Zeiten) Kundenorientierung und Umsatzorientierung als gleichrangige Ziele einstufen. Das sind sie in der Regel aber keineswegs. Nur wenn die Kundenorientierung nicht der Umsatzorientierung zuwiderläuft, bleibt sie gültiges Ziel. Nicht aber in jedem Fall sind Kunden- und Umsatzorientierung miteinander kompatibel. Die Umsatzorientierung umfaßt gleichsam die Kundenorientierung.

Doppelbindung und damit Verunsicherung bei den Mitarbeitern können reduziert werden, indem:

- die Wertehierarchie zwischen den Zielen festgelegt wird (sog. *Zieldominanz*: Umsatzsteigerung ist das Oberziel, Kundenzufriedenheit ist lediglich Mittel zum Zweck),
- ein Ziel als Nebenbedingung des anderen Ziels behandelt wird (sog. *Zielrestriktion*: beispielsweise „Maximiere den Umsatz unter der Nebenbedingung, daß die Kundenzufriedenheit um 5 % steigt.“) oder
- die zeitliche Staffelung fixiert wird (sog. *Zielschisma*: z.B. Kundenzufriedenheit jetzt führt zu steigendem Umsatz in späteren Perioden).

✎ **Zusammenfassung**

- Das Unternehmensleitbild setzt sich aus drei Bestandteilen zusammen: Präambel bzw. Einleitung, Kernleitbild und erweitertes Leitbild.
- Unternehmenskultur und -leitbild erfüllen eine Orientierungs- und eine Motivationsfunktion.
- Nur wenn es gelingt, Unternehmenskultur und -leitbild durch Legenden, Rituale, Veranstaltungen, Regelungen und Maßnahmen mit Leben zu füllen, verlieren diese ihren unverbindlichen und abstrakten Charakter.
- Doppelbindung, d.h. Konfusion des Mitarbeiters durch widersprüchliche Botschaften, können vermieden werden durch Zieldominanz, -restriktion und -schisma.

8.4 Die Ausrichtung sämtlicher Mitarbeiter an den Bedürfnissen externer und interner Kunden

In zahlreichen Unternehmen ist das *Prinzip Selbstverantwortung* ein Fremdwort. Kaum jemand übernimmt die volle Verantwortung für seine Leistung, schuld an der Unzufriedenheit des Kunden und damit an Fehlern sind immer die anderen: die Schreibtischtäter in der Geschäftsführung, die unkooperative Nachbarabteilung, die Geldverschwender in den Stabsabteilungen. „Wir“ wären sehr erfolgreich, wenn „die“ sich nicht dauernd querlegen würden. Dieses Phänomen wird in der Sozialpsychologie mit dem Begriff *externe Attribution* belegt: Mißerfolge werden den anderen, Erfolge werden sich selbst zugeschrieben. Aus diesem

Grund fühlt sich auch niemand für die Unzufriedenheit des Kunden, für Beschwerden und für Fehler verantwortlich. Der Kunde erwartet eine Lösung seines Problems, wird in der Realität aber nahezu immer mit Kompetenzgerangel und internen Schuldzuweisungen konfrontiert.

Erschwerend kommt hinzu, daß den Mitarbeitern im Regelfall die Beziehung zum Ganzen fehlt. Zahlreiche - insbesondere kundenferne - Abteilungen organisieren die Arbeitsabläufe ausschließlich an ihren eigenen Bedürfnissen, ohne dabei die Erfordernisse des Ganzen, nämlich die Orientierung am Kunden, zur Richtschnur zu nehmen. Manager und Mitarbeiter verwenden einen erheblichen Zeit ihrer Arbeitszeit darauf, *private* und *partikulare Abteilungsinteressen* zu verfolgen. Häufig scheint nur wenig Neigung zu bestehen, zum Wohle des ganzen Unternehmens zusammenzuarbeiten (vgl. Sprenger 1996, 5. Aufl., S. 17 - 24.)

Im wesentlichen sind hierfür Arbeitsteilung und Fragmentierung der Arbeit im Sinne des *Taylorismus* verantwortlich. Die Zerlegung der Arbeitsgänge in kleinste Schritte, die Trennung von vor- und nachgelagerten Tätigkeiten hat dazu geführt, daß der Mitarbeiter den Blick fürs Ganze verliert. *Abteilungsegoismen* gewinnen die Oberhand mit der Konsequenz, daß die Ursache für die Unzufriedenheit der Kunden häufig nicht an der Schnittstelle zum Kunden zu finden ist, sondern in der sog. *Back-Office* entsteht.

☞ **Beispiel: Fehlende interne Kundenorientierung bei einem Finanzinstitut**

Bei der *Niederlassung* einer *deutschen Großbank* kristallisierte sich heraus, daß die mangelnde Zufriedenheit der Kunden zu einem nicht unerheblichen Teil auf interne Probleme (verschwommenes Unternehmensleitbild, eingeschränkter Informationsfluß zwischen den Hierarchieebenen, Konflikte zwischen einzelnen Unternehmensbereichen und Abteilungen) zurückzuführen war.

Dies führte bei einem Großteil der Mitarbeiter sogar soweit, daß sie die Leistungsqualität des eigenen Hauses deutlich schwächer einschätzten als ihre Kunden dies taten. Interessanterweise suchte nahezu keiner der befragten Mitarbeiter mögliche Schwachstellen bei sich selbst, sondern wies die Schuld immer den anderen zu, nämlich der Unternehmensstrategie, der Niederlassungsleitung und/oder den Kollegen aus anderen Abteilungen.

Auf den Punkt gebracht kann ein Unternehmen die Zufriedenheit seiner Kunden nur dann erfolgreich managen, wenn sämtliche Mitarbeiter sich an den Bedürfnissen der externen und internen (Kollegen, andere Abteilungen, vor- oder nachgelagerte Hierarchiestufen) Kunden ausrichten. Daraus lassen sich *drei Forderungen* ableiten, die es mit *spezifischen Customer-Satisfaction-Tools (CS-Tools)* zu erreichen gilt:

- Jeder Mitarbeiter muß sich für den Kunden, dessen Bedürfnisse sowie Probleme verantwortlich fühlen. → CS-Tool *Ownership*
- Jeder Mitarbeiter - auch die Vertreter kundenferner Abteilungen - müssen die Kunden und deren Bedürfnisse genau kennen. → CS-Tools *Job-Rotation, Kundenforum*
- Kollegen bzw. andere Abteilungen müssen als interne Kunden betrachtet werden, deren Bedürfnisse es genauso zu befriedigen gilt wie die der externen Kunden. → CS-Tool *Interne Leistungsgarantie*

8.4.1 Das CS-Tool Ownership

Einen wesentlichen Faktor für das erfolgreiche Management von Kundenzufriedenheit stellt die *Eigenverantwortlichkeit* der Mitarbeiter dar. Eine umfassende Betreuung des Kunden kann nur dann sichergestellt werden, wenn die Mitarbeiter selbständig und flexibel auf die Bedürfnisse der Kunden eingehen können. Dabei stellt die Idee des *Ownership,* also des Eigentums an einem Kundenkontakt ein zweckdienliches Konzept dar. Der Mitarbeiter, der mit dem Kunden in Kontakt tritt, ist eigenverantwortlich für diese Beziehung zuständig. Übergeordnetes Ziel ist dabei die umfassende Zufriedenstellung des Kunden.

Die damit verknüpfte Dezentralisierung von Verantwortung (sog. *Management-by-Delegation*) setzt eine Umstrukturierung der Organisation, eine Neudefinition der Pflichten des sowie Regeln für den einzelnen Mitarbeiter und nicht zuletzt die Ausrichtung von Bewertungs- sowie Anreizsystemen an der Erfolgsgröße Kundenzufriedenheit voraus.

☞ **Beispiel: Ownership im betrieblichen Alltag**

Einen interessanten Einblick, wie leider allzu häufig mit dem Thema *Ownership* im Unternehmensalltag umgegangen wird, vermittelt das folgende *Wortspiel*: „This is a story about four people named Everybody, Somebody, Anybody and Nobody. There was an important job to be done and Everybody was asked to do it. Everybody was sure Somebody would do it. Anybody could have done it, but Nobody did it. Somebody got angry about that because it was Everybody´s job. Everybody thought Anybody could do it, but nobody realized that Everybody wouldn´t do it. It ended up that Everybody blamed Somebeody when Nobody did what Everybody could have done.“ (zitiert nach Doppler/Lauterburg 1999, S. 65)

☞ **Beispiel**: **Ownership bei Ritz Carlton**

Jedem Mitarbeiter von Ritz Carlton, einer internationalen Hotelkette, steht ein *Budget* von 2.000 $ zur Verfügung, das dieser eigenverantwortlich verwaltet und das ausschließlich zur Zufriedenheit des Kunden eingesetzt werden darf. Dadurch wird nicht nur eine schnelle und flexible Bearbeitung der Kundenwünsche erzielt, sondern auch das Verantwortungsbewußtsein der Mitarbeiter gesteigert.

8.4.2 Das CS-Tool Job-Rotation

Die Forderung, daß jeder Mitarbeiter - auch die Vertreter kundenferner Abteilungen - die Kunden und deren Bedürfnisse genau kennen müssen, kann mit Hilfe des sog. *Job-Rotation* realisiert werden. Konkret bedeutet das nichts anderes, als daß Mitarbeiter der *Back-Office* für einen begrenzten Zeitraum in eine andere, in unserem Fall in einen kundennahen Bereich des Unternehmens wechseln. Dadurch rücken sie näher an den Kunden heran, und die streng bürokratische Sichtweise interner Abteilungen wird sukzessive abgebaut. Zweckmäßig erscheint es in diesem Kontext, daß die rotierenden Mitarbeiter bei der Rückkehr in ihre Abteilungen den Kollegen von ihren Erfahrungen berichten. Um die Erfahrungen mit dem Kunden zu multiplizieren, empfehlen sich *Work-Shops.*

☞ **Beispiel: Kundenreporter für mehr Kundenorientierung bei Spies Hecker**

Spies Hecker, ein Hersteller von Lackiermaterial, hat zur Förderung von mehr Kundenorientierung die *Aktion Kundenreporter* ins Leben gerufen. Sie wird jährlich durchgeführt und ermöglicht Innendienstmitarbeitern, drei bis vier Tage einen Kollegen im Außendienst zu begleiten, um dabei Kunden und deren Unternehmen kennenzulernen. In professionell moderierten Work-Shops tragen die Kundenreporter dann ihre Eindrücke zusammen und tauschen sich gegenseitig aus. So entsteht ein neues Gefühl für den Kunden und dessen Probleme.

8.4.3 Das CS-Tool Kundenforum

Als Instrument zur Steigerung der psychischen Kundennähe bietet sich auch das Kundenforum an. Hierbei handelt es sich um in regelmäßigen Abständen durchzuführende *Diskussionsrunden* (etwa quartalsweise) mit jeweils wechselnden, unter jeweiligen Themenschwerpunkten ausgewählten Teilnehmern. Dies sind - abhängig von der Zielsetzung des jeweiligen Forums - bestimmte Zielgruppen aus dem Spektrum der derzeitigen Kunden eines Unternehmens. Bei bestimmten Themen (etwa Kundenakquisition, Kundenbindung) bietet es sich an, potentielle und gegebenenfalls sogar abgewanderte Kunden in das Forum einzubeziehen. Als ideal gelten Gruppen mit sechs bis zehn Mitgliedern.

Mit der *Einrichtung* eines *Kundenforums* sind im wesentlichen folgende *Vorteile* verbunden:

- Beim Kundenforum handelt es sich um ein Instrument der *qualitativen Marktforschung*, bei dem man in relativ kurzer Zeit und mit vergleichsweise geringeren Kosten ein möglichst breites Spektrum von Meinungen, Ansichten und Ideen von Kunden in einer gemeinsamen Gesprächsrunde zutage fördert.
- Mit Hilfe eines Kundenforums gelangt man zu *Schlüsselinformationen* (etwa konkrete Erfahrungen mit dem Unternehmen), die man beim Einsatz standardisierter, merkmalsgestützter Befragungsaktionen u.U. nicht bekommen würde. Denn mit letzteren erfaßt man im Regelfall weder alle relevanten Merkmale der Anbieter/Kunde-Beziehung noch ist davon auszugehen, daß diese Verfahren das reale Qualitätserleben des Kunden angemessen abbilden.
- *Hemmungen* der Probanden *nehmen* im Diskussionsverlauf *ab*, so daß sich die Teilnehmer gegenseitig zu detaillierten Schilderungen anregen. Eine der-

artige Authentizität und Glaubwürdigkeit birgt die Chance in sich, daß die - beispielsweise mittels Videotechnik aufgezeichneten - Ergebnisse des Kundenforums zum unmittelbaren Ausgangspunkt von *Fokusgruppen* bzw. *Qualitätszirkeln*, in denen Strategien und Maßnahmen erarbeitet werden, gemacht werden können.

- Schließlich kann das Kundenforum als Gegenstand *kommunikationspolitischer Maßnahmen* dienen. Das Spektrum reicht hier von Artikeln in der Kunden- und Mitarbeiterzeitschrift über redaktionelle Beiträge in der Tagespresse und im Rundfunk bis hin zu einer speziell gestalteten Anzeigenkampagne, in deren Zentrum das Kundenforum steht. Neben diesen primär nach außen gerichteten Aktivitäten vermag mittels des Kundenforums auch die nach innen gerichtete Unternehmensidentität *(Corporate Identity)* im Sinne einer strikten Kundenorientierung gestärkt werden.

Für die Einrichtung eines Kundenforums empfiehlt sich folgende *Vorgehensweise*:

- *Bildung eines Projektteams*
  Die zentrale Aufgabe des Projektteams besteht zunächst darin, die für das Kundenforum relevanten *Themenblöcke* zu formulieren, die es nach Priorität zu ordnen gilt. Dabei hat es sich als zweckmäßig erwiesen, die Teammitglieder aus *verschiedenen Abteilungen* zu rekrutieren. Um einer etwaigen Betriebsblindheit vorzubeugen und eventuell zwischen den Abteilungen und/oder Hierarchieebenen bestehende Konflikte auszuräumen, gilt es weiterhin, das Projektteam um einen *neutralen Moderator* zu erweitern.
  Da die Gefahr besteht, daß sich nach einer gewissen Zeit Lethargie und mangelnde Motivation einschleichen, hat es sich in diesem Zusammenhang als notwendig bzw. zweckmäßig erwiesen, die Projektteammitglieder für ihre Arbeit zu *belohnen*. Dies bedeutet keinesfalls eine monetäre Gratifikation, sondern vielmehr Belohnung im Sinne von Anerkennung der erbrachten Leistung durch die Geschäftsführung und damit verbundene Karrieremöglichkeiten.
- *Umsetzung und Konkretisierung der jeweiligen Themenschwerpunkte in einen Fragenkatalog*
  Ausgehend von den nach Priorität geordneten Themenblöcken muß in einem zweiten Schritt für jedes Kundenforum ein konkreter Fragenkatalog erarbeitet werden. Die Konkretisierung sollte jedoch keinesfalls soweit gehen, daß in der Diskussionsrunde auftauchende Aspekte nicht mehr berücksichtigt werden können. Aus diesem Grund bietet sich ein *halbstrukturierter Gesprächsleitfaden* an.
  Um die jeweilige Thematik fundiert zu erschließen, bedarf es einer eingehenden Diskussion mit den betroffenen Stellen bzw. Abteilungen. Für die hierzu erforderlichen *Diskussionsrunden*, deren Teilnehmer durch das Projektteam

je nach Themenschwerpunkt ausgewählt werden, sind zwei bis drei Stunden zu veranschlagen.

- *Auswahl und Gewinnung der Forumsteilnehmer*
  Gemeinhin werden die Forumsteilnehmer aus der Kundendatei eines Unternehmens nach dem Zufallsprinzip ausgewählt. Dabei muß grundsätzlich zwischen *Privat*- und *Firmenkunden* unterschieden werden. Während erstere - je nach Themenschwerpunkt des jeweiligen Kundenforums - u.a. nach den Kriterien Unternehmensgröße, Auftragsvolumen und - gegebenenfalls - Branche ausgewählt werden, kommen bei letzteren ganz andere Strukturierungsmerkmale zum Einsatz. Das Spektrum reicht hier von *soziodemographischen Eigenschaften* (Alter, Familienstand, Geschlecht) über die *persönliche Einkommens*- und *Vermögenssituation* bis hin zu *spezifischen Aspekten* der *Verbindung* zur einem Unternehmen (Dauer der Beziehung, schon einmal aufgetretene Beschwerdefälle, genutzte Produkte etc.). Auch hier empfiehlt es sich, je nach Themenschwerpunkt eine spezifische Vorstrukturierung anhand der skizzierten Merkmale vorzunehmen.
  Wie bisherige Erfahrungen zeigen, ist die *Teilnahmebereitschaft* der gewerblichen Kunden - in erster Linie aufgrund des hohen Stellenwerts einer guten Verbindung zu einem Lieferanten - höher ausgeprägt als bei den Privatkunden. Um die Teilnahmebereitschaft der Privatkunden am Forum zu erhöhen, müssen bestimmte Anreize geschaffen werden. Gemeinhin empfiehlt sich hierfür ein Geldbetrag zwischen 30 - 40 DM bzw. eine Gratifikation vergleichbaren Wertes, da sich jenseits dieser Grenze ein sog. *sozial erwünschtes Antwortverhalten* einstellt.
- *Durchführung des Forums*
  Unter Anleitung eines Moderators diskutieren die Teilnehmer die im halbstrukturierten Gesprächsleitfaden festgelegten Themen, wobei die *Protokollierung* mittels Tonband oder, noch besser, auf Video erfolgt. Letzteres birgt den unschätzbaren Vorteil in sich, daß die *Videoaufzeichnungen*, die gemeinhin durch ihre *Authentizität* bestechen, zum Ausgangspunkt von Fokusgruppen bzw. Qualitätszirkeln gemacht werden. Gemeinhin flaut die Konzentration der Forumsteilnehmer nach zwei bis drei Stunden ab. Deshalb empfiehlt es sich, diesen Zeitrahmen keinesfalls zu überschreiten.

Das Kundenforum kann auf zweierlei Arten dazu genutzt werden, die psychische Kundennähe insbesondere kundenferner Abteilungen zu erhöhen. Zum einen können die Vertreter von Back-Office-Einheiten als Beobachter direkt an solchen Diskussionsrunden teilnehmen. Zum anderen bietet sich die Möglichkeit, den Diskussionsverlauf mittelbar unter Einsatz der Videotechnik zu übermitteln.

8.4.4 Das CS-Tool Interne Leistungsgarantie

Die Ursachen für die Unzufriedenheit von Kunden sind häufig nicht an der unmittelbaren Schnittstelle zum Markt zu finden. Vielmehr ist die mangelnde Leistungsfähigkeit auf dem Absatzmarkt häufig darauf zurückzuführen, daß die unternehmensinternen Austauschbeziehungen zwischen Organisationsmitgliedern sich nicht an den Bedürfnissen externer Kunden, sondern an Abteilungsegoismen und bürokratischen Kriterien orientieren. Demnach liegt ein zentraler Faktor für ein erfolgreiches Management von Kundenzufriedenheit darin, daß Kollegen bzw. andere Abteilungen als interne Kunden betrachtet werden, deren Bedürfnisse es genauso zu befriedigen gilt wie die der externen Kunden. Diese Maxime findet ihren Niederschlag im *internen Marketing*. Darunter versteht man ein Konzept, bei dem Kollegen bzw. andere Abteilungen als interne Kunden betrachtet werden mit dem Ziel, die Austauschbeziehungen zwischen internen Organisationsmitgliedern zu absatzmarktorientierten Zwecken planmäßig zu gestalten (vgl. Bruhn 1995, S. 22; Stauss 1994, S. 477).

Wie aber läßt sich dieses Idealbild in die Realität umsetzen? Letztlich nur dadurch, daß zwischen den einzelnen Unternehmenseinheiten Standards für die Erbringung der Leistungen festgelegt werden, bei deren Nichteinhaltung es - ähnlich den Gesetzen des Marktes - zu Garantieansprüchen des internen Kunden kommt. Dabei hat sich das Instrument der *internen Leistungsgarantien* bewährt. Hierunter versteht man die schriftlich fixierte Verpflichtung eines Teils des Unternehmens gegenüber einem anderen Teil, die eigene Dienstleistung auf eine genau spezifizierte Weise nach innen abzugeben. Demnach treten die verschiedenen Unternehmenseinheiten wechselseitig als interne Kunden auf.

Als Garantiefälle gelten Fehler, Verzögerungen sowie die unvollständige Bearbeitung von Aufträgen. Treten diese auf, muß die produzierende Abteilung aus einem Bonustopf (= Incentives), der ihr von der Geschäftsführung zur Verfügung gestellt wurde, einen im Vorfeld fixierten Betrag an die abnehmende Abteilung überweisen.

Konkret müssen die jeweiligen Abteilungen folgende *Aufgaben* gemeinsam bewältigen:
- Formulierung von Leistungskriterien
- Festlegung eines Belohnungs-/Bestrafungsmodus
- Verabschiedung des Garantie-Konzepts im Rahmen eines Pflichtenhefts
- Einführung der beteiligten Mitarbeiter in das Pflichtenheft
- Überwachung der Einhaltung der gegenseitigen Garantieverpflichtungen

Als Diskussionsgrundlage für die erste Zusammenkunft der betroffenen Abteilungen kann der folgende *Fragenkatalog* herangezogen werden (vgl. im folgenden Doppler/Lauterburg 1999, S. 380 - 381 sowie 384 - 385).

✔ **Checkliste: Erste Schritte zur Einführung interner Leistungsgarantien**	**Überprüft?**
Versetzen Sie sich in die Rolle des internen Kunden (= *Fremdbild*).	
Bei welchen anderen Abteilungen, Sparten oder Funktionen innerhalb des Unternehmens sind Sie interner Kunde?	
Was gefällt Ihnen an Ihren internen Lieferanten und deren Verhalten? Was läuft gut, und wo liegen deren Stärken?	
Mit welchen Ihrer internen Zulieferer sind Sie als Kunde restlos zufrieden und mit welchen nicht? Aus welchen Gründen?	
Was genau müßten Ihre Zulieferer tun, um Ihnen einen erstklassigen Service zu liefern?	
Versetzen Sie sich nun in Ihr Gegenüber, also in die Rolle Ihres internen Lieferanten (= *vermutetes Selbstbild*).	
Was vermuten Sie, wie die anderen sich sehen?	
Wo vermuten die anderen Ihre Stärken und Schwachpunkte?	
Und welches sind die wichtigsten Knackpunkte in unserer Beziehung, die die anderen uns vermutlich vortragen werden?	

Versetzen Sie sich nun in die Rolle des internen Lieferanten (= *Selbstbild*).	
Bei welchen anderen Abteilungen, Sparten oder Funktionen innerhalb des Unternehmens sind Sie interner Zulieferer?	
Was leisten Sie? Was tragen Sie zu einer guten Zusammenarbeit bei?	
Wo sehen Sie bei sich selbst Schwachpunkte? Und wie könnten Sie diese ausmerzen?	
Versetzen Sie sich schließlich in die Rolle Ihrer internen Kunden (= *vermutetes Fremdbild*).	
Was glauben Sie, wie sehen die anderen Sie? Was vermuten Sie, wie Ihr Image aussieht?	
Welche Art von Service erwarten und benötigen die anderen von Ihnen? Bieten Sie ihnen diesen Service?	
Wenn nicht, warum nicht? Und wie könnten Sie ihn bieten?	

Die wichtigsten Aussagen sollten in Stichworten auf *Flip-Charts* festgehalten und präsentiert werden (Vortrag max. 45 Minuten). Weiterhin empfiehlt es sich, die Ausführungen durch *praktische Beispiele* zu konkretisieren, beteiligte Personen zu nennen und typische Verhaltensweisen zu beschreiben. Vorwürfe und Unterstellungen hingegen sollten vermieden werden

Für die Zusammenkunft der betroffenen Abteilungen empfiehlt sich der folgende *Ablaufplan*:

- *Einführung* (Plenum): Ziele und Ablauf des Zusammentreffens, Spielregeln
- *Gruppenarbeit* (Abteilung A und B getrennt): Erarbeiten von Selbstbild und vermutetem Selbstbild sowie Fremdbild und vermutetem Fremdbild
- *Präsentation der Ergebnisse* der *Gruppenarbeit* (Plenum) plus Verständnisfragen, Erstellen einer gemeinsamen Themenliste durch Moderation, Themen mit Zeitbudgets versehen
- *Diskussion* der wichtigste Themen (Plenum) unter Moderation; Einhalten der Zeitlimits, damit kein wichtiges Thema unbearbeitet bleibt
- *Festlegen der weiteren Vorgehensweise* (Gruppenarbeit in drei bis vier abteilungsübergreifend gemischten Gruppen): Welche Maßnahmen können sofort eingeleitet werden? Welche Themen müssen eingehender bearbeitet werden? Wie soll dabei vorgegangen werden (wer mit wem bis wann?)?
- *Präsentation der Vorschläge* (Plenum); kurze, straff moderierte *Diskussion*

- *Erstellen der Arbeitsorganisation* und des *Zeitplans* (Plenum), gemeinsame Festlegung: Wer tut was bis wann?, Protokoll der Tagung an alle Teilnehmer, Vereinbarung eines Termins für das nächste gemeinsame Treffen
- *Feedback* (Plenum): Wie zufrieden/unzufrieden sind die Teilnehmer mit den Ergebnissen? In welcher Stimmung gehen sie jetzt nach Hause?

Mit der Einführung interner Leistungsgarantien sind folgende *Vorteile* verbunden:

- Abbau von Abteilungsegoismen zugunsten von mehr Kundenorientierung
- Abteilungs-/bereichsübergreifende Kooperation/Partnerschaft
- Kontinuierlicher Dialog über Arbeitsabläufe, Schwierigkeiten und mögliche Verbesserungen
- Vermeidung von Schuldzuweisungen bei Fehlern

☞ **Beispiel: Interne Leistungsgarantien bei einem Finanzinstitut**

Im Falle der Niederlassung einer deutschen Großbank kristallisierte sich eine hohe Unzufriedenheit der Kreditkunden heraus, die im wesentlichen auf zu langen Bearbeitungszeiten beruhte. Genauere Analysen brachten zum Vorschein, daß die Ursache für die Unzufriedenheit nicht an der direkten Schnittstelle zum Kunden zu finden war, sondern vielmehr ein *internes Problem* zwischen Kundenberater und der als Back-Office agierenden Kreditabteilung war. Letztere - so lautete der Vorwurf - sei kundenfern, arbeite nach streng bürokratischen Prinzipien, zögere hierdurch die Bearbeitung von Kreditanträgen heraus und würde dadurch die Kundenberater an der Verkaufsfront geradezu behindern. Umgekehrt bemängelte die Kreditabteilung, daß die Kundenberater die Kreditanträge nur unvollständig ausfüllten, so daß die Bearbeitungszeit unnötig in die Länge gezogen würde.

Die Lösung der skizzierten Streitigkeiten gestaltete sich folgendermaßen: Gemeinsam vereinbarten Kundenberater und Kreditabteilung interne Leistungsgarantien, indem sie sich zur *Erfüllung bestimmter Leistungsstandards* verpflichteten. Beispielsweise garantierte die Kreditabteilung, über jeden Kreditauftrag binnen 48 Stunden einen Zwischenbescheid an den entsprechenden Kundenberater zu übermitteln. Umgekehrt verpflichteten sich die Kundenberater, die Kreditanträge vollständig auszufüllen und erst dann an die Kreditabteilung weiterzuleiten.

Bei der *Verletzung* dieser *Garantieversprechen* erfolgte eine Zahlung in vorher festgelegter Höhe an den Vertragspartner. Diese wurde einem *Bonustopf* entnommen, den die Niederlassungsleitung jeder Abteilung zu diesem Zweck zur Verfügung gestellt hatte. Bei Streitigkeiten zwischen den Partnern wurde ein *Ombudsmann*, ein vorher bestimmter Schiedsrichter herangezogen, dessen Urteil bindend war.

Für den *Erfolg* interner Leistungsgarantien gelten folgende *Voraussetzungen*:

- Die Leistungsversprechen müssen spezifisch gestaltet sein. Es genügt also nicht, prompten Service zu garantieren, sondern eine Erledigung innerhalb von zwei Arbeitstagen zu gewährleisten.
- Die garantierte Handlung muß letztlich für den externen Kunden relevant sein.
- Die Garantieleistung muß verhaltenskorrigierend, aber nicht bestrafend sein.

✎ **Zusammenfassung**

- Die meisten Mitarbeiter bzw. Abteilungen neigen dazu, Mißerfolge den anderen und Erfolge sich selbst zuzuschreiben (*externe* und *interne Attribution*). Dies führt zu Abteilungsegoismen und Schuldzuweisungen.

- Häufig entsteht die Ursache für Unzufriedenheit nicht an der direkten Schnittstelle zum Kunden, sondern in der *Back-Office* des Unternehmens.

- Jeder Mitarbeiter muß sich für den Kunden, dessen Bedürfnisse sowie Probleme verantwortlich fühlen. Das Instrument *Ownership*, also des Eigentums an einem Kundenkontakt, stellt hierfür ein zweckdienliches Konzept dar.

- Alle Mitarbeiter - auch die Vertreter kundenferner Abteilungen - müssen die Kunden und deren Bedürfnisse genau kennen. Hierzu dienen die Instrumente *Job-Rotation* und *Kundenforum.*

- Kollegen bzw. andere Abteilungen müssen als interne Kunden betrachtet werden, deren Bedürfnisse es genauso zu befriedigen gilt wie die der externen Kunden. Hierin unterstützen *interne Leistungsgarantien.*

8.5 Der Einsatz (nicht-)monetärer Anreizsysteme

Anreize zielen darauf ab, menschliches Handeln zu motivieren. In diesem Zusammenhang kann grundsätzlich zwischen *zwei Mitarbeitertypen* unterschieden werden:

- Der *intrinsisch motivierte Mitarbeiter* ist dadurch gekennzeichnet, daß er Leistungsstandards verinnerlicht hat, die ihn in die Lage versetzen, sich für Erfolge selbst zu belohnen. Beispiele hierfür sind das Bedürfnis nach Macht, nach sozialen Kontakten, nach Sinngebung und Selbstverwirklichung.
- Der *extrinsisch motivierte Mitarbeiter* hingegen will - wie der Name schon sagt - von außen für seine Leistung belohnt werden. Solche Anreize können materieller Art (mehr Einkommen, Zusatzleistungen) und immaterieller Art (Karriere, Prestige, Arbeitsplatzsicherheit) sein.

8.5.1 Die Ausgestaltung auf Kundenzufriedenheit basierender Vergütungssysteme

Bei Vergütungssystemen zeichnen sich generell *drei zentrale Entwicklungen* ab (vgl. Schimmel-Schloo 1999, S. 62 - 65):

- *Teamvergütung*: Kundennähe, Schnelligkeit und Flexibilität werden zu zentralen Faktoren des Unternehmenserfolges. Die Unternehmen reagieren auf diese Entwicklung durch Bildung von Verkaufsteams, weil ein Mitarbeiter alleine diese komplexe Aufgabenstellung gar nicht mehr erfüllen kann. Solche Teams formieren sich aus Vertriebsmitarbeitern wie Verkäufern, Key-Accountern oder Innendienstmitarbeitern und evtl. Kollegen aus anderen Abteilungen (etwa Marketing oder Kundendienst).
- *Aufstellung neuer Zielsetzungen*: Neben harten Faktoren wie Umsatzsteigerung, Deckungsbeitrag und Kostenmangement werden zunehmend Ziele wie höhere Kundenzufriedenheit, die in klassischen Systemen kaum Berücksichtigung finden, eingesetzt.
- *Honorierung durch Prämien anstelle von Provisionen*: Dies bietet den Vorteil, daß Prämien immer an konkrete Ziele gebunden sind und die Ziele relativ kurzfristig an veränderte Unternehmens-, Vertriebs- oder Marketingziele angepaßt werden können.

Will man den Typus des extrinsischen Mitarbeiters zu mehr Kundenorientierung motivieren, bieten sich - flankierend zu den bisher vorgestellten Instrumenten - *kundenzufriedenheitsorientierte Anreizsysteme* an. Hierbei läßt sich feststellen, daß die Vergütungssysteme in deutschen Unternehmen zur Zeit wenig kundenorientiert ausgestaltet sind. Lediglich 2 % der Unternehmen verfügen über ein System, dessen Kriterienkatalog Kundenzufriedenheit verbindlich vorschreibt, und weitere 3 % geben an, ein solches Vergütungssystem konkret zu planen (vgl. Homburg/Olsen 2000, S. 55 - 74).

☞ **Beispiel**: **Team-Wettbewerbe bei ANACOMP**

ANACOMP ist ein amerikanisches Unternehmen, das Mikrographie-Produkte entwickelt, herstellt sowie weltweit vertreibt und in diesem Produktbereich mit einem Marktanteil von 50 % Weltmarktführer ist. Mit den Produkten lassen sich Dokumente und Datenbestände miniaturisieren und auf *Mikrofilm* oder *-fiches* speichern.

Das Unternehmen veranstaltet für alle Mitarbeiter im technischen Außendienst sog. *Team-Wettbewerbe*, die auf eine *Erhöhung* der *Kundenzufriedenheit* abzielen. Als *Zielgrößen* werden die relative Zufriedenheit zu anderen Teams, die prozentuale Verbesserung der Kundenzufriedenheit sowie die Anzahl sog. Repeat-Calls (wiederholte Anrufe des Kunden ohne zwischenzeitliche Lösung des Problems) im Verhältnis zu den Maintenance-Hours (= Zeit zwischen zwei Anrufen) herangezogen. Sämtliche Mitarbeiter des erstplazierten Teams erhalten 30 ANACOMP-Aktien, die Zweitplazierten zwanzig ANACOMP-Aktien und die Drittplazierten zehn ANACOMP-Aktien.

Flankierend wird jedem Team ein *Konto* in Höhe von 750,- DM pro Mitarbeiter eingerichtet. Von diesem Konto wird jeweils ein bestimmter Prozentsatz des Preises der vom Kunden zurückgelieferten und vom Team zu verantwortenden defekten Teile abgerechnet. Am Ende wird der Team-Kontostand gleichmäßig unter den Mitgliedern aufgeteilt (vgl. Bieletzki 1996, S. 170).

Bei der Ausgestaltung kundenzufriedenheitsorientierter Anreizsysteme gibt es folgende *Punkte* zu beachten (in Anlehnung an Becker 1990, S. 56):

- *Leistungsbewertung*: Verwendung des Erfolgsfaktors Kundenzufriedenheit; mögliche Meßgrößen: aus Kundenbefragung resultierender Kundenzufriedenheitsindex; Kundenverlustanalyse; Erhöhung der Kundenloyalität; Beschwerdezufriedenheit
- *Belohnungsmodus*: Belohnung nach Erfolgsfeststellung
- *Prämienberechnung*: ex ante, d.h. von vorneherein festgelegte Berechnungsformel

- *Häufigkeit der Zuteilung*: im Regelfall jährlich, da Zeitraum zwischen den Zuteilungszeitpunkten eine Mindestgröße haben muß, damit sich die Zufriedenheit auch wirklich ändern kann
- *Höhe der Zuteilung*: Verhältnis von fixen und variablen Entgeltanteilen; bei kundennahen Abteilungen höherer variabler Anteil als bei kundenfernen, internen Abteilungen, da bei letzteren weniger Einflußmöglichkeiten auf die Kundenzufriedenheit
- *Einheitlichkeit des Anreizsystems*: innerhalb einzelner Abteilungen ja, zwischen Abteilungen im Regelfall nicht, da unterschiedlich starker Einfluß auf Kundenzufriedenheit
- *Prämienfundierung*: bei Zurechnungsmöglichkeit auf Abteilungs- bzw. Mitarbeitererfolg, bei Nicht-Zurechenbarkeit auf Unternehmenserfolg

8.5.2 Die Akzeptanz der zufriedenheitsorientierten Gratifikation

Kritiker führen an, daß mit dem Einführen von Kundenzufriedenheitsprämien genau das Gegenteil von dem erreicht würde, was eigentlich anvisiert sei: Die Anreizfunktion verblasse im Zeitablauf. Die Mitarbeiter entwickelten eine *Abschöpfungs-Mentalität*, die sich anpasse und mitnähme, was mitzunehmen sei. Im schlechtesten Fall sei die Wirkung katastrophal: Mitarbeiter, die leer ausgingen, seien demotiviert. Diejenigen, die nicht in den Genuß der Prämie kämen, würden das System als ungerecht empfinden und versuchen, es zu torpedieren (vgl. Sprenger 1996, 11. Aufl., S. 63 – 72).

Ohne Zweifel: Belohnungen müssen von der Mehrheit der Mitarbeiter, also auch von denjenigen, die sie nicht erhalten, akzeptiert werden. Fraglos ist die monetäre Belohnung auch nicht das Allheilmittel zur Leistungssteigerung, sondern kann nur eines von zahlreichen Instrumenten zur Erhöhung der Kundenzufriedenheit sein.

Trotzdem wäre es fatal, gänzlich auf extrinsische Anreize zu verzichten. Denn angesichts von *Lean-Management* und dem davon ausgehenden Wegfall von Hierarchieebenen gestaltet es sich zunehmend schwieriger, den Mitarbeitern intrinsische Motivatoren wie Karrieremöglichkeiten in Aussicht zu stellen. Dadurch entsteht eine neue Problemgruppe in Unternehmen: die *Plateaued Employees*. Hierunter faßt man diejenigen Mitarbeiter und Führungskräfte zusammen, die unter Umständen die nächste, nun aber wegfallende Hierarchiestufe noch erreicht hätten, denen aber das Potential für die übernächste Ebene abgesprochen wird.

Erschwerend kommt hinzu, daß auch den Führungskräften, die eigentlich den Blick für den Kunden haben müßten, keine Verantwortung für die langfristigen Resultate ihres Handelns übernehmen müssen. Die *Shareholder-Value-Politik*, d.h. die Ausrichtung sämtlicher Aktivitäten am Wert des Unternehmens, untergräbt jede stabile Beziehung zu den Kunden sowie den anderen Beziehungspartnern der Unternehmen (vgl. hierzu auch Küting/Lorson 1999, S. 28). Der kurzfristige Unternehmenserfolg steht im Vordergrund, die Idee eines zur langfristigen Verantwortung fähigen Unternehmens degeneriert. Vor diesem Hintergrund verwundert es kaum, daß die meisten monetären Anreizsysteme zum kurzfristigen, operativen Handeln (sog. *Short-Term-Incentives*) motivieren, einem langfristigen, strategischen Handeln der Mitarbeiter jedoch kaum Beachtung schenken.

Das Fehlen intrinsischer Motivatoren sowie die Kurzfristperspektive des Managements führen dazu, daß Kundenzufriedenheit und damit der langfristige Erfolg eines Unternehmens massiv gefährdet sind. Angesichts dieser Entwicklung verspricht der Leitgedanke des *Intrapreneurship*, d.h. des Unternehmertums im Unternehmen, Erfolg. Den gemäß der von uns aufgestellten Zusammenhangs, daß Kundenzufriedenheit langfristig den Unternehmenserfolg steigert, sollten die Mitarbeiter auch an diesem monetär partizipieren.

8.5.3 Durch soziale Anerkennung zu mehr Kundenorientierung

Trotz des Plädoyers für ein kundenzufriedenheitsorientiertes Prämien- und Vergütungssystem sollten *nicht-monetäre Anreize*, die im vorliegenden Fall schwerpunktmäßig auf *Prestige* und *soziale Anerkennung* abzielen, nicht gänzlich außer Acht gelassen werden. Das Spektrum der Möglichkeiten reicht hier von der Wahl eines Mitarbeiters des Monats über die Nennung von Unternehmensbereichen, die eine besondere Steigerung der Kundenzufriedenheit erzielt haben, in der Mitarbeiterzeitschrift bis hin zu nachfolgenden Beispielen.

☞ Beispiel: Mitarbeiterbelohnung bei Holiday Inn

Das Management des Holiday Inn in Miami belohnt jeden Mitarbeiter, der von einem Kunden positiv beurteilt wurde, mit 5 Dollar. Außerdem schreibt die Geschäftsleitung der Familie des Angestellten einen Brief, wie stolz man auf das Familienmitglied sein könne.

☞ **Beispiel: Wettbewerb freundlichste Verkäuferin bzw. freundlichster Verkäufer bei Müller-Brot**

Um festzustellen, wie es um den Kundenservice bestellt ist, führte das Unternehmen eine Wahl zum freundlichsten Verkäufer durch. In Anzeigen wurden die Kunden dazu aufgerufen, ihren Favoriten zu benennen. Zu diesem Zweck verteilte man 200.000 Stimmzettel per Anzeigen und über die Filialen, der Rücklauf ging in die Zehntausende. Rund 50.000 DM ließ sich Müller-Brot diese Aktion kosten. Unter den teilnehmenden Kunden wurde eine Luxusreise nach Korfu für zwei Personen verlost. Die auf den Plätzen eins bis drei plazierten Mitarbeiter durften sich über ein Wochenende in Wien einschließlich Taschengeld freuen.

✎ **Zusammenfassung**

- Extrinsisch motivierte Mitarbeiter müssen mit Hilfe *monetärer* und *nicht-monetärer Anreizsysteme* am Ziel Kundenzufriedenheit ausgerichtet werden.

- Angesichts von Lean-Management, Plateaued Employees und Shareholder-Value-Politik verspricht der Leitgedanke des *Intrapreneurship*, d.h. des Unternehmertums im Unternehmen, Erfolg. Den gemäß des von uns aufgestellten Zusammenhangs, daß Kundenzufriedenheit langfristig den Unternehmenserfolg steigert, sollen die Mitarbeiter auch an diesem monetär partizipieren.

- Bei Vergütungssystemen zeichnen sich *drei zentrale Entwicklungen* ab: Teamvergütung, Einbeziehung weicher Faktoren wie Kundenzufriedenheit sowie Honorierung durch Prämien anstatt durch Provisionen.

8.6 Organisationswandel durch Change-Management

8.6.1 Ursachen für das Scheitern von Veränderungsprozessen

Will ein Unternehmen mehr Kundenorientierung erreichen, bedarf es im Regelfall grundlegender Veränderungen (sog. *Change-Management*). Hierin sind sich die meisten Führungskräfte einig. Warum aber kämpfen so viele Change-Management-Projekte mit Schwierigkeiten und scheitern gar im Extremfall?

Doppler/Lauterburg (1999, S. 75 - 87) sind den Ursachen für den geringen Erfolg von Veränderungsprozessen auf den Grund gegangen und bezeichnen die Denk- und Handlungsmuster der Täter und Opfer als Psychologik des Mißlingens. Ihrer Ansicht nach sind u.a. folgende *Ursachen* für den *Mißerfolg* von *Veränderungsprozessen* verantwortlich:

- *Kaltstart:* Die Mitarbeiter werden unvorbereitet mit einem Projekt konfrontiert, ohne dessen Sinn zu verstehen.
- *Alles Gute kommt von oben:* Mitarbeiter werden als Wasserträger und Bewunderer der Ideen des Top-Managements gesehen. Aus dieser vermeintlich falschen Perspektive können sie sich gar nicht mit dem Projekt identifizieren, das Problemlösungspotential der Mitarbeiter bleibt ungenutzt.
- *Das Not-Invented-Here-Syndrom:* Die Ideen oder Vorschläge zur Lösung des Problems kommen ausschließlich von oben (Top-Management) oder von außen (externen Beratern). Daraus entsteht die Gefahr, daß Mitarbeiter ihren ganzen Ehrgeiz daran setzen zu beweisen, daß es so nicht funktionieren kann.
- *Die falsche Frage:* Bei den meisten Projekten steht die fundierte Bestimmung des Ist-Zustandes, des Status quo, im Hintergrund. Aus Gründen der Selbstdarstellung sowie der Hoffnung, lästige Bittsteller möglichst schnell los zu werden, wendet man sich blindlings der Frage zu, was zu tun ist (= Soll-Zustand).
- *Abwiegeln - oder die Wahrheit auf Raten:* Am Anfang von Projekten versucht das Management aus taktischen Gründen, mit einer „Es-wird-keinem-schlechter-gehen-als-vorher"-Beschwichtigung den Weg des geringsten Widerstandes zu gehen - wohl wissend, daß es sich um eine falsche Behauptung handelt.

- *Dramatisieren - oder das Geschäft mit der Angst:* Im direkten Gegensatz dazu steht die Strategie der gezielten Verängstigung. Die Mitarbeiter werden in Angst und Schrecken versetzt und beginnen, sich um ihren Arbeitsplatz zu fürchten. Die Konsequenzen sind fatal: Entweder gehen die Mitarbeiter in Deckung und verfallen in Lähmung in der Hoffnung, unentdeckt zu bleiben, bis die Gefahr vorüber ist. Oder aber sie durchschauen die Übertreibungen und reagieren das nächste Mal überhaupt nicht mehr darauf.
- *Insellösungen*: Veränderungen setzen an einzelnen Abteilungen oder Filialen bzw. Zweigstellen an, im restlichen Unternehmen bleibt aber alles beim alten.
- *Etikettenschwindel und Glaubwürdigkeitslücke:* Das Management verschleiert die eigentlichen Ziele eines Projektes. In Wahrheit will man Angst bei den Mitarbeitern schüren oder ein verstecktes Kontroll- und Sanktionsinstrument einführen. Angesichts einer solchen *Hidden-Agenda* verwundert es kaum, daß das Vertrauen in die Führung häufig auf der Strecke bleibt.

Für *Change-Management-Projekte* lassen sich daraus unmittelbar folgende *Erfolgsfaktoren* ableiten:
- Frühzeitige Information und Beteiligung der Mitarbeiter
- Integration der Mitarbeiter in den Problemlösungsprozeß durch Qualitätszirkel, Gruppendiskussionen, Einzelgespräche und Befragung
- Aktivierung des Selbstheilungskräfte, damit Mitarbeiter das Projekt zur eigenen Sache machen
- Hohe Bedeutung des Status-Quo-Bestimmung (Zuerst „Was genau ist los?", erst dann „Was müssen wir tun?")
- Realistische Schilderung der Ausgangslage durch das Top-Management ohne übertriebenes Dramatisieren der Lage
- Aufspüren ganzheitlicher Probleme und Lösungen
- Vermittlung von Glaubwürdigkeit und Seriosität durch die Führung

8.6.2 Qualitätszirkel als Ausgangspunkt einer kundenorientierten Unternehmung

Kundenorientierung läßt sich nicht von oben anordnen, sondern muß vor Ort entwickelt werden. Plastisch wird diese Forderung durch folgendes *Bonmot* vor Augen geführt: „Wenn Siemens wüßte, was Siemens alles weiß." Demnach bedarf es einer Einrichtung, die das Potential von Mitarbeitern für Verbesserungen nutzt und es ihnen ermöglicht, Probleme herauszuarbeiten sowie entsprechende Lösungen zu entwickeln und umzusetzen. In diesem Zusammenhang haben sich Qualitätszirkel bewährt.

Qualitätszirkel sind auf Dauer angelegte Gesprächsgruppen, in denen sich eine begrenzte Zahl an Mitarbeitern (i.d.R. fünf bis zehn) in regelmäßigen Abständen (mindestens einmal im Monat, meist häufiger) während oder außerhalb der regulären Arbeitszeit auf freiwilliger Basis trifft. Dabei werden selbstgewählte Probleme des eigenen Arbeitsbereichs diskutiert, unter Anleitung eines geschulten Moderators mit Hilfe spezieller Techniken Lösungsvorschläge erarbeitet und die Umsetzung der Vorschläge (selbständig oder im Instanzenweg) initiiert und kontrolliert. Die Verbesserungsvorschläge werden im Rahmen der gesetzlichen oder betrieblichen Bestimmungen vergütet. Außerdem soll der Gruppenarbeitsprozeß den Teilnehmern Lerneffekte vermitteln.

Neben den unmittelbaren *Mitgliedern* gehören zu den Trägern der Qualitätszirkel-Arbeit

- der *Zirkelleiter* (betraut mit der Vermittlung der entsprechenden Techniken),
- der *Koordinator* (ihm untersteht die organisatorische Betreuung der verschiedenen Qualitätszirkel-Gruppen eines Unternehmensbereichs) sowie
- die *Steuerungsgruppe* (sie repräsentiert den unternehmerischen Willen zur Einrichtung, Durchsetzung und Kontrolle von Qualitätszirkeln).

Die Arbeit von Qualitätszirkeln bezieht sich nicht nur, wie der Name zunächst vermuten ließe, ausschließlich auf Produktionsabteilungen. Qualitätszirkel finden zunehmend auch in anderen Bereichen Anwendung. Der Qualitätsbegriff umfaßt dabei sämtliche Probleme, die im jeweiligen Arbeitsbereich entstehen können. Auch ein abteilungsübergreifender Einsatz bzw. die Übertragung auf andere hierarchische Ebenen ist ebenso denkbar wie ein gemeinsamer Qualitätszirkel zwischen dem Unternehmen und seiner Umwelt (etwa den Kunden; vgl. Huber 1994, S. 989 - 990).

Der *Erfolg* von Qualitätszirkeln hängt im wesentlichen von folgenden Faktoren ab (vgl. Doppler/Lauterburg 1999, S. 183 - 184):

- eine auf Partizipation basierende Unternehmenskultur, die sich durch umfassendes Qualitätsdenken auszeichnet,
- die Bereitschaft des mittleren und des Top-Managements, die Ergebnisse der Qualitätszirkel-Arbeit systematisch zu nutzen,
- gegebenenfalls entsprechende Betriebsvereinbarungen mit dem Betriebsrat,
- eine engagierte Steuerungsgruppe oder Einzelperson, die gewährleistet, daß Ideen und Lösungsvorschläge geprüft und konsequent weiterverfolgt werden,
- die Motivation der Mitarbeiter, sich mit solchen Fragen zu beschäftigen,
- eine geeignete Infrastruktur wie Besprechungsraum, Ausstattung mit Hilfsmitteln zur Visualisierung u.ä. und nicht zuletzt
- einen kompetenten Moderator, der die Qualitätszirkel kompetent leitet.

8.6.3 Die Moderation als Bestandteil eines erfolgreichen Change-Management

Wo immer Change-Management ansteht, steigt die Nachfrage nach Moderation. Denn zum einen nimmt die Arbeit in *Workshops*, *Projektteams* und *Qualitätszirkeln* zu. Und zu anderen steigt der Bedarf an Veranstaltungen in größeren Runden von Mitarbeitern und Führungskräften. Dem Moderator fallen hierbei *folgende Aufgaben* zu (vgl. Doppler/Lauterburg 1999, S. 238 - 248 sowie 438 - 439):

- Schaffung eines *Klimas* der *Offenheit* und des *Vertrauens* in der Gruppe (Gewährleistung qualifizierter Verständigung zwischen den Teilnehmern, Feedback an Team und einzelne Mitglieder)
- Sicherstellen einer *professionellen Arbeitsmethodik* und *-technik* (u.a. Treffen klarer Vereinbarungen, Überwachung der Einhaltung der Spielregeln, Gewährleistung eines regelmäßigen Turnus, Sicherstellen der Sorgfalt bei jedem Arbeitsschritt, Einsatz von Techniken wie z.B. Problemlösungs- und Kreativitätstechniken, Visualisierung der Arbeitsergebnisse; vgl. zu den letzten beiden Techniken die Abschnitte 6.3 und 8.6.4)
- Gewährleistung einer *fruchtbaren Gruppendiskussion* (zeitliche Strukturierung der Sitzungen, Sicherstellen einer ausgeglichenen Beteiligung, Zuteilung der Wortmeldungen, Aktivieren zurückhaltender Teilnehmer, Einfangen von Vielrednern, Rückführung zum Thema, Herausarbeiten des Wesentlichen, Festhalten der Zwischenergebnisse, Zusammenfassung und Dokumentation der Arbeitsergebnisse)
- Bearbeiten der *gruppeninternen Dynamik* (regelmäßige, offene Zwischenbilanz und Manöverkritik; Feedback bezüglich Kommunikation, Kooperation, Empfindungen, Gefühlen und Spannungen; Offenlegung von Meinungs- und Interessensunterschieden, Beratung bei konstruktiver Bewältigung eventueller Konflikte, Ansprache von Gefühlen und Empfindungen, Zeigen eigener Gefühle)
- Aktive Mitarbeit als *Spielertrainer* (Klärung von Hintergründen und Zusammenhängen, Sicherstellen von Konkretisierung, Hinweis auf kritische Punkte, Einbringen eigener Ideen und Erfahrungen)

Unterstützung bei der Strukturierung von Zusammenkünften findet ein Moderator in der von Edward de Bono entwickelten *Methode der sechs Denkhüte*. Ziel dieser Technik ist es, Besprechungszeiten zu reduzieren bzw. effektiver zu gestalten, in dem Abstimmungsprozesse strukturiert und verkürzt werden.

Zu diesem Zweck verteilt der Moderator symbolisch oder tatsächlich *Hüte* in den Farben Weiß, Rot, Gelb, Schwarz, Grün und Blau. Jede Farbe steht für eine bestimmte Stufe der Diskussion: Unter dem weißen Hut wird das Thema eingegrenzt, der rote Hut steht für Gefühle, der gelbe für Vorschläge zur Anwendung. Unter dem schwarzen Hut wird kritisiert, unter dem grünen werden neue Ideen entwickelt. Zum Schluß folgt der blaue Hut, jetzt wird entschieden.

Den wohl größten *Vorteil* sieht der Erfinder der „Hüte"-Methode darin, daß Skeptiker, die in Gesprächsrunden üblicherweise sofort alle Aufmerksamkeit auf sich lenken und nicht selten in polemischer und abfälliger Weise die Vorschläge ihrer Kollegen abwerten, sich nur zu einem bestimmten Zeitpunkt äußern dürfen, ansonsten müssen sie schweigen (vgl. o. V. 1999a, S. 28).

☞ **Beispiel: Anwendung der Methode der sechs Denkhüte in der Unternehmenspraxis**

Der Moderator der *Projektgruppe Beschwerdemanagement* bittet die Mitglieder, zunächst den *weißen Hut* aufzusetzen. Der steht für das Arbeitsthema „Der richtige Umgang mit Beschwerden." Es folgt die *rote Kopfbedeckung*, und der Moderator fordert seine Kollegen dazu auf zu schildern, welche Gefühle sie mit dem Thema Beschwerden verbinden. „Beschwerden sind etwas Negatives, am liebsten schiebt man sie beiseite", sagt einer. Und ein anderer meint: „Bei Beschwerden hat man immer das Gefühl, Mist gebaut zu haben." Das Ergebnis der „roten Runde" ist eindeutig: Die Projektmitglieder empfinden Beschwerden als unangenehm, da sie Fehler sichtbar machen und in der Regel zu negativen persönlichen Konsequenzen führen.

Nunmehr stellt der Moderator vor, wie ein sehr erfolgreiches Unternehmen aus einer anderen Branche Beschwerdemanagement betreibt (Benchmarking). Der *gelbe Hut* wird aufgesetzt, um Vorteile dieser Vorgehensweise und darauf aufbauend Verbesserungsvorschläge zu entwickeln. „Damit gewinnen wir unzufriedene Kunden zurück", sagt ein Teilnehmer. „Und außerdem können wir aus den Fehlern der Vergangenheit lernen"; ergänzt sein Kollege. Der *schwarze Hut* steht für Kritik. „Das ist doch alles viel zu aufwendig", heißt es unter anderem von Seiten der Skeptiker.

Es folgt der *grüne Hut*, das Symbol für die Suche nach neuen Ideen. Im Anschluß folgt der *blaue Hut*, der für eine Entscheidung der Projektgruppe steht. Gemeinsam wird eine Empfehlungsliste verabschiedet, die u.a. die Entwicklung eines Beschwerdeleitfadens, die Einrichtung eines Beschwerdetelefons sowie das Aufstellen von Meckerkästen umfaßt und der Geschäftsführung vorgelegt wird.

8.6.4 Methoden für kreatives Denken

Unter *Kreativitätstechniken* versteht man *Verfahren* und *Techniken*, die bei der *Lösung von Problemen* in *schlecht strukturierten Situationen*, die abseits jeglicher Routine liegen, unterstützen. Kreativitätstechniken lassen sich in *drei Rubriken* einteilen (vgl. Schneider 1998c, S. 225 - 226; Schütz 1996, S. 40):

- *Kreativität durch Zerlegung des Problems*: Dabei wird ein komplexes, schlecht strukturiertes Problem in seine Bestandteile zerlegt und diese Bestandteile in einem kreativen Akt neu kombiniert. Die bekannteste Methode dieser Kategorie ist die *morphologische Methode* des Schweizers Fritz Zwicky (1996). Hierbei gestalten sich die einzelnen *Schritte* folgendermaßen:
  - Definition des Problems
  - Zerlegung des gesamten Problems in einzelne Bestandteile (= Parameter)
  - Entwicklung einzelner Lösungsvorschläge für die einzelnen Parameter und Eintrag in den sog. morphologischen Kasten
  - Auswahl und Bewertung von Parameterkombinationen und Realisierung der besten Lösung.

Parameter	*Bekannte*	*und mögliche*	*Lösungen*
Energiequelle	Aufzug von Hand	Starkstromnetz	Temperatur-schwankungen
Energiespeicher	Angehobene Gewichte	Feder	Akkumulator
Motor	Federmotor	Elektromotor	Hydraulischer Motor
Geschwindigkeitsregler	Fliehkraftregler	Hippscher-Pendel	Netzfrequenz
Getriebe	Zahnradgetriebe	Kettengetriebe	Magnetgetriebe
Anzeige	Zeiger und Zifferblatt	Rollen und Fenster	Wendeblätter

Tab. 7: Anwendungsbeispiel eines morphologischen Kastens für eine Uhr
(Quelle: Nieschlag/Dichtl/Hörschgen 1997, S. 266)

- *Kreativität durch Konfrontation*: Hier werden Verfahren eingesetzt, die dazu dienen, weiter entfernt liegende Reize und Denkstrukturen zu übertragen. Die Kreativität liegt in der Anpassung dieser Denkmuster an die Problemstellung (sog. Force-Fit). Die *Synektik-Methode* basiert auf diesem Prinzip und geht von der Erkenntnis aus, daß neue Ideen durch Bildung von Analogien entstehen. Hierbei werden folgende Phasen durchlaufen:
  - Auswahl und Schulung der Synektikmitglieder
  - Vermittlung des zu lösenden Problems
  - Schrittweise Verfremdung durch Analogien aus Natur, Technik, dem eigenen Lebensbereich usw.
  - Konfrontation des verfremdeten Sachverhalts mit der Problemstellung (sog. Force-It) und Entwicklung von Lösungsansätzen
- *Kreativität durch Assoziation*: Dabei werden bekannte Lösungen für das Problem durch Übertragung anderer Denkmuster variiert. Welche Denkmuster übertragen werden, wird dem Zufall überlassen mit der Folge, daß zunächst naheliegende und erst später verfremdete Assoziationen gebildet werden. Zu den bekanntesten Methoden dieser Kategorie zählen das Brain-Storming sowie die 6-3-5 Methode.

Das *Brainstorming (Gehirnsturm)* wurde vom dem US-amerikanischen Werbeberater Osborn entwickelt. Hierbei handelt es sich um eine Verfahren, bei dem in Diskussionsform nach neuen Methoden gesucht wird. Grundprinzip des Gehirnsturms ist das *Aufgreifen* und *spontane Weiterspinnen von Ideen*, die im Verlauf einer Sitzung von den Teilnehmern eingebracht werden. Auf diese Weise entstehen *Assoziationsketten*, die im Regelfall bislang nicht gesehene Lösungsmöglichkeiten eines Problems zutage fördern.

Bei der Durchführung einer Brain-Storming-Sitzung sollten folgende *Regeln* beachtet werden:

- An einer Brainstorming-Sitzung sollten *fünf bis maximal acht Personen* teilnehmen. Bei kleineren Gruppen können keine Assoziationsketten entstehen; bei größeren Foren wird die Diskussion von einigen Wenigen dominiert, zu viele Teilnehmer tauchen in der Masse ab.
- Die optimale Sitzungsdauer beträgt zwischen *zehn* und *dreißig Minuten*. Kürzeren Sitzungen fehlt die Aufwärmphase, bei längeren Brainstorming-Runden läßt die Fähigkeit zu kreativem Denken merklich nach.
- Der Vorgesetzte sollte in der Diskussionsrunde bewußt auf seine Führungsrolle verzichten und diese seinen Mitarbeitern gegenüber deutlich machen *(Abbau von Hierarchiedenken)*. Andernfalls entstehen unnötige Hemmschwellen; die Bereitschaft der Mitarbeiter, sich kreativ und damit unbefangen zu äußern, sinkt deutlich.

- Es bestehen *keinerlei Urheberrechte* an den produzierten Ideen. Jeder Teilnehmer kann die Lösungsansätze eines anderen aufgreifen und weiterentwickeln bzw. variieren.
- Kritik an Vorschlägen, das sog. *Ideen-Killing*, ist *nicht erlaubt*. Denn logische Argumente oder Erfahrung schränken die freie Ideenentfaltung nur unnötig ein.

Die Beiträge der Brain-Storming-Sitzung sollten von einem *Protokollanten* aufgezeichnet werden, gegebenenfalls kann auch ein *Diktier/Aufzeichnungsgerät* eingesetzt werden. Das *wichtigste Prinzip* des Gehirnsturmes lautet: Die *Quantität* der Lösungen ist *zunächst wichtiger* als deren *Qualität*. Deshalb sollten Sie erst im Anschluß an die Sitzung die produzierten Ideen auf ihre Realisierbarkeit hin untersuchen.

Eine Variante des Brain-Storming ist die *Methode 635*, das sog. *Brain-Writing*. Hierbei wird *sechs Mitgliedern* einer Arbeitsgruppe eine schriftlich festgelegte Problemstellung vorgelegt mit der Bitte, mindestens *drei mögliche Lösungen* auf einem Blatt Papier festzuhalten. Nach *fünf Minuten* wird das Blatt im Uhrzeigersinn an den nächsten Teilnehmer weitergegeben. Dieser hat erneut fünf Minuten Zeit, um drei Ideen zu entwickeln. Dabei kann er, genau wie beim Brainstorming, die Vorschläge seines Vorgängers ergänzen, dessen Ideen variieren oder völlig neue Ideen entwickeln. Mit dieser Technik können in 30 Minuten bis zu 108 Ideen entwickelt werden, aber auch hier gilt: Erst im Anschluß die Ideen auf deren Umsetzbarkeit hin überprüfen!

✎ Zusammenfassung

- Will ein Unternehmen eine Steigerung der Kundenorientierung erreichen, bedarf es eines systematischen *Change-Management*.
- Kundenorientierung läßt sich nicht von oben anordnen, sondern muß vor Ort entwickelt werden. Vor diesem Hintergrund kommt *Qualitätszirkeln* eine zentrale Bedeutung im Change-Management zu.
- Wo immer Change-Management ansteht, steigt die Nachfrage nach Moderation. Unterstützung beim Strukturieren von Zusammenkünften findet ein Moderator in der *Methode der sechs Denkhüte*.
- *Kreativitätstechniken* bieten wertvolle Hilfe bei der Lösung von Problemen in schlecht strukturierten Situationen, die abseits jeglicher Routine liegen. Besonders bewährt haben sich das *Brain-Storming* sowie die *Methode 6-3-5*.

9 Die ökonomischen Grenzen von Kundenzufriedenheit

Im *Ergebnis* können wir festhalten:

- Angesichts *gesättigter Märkte, technischer Patt-Situationen* und *austauschbarer Leistungsangebote* auf der einen und einem veränderten Verbraucherverhalten auf der anderen Seite gestaltet es sich zunehmend schwieriger und kostenintensiver, neue Kunden zu gewinnen. Vor diesem Hintergrund verspricht der *Aufbau langfristiger Anbieter-Nachfrager-Beziehungen* mehr Erfolg als die aggressiv betriebene Akquisition neuer Kunden. Konsequenterweise erlangen die Pflege des Kundenstamms und damit die *Zufriedenheit der Kunden* zentrale Bedeutung.

- Bei *Unzufriedenheit* werden die Erwartungen des Kunden verfehlt. In diesem Fall neigen die Kunden dazu, sich zu beschweren, negative Mund-zu-Mund-Werbung zu betreiben und/oder abzuwandern. Folglich entgehen dem betroffenen Unternehmen Erlöse und es fallen Aufwendungen für Nachbesserung, Kulanzregelungen sowie gelegentlich auftretende Regreßansprüche an. *Zufriedenheit* bzw. *Begeisterung* stellt sich ein, wenn die Erwartungen des Kunden erfüllt bzw. deutlich übertroffen werden. In der Regel kaufen zufriedene und begeisterte Kunden mehr und bleiben länger treu, reagieren weniger sensibel auf Preiserhöhungen, sind kostengünstiger zu betreuen und betreiben positive Mund-zu-Mund-Werbung.

- Damit Unternehmen möglichst früh auf (Un-)Zufriedenheitssignale reagieren können, müssen *Kommunikationskanäle* zum Kunden aufgebaut bzw. gereinigt werden. Dies erfordert zum einen die *Messung von Kundenzufriedenheit.* Hierfür stehen Unternehmen *objektorientierte* (Erfassung von Umsatz und Marktanteil; Analyse der Kundenloyalität; Auswertung von Reklamationen, Garantiefällen und Beschwerden; Durchführung von Qualitätskontrollen wie z.B. Testkäufe, Werkstatt-Tests) und *subjektorientierte Verfahren* (Befragung der Kunden mittels ereignisorientierter und merkmalsgestützter Verfahren) zur Verfügung. Letztere gewähren gemeinhin einen fundierteren Einblick in die (Un-)Zufriedenheit der Kunden.

- Des weiteren empfiehlt es sich, ein systematisches *Beschwerdemanagement* zu installieren. Ein solches umfaßt idealtypischerweise *vier Phasen*: *Beschwerdestimulierung* und *-kanalisierung* zielen darauf ab, Beschwerdebarrieren abzubauen und Unmutsäußerungen an die betreffenden Stellen zu leiten. Die *Beschwerdebearbeitung* hat zur Aufgabe, auf kürzestem Wege eine für alle Beteiligten zufriedenstellende Lösung zu finden. Die *Beschwerde-*

analyse dient dazu, die Beschwerdefälle anhand einer Prüfliste zu dokumentieren, auszuwerten und damit zukünftiger Unzufriedenheit vorzubeugen. Die *Beschwerdenutzung* schließlich gewährleistet die Weiterleitung der gewonnen Erkenntnisse an die betroffenen internen und externen Stellen, wo vor Ort spezifische Problemlösungen erarbeitet werden.

- Wenn der Transfer der Kundenzufriedenheit vom Lippenbekenntnis zum Grundpfeiles des Erfolges gelingen soll, müssen Unternehmen ein in sich widerspruchsfreies *Leitbild* entwickeln. In dessen Zentrum steht die Zufriedenheit des Kunden. Diese Forderung muß durch Rituale, Projekte, Einrichtungen u.ä. mit Leben erfüllt werden.

- Des weiteren müssen sämtliche Aktivitäten an den *Bedürfnissen externer* und *interner Kunden* ausgerichtet werden (sog. internes Marketing). Dies erfordert zum einen, daß zwischen den Mitarbeitern - insbesondere den Vertretern interner Abteilungen - und dem Kunden direkte Beziehungen hergestellt werden. Zum anderen muß garantiert werden, daß jeder Kollege bzw. jede andere Abteilung als interner Kunde betrachtet wird, den es zufriedenzustellen gilt. Hierzu dienen die Instrumente *Ownership*, *Job-Rotation, Kundenforum* sowie *Interne Leistungsgarantie.*

- Flankierend dazu müssen *monetäre* und *nicht-monetäre Anreizsysteme* geschaffen werden, die an der Erfolgsgröße Kundenzufriedenheit anknüpfen.

- Um den skizzierten organisatorischen Wandel erfolgreich durchzuführen, gilt es schließlich, die Instrumente der *Change-Management* sinnvoll einzusetzen.

Bei aller berechtigten Euphorie für das Thema Kundenzufriedenheit dürfen die damit verbundenen *Gefahren* bzw. *Grenzen* nicht unterschätzt werden (vgl. Abb. 22).

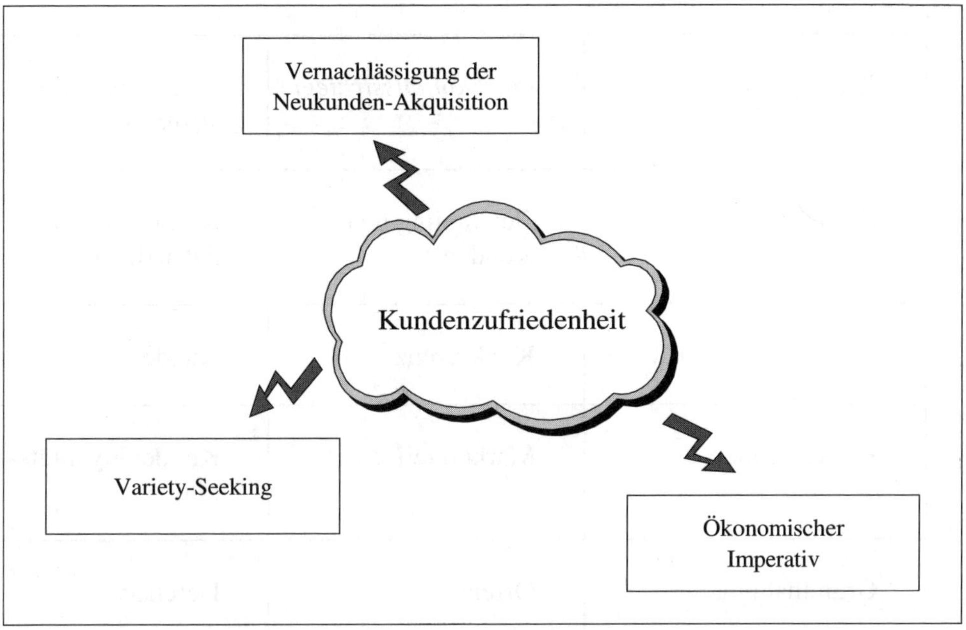

Abb. 22: Die Grenzen der Kundenzufriedenheit

- Einseitige Fokussierung auf bestehende Kundenbeziehungen und *Vernachlässigung* der *Neukunden-Akquisition.* Insbesondere für Unternehmen, die sich im Gründungs- bzw. Wachstumsstadium oder in Wachstumsmärkten befinden, kann dies fatale Folgen haben. Den in einem solchen Fall sind offensive Strategien erforderlich, die darauf abzielen, den Marktanteil im Vergleich zur Konkurrenz zu erhöhen (sog. *Marktanteilsstrategien*). Bei einer zunehmenden Verschärfung des Wettbewerbs hingegen erhöht sich der Stellenwert der Kundenbindung und -zufriedenheit als Orientierungsgröße der Strategieformulierung (sog. *Kundenbindungsstrategien*). Die zentralen Unterschiede der beiden Strategieansätze finden sich in Tab. 8.

Strategietyp	*Marktanteilsstrategie*	*Kundenbindungs-strategie*
Ziel	Gewinnung neuer Kunden	Kundenbindung/-zufriedenheit
Orientierungspunkt	Konkurrenz	Kunde
Erfolgsgröße	Marktanteil	Kundenloyalitätsrate
Grundhaltung	Offensiv	Defensiv
Marktgegebenheiten	Wachsende Märkte	Gesättigte Märkte

Tab. 8: Marktanteils- und Kundenbindungsstrategie im Überblick
(Quelle: in Anlehnung an Fornell 1992; Hinterhuber/Handlbauer/Matzler 1997, S. 10)

- *Variety-Seeking*, d.h. der Wunsch des auch zufriedenen Kunden nach Abwechslung und damit nach Produkt- bzw. Anbieterwechsel. Es genügt also nicht, ausschließlich auf Kundenzufriedenheit abzuzielen, sondern flankierend müssen *persönliche, rechtliche, ökonomische und technische Instrumente der Kundenbindung* entwickelt und eingesetzt werden. Hierzu zählen u.a. der Aufbau persönlicher Verbindungen, die Unterhaltung von Clubs, der Abschluß langfristiger Lieferverträge, die Förderung der Abnehmertreue durch entsprechende Rabattsysteme, die Einführung von Systemkonzepten und nicht zuletzt die Erschwernis des Lieferantenwechsels durch technische Vorkehrungen.

☞ **Beispiel: Kundenbindung durch Kundenclubs und „Payback"-Karte**

Die Friedrich Grohe AG, ein Unternehmen aus der Branche Wassertechnologie (Armaturen und Brausen für Küche, Bad und WC im privaten, gewerblichen sowie öffentlichen Bereich) und Träger des Deutschen Marketing-Preises, betreibt den sog. Profi-Club, der Installateure einmal jährlich zu einer exklusiven Veranstaltung einlädt.

Für einen Jahresbeitrag von 240 DM bietet der Club seinen Mitgliedern u.a. Marketing-Beratung, Verkaufsförderungs- und Kundenbindungsaktionen, Praxisseminare, Kundenzufriedenheitspakete und diverse Software. U.a. wurden im Zuge des Oscar-Wettbewerbs 1998 die drei besten Maßnahmen im Bereich Kundenbindung und Neugeschäft prämiert.

Eine andere Form der Kundenbindung betreiben die deutschen Konzerne Lufthansa, Dea und Metro gemeinsam mit weiteren Unternehmen. Unter dem Namen Payback wird ein branchenübergreifendes Rabattsystem für die Verbraucher angeboten. Hierbei handelt es sich um eine Karte, auf der dem Kunden beim Einkauf bei den beteiligten Partnerunternehmen Rabattpunkte gutgeschrieben werden, die anschließend in Bargeld umgetauscht werden.

- *Ökonomischer Imperativ*, d.h. eine - wie so häufig leichtfertig geforderte - Maximierung der Kundenzufriedenheit kann nicht das Anliegen eines wirtschaftlich agierenden Unternehmens sein. Zufriedene Kunden, aber kein Gewinn wurde schon bei vielen Unternehmen Realität. Neben dem Ziel, die Kundenzufriedenheit zu steigern, müssen Faktoren wie Wirtschaftlichkeit und Effizienz in die Überlegungen einbezogen werden, da sonst unweigerlich der Ruin des Unternehmens zu befürchten ist. Denn im Extremfall wünscht sich der Kunde eine maximale Leistung zum geringsten Preis. Demnach muß man sich ständig vor Augen führen, daß Kundenzufriedenheit immer nur Mittel zum Zweck ökonomischer Erfolg sein kann. Das einzig sinnvolle Motto muß lauten: „Erfülle Kundenbedürfnisse auf profitable Weise!"

☞ **Beispiel: Grenzen der Kundenzufriedenheit**

Ein Kunde kommt zum Kaufhausriesen Nordstorm, der für seinen Service berühmt ist, mit einem Satz Reifen, den er zurückgeben möchte. „Kein Problem," versichert der Verkäufer und zahlt dem Kunden den Kaufbetrag aus. Und das, obwohl er weiß, daß das Kaufhaus gar keine Reifen führt.

Ähnlich verhält es sich mit dem Versandhaus Lands´ End. Das Unternehmen verspricht seinen Kunden: „Wir akzeptieren jede Rücksendung, aus jedem Grund, zu jeder Zeit. Unsere Produkte sind garantiert." Die Zentrale zur Bekämpfung des unlauteren Wettbewerbs e.V. sieht in diesem Rückgaberecht die Möglichkeit, daß Kunden jederzeit und im Falle von Beschädigungen sogar wertlose Ware zurückgeben und gegen ein neues Produkt eintauschen können. Laut Urteil des OLG (Oberlandesgerichts) Saarbrücken, das durch den BGH (Bundesgerichtshof) am 19.08.1999 bestätigt wurde, gehe das von Lands´ End eingeräumte Rückgaberecht weit über die gesetzlichen Regelungen und branchenüblichen Garantiezusagen hinaus und verstoße damit gegen die Zugabeverordnung, die auf das Jahr 1932 zurückgeht. Das Unternehmen darf laut diesem Urteil nicht mehr mit seiner uneingeschränkten Garantie werben, wird seinen Kunden in Deutschland aber weiterhin denselben Service bieten wie in anderen Ländern auch (vgl. o. V. 1999d, S. 19). Mittlerweile ruft das Unternehmen seine Kunden in Zeitungsanzeigen dazu auf, an einer Unterschriftenaktion gegen die Zugabeverordnung teilzunehmen.

Zum Abschluß muß noch auf ein im Zusammenhang mit Kundenzufriedenheitsuntersuchungen häufig auftretendes *Mißverständnis* hingewiesen werden: Viele Unternehmen vertreten fälschlicherweise die Ansicht, mit der Identifikation von Stärken und Schwächen aus Sicht der Kunden lägen unmittelbar umsetzungsfähige Ergebnisse vor. Leider wird dabei nur allzu oft übersehen, daß eine Kundenzufriedenheitsmessung nur den Output, d.h. das, was letztlich beim Kunden ankommt, erfaßt. Veränderungen müssen aber nicht beim Output, sondern letztlich beim *Input* im Sinne des *Wertschöpfungsprozesses* und damit bei den Mitarbeitern ansetzen. Dies macht deutlich, daß eine Erhöhung der Kundenzufriedenheit nicht einfach von oben angeordnet werden kann, sondern die Mitarbeiter aktiv in diesen Wandelungsprozeß eingebunden werden müssen.

Die Quintessenz aus dem vorliegenden Buch spiegelt sich in den abschließenden *Grundsätzen der Kundenzufriedenheit* wieder.

✎ Zusammenfassung: Grundsätze der Kundenzufriedenheit

- Erfolgreiche *Unternehmenskulturen* zielen auf die Pflege der Beziehungen zu den bisherigen Kunden *und* auf die Gewinnung neuer Kunden ab. Diese Philosophie wird durch Rituale, Projekte und Einrichtungen mit Leben erfüllt.

- Die *Zufriedenheit* der Kunden muß regelmäßig und systematisch in der Informations-, Kauf- und Nutzungsphase erfaßt werden. Fehlt das hierzu erforderliche Know-How, sollten externe Spezialisten herangezogen werden.

- Eine Kundenbeschwerde birgt erheblich mehr Chancen als Risiken in sich. Deshalb gilt es, ein professionelles *Beschwerdemanagement* zu implementieren.

- Die Erfassung von Kundenzufriedenheit und Beschwerden ist erst der Anfang. Aus diesem Grund sollten die *Informationen* zur *Kundenzufriedenheit* und *Beschwerdedaten* an die betroffenen *internen* und *externen Stellen* weitergeleitet und vor Ort Lösungsmöglichkeiten erarbeitet werden. Auf diese Wiese entwickelt sich bei den Mitarbeitern ein Qualitätsverständnis, in dessen Mittelpunkt die Zufriedenheit des Kunden steht.

- Zwischen den Mitarbeitern interner Abteilungen und den Kunden müssen direkte Kontakte hergestellt werden. Dadurch erhöht sich die *Kundenorientierung* der *Back-Office*.

- Es gilt zu gewährleisten, daß Mitarbeiter ihre Kollegen sowie die anderen Abteilungen als *interne Kunden* betrachten, die es genauso zufriedenzustellen gilt wie die externen Kunden.

- *Monetäre* und *nicht-monetäre Anreizsysteme* müssen sich u.a. an der Zufriedenheit der Kunden orientieren.

- Die Steigerung der Kundenzufriedenheit wird nur gelingen, wenn Unternehmen einem permanenten Wandel unterzogen werden. Dies erfordert den Einsatz der *Instrumente* des *Change-Management.*

- Kundenzufriedenheit und Beschwerdemanagement sind keine einmaligen Projekte, sondern eine *kontinuierliche Managementaufgabe*, die regelmäßig, systematisch und langfristig betrieben werden muß.

- Kundenzufriedenheit und Beschwerdemanagement sind *kein Selbstzweck*, sondern müssen sich mittel- bis langfristig rechnen.

Literaturverzeichnis

Abele, R. (2000): Die Kunst, dem Kunden ein gutes Gefühl zu geben, in: Frankfurter Allgemeine Zeitung, Nr. 36 vom 12. Februar 2000, S. 64.

Achterholt, G. (1991): Corporate Identity - In zehn Arbeitsschritten die eigene Identität finden und umsetzen, 2. Aufl., Wiesbaden 1991.

Al-Sibai, J. (2000): Der Slogan als Spiegelbild der Unternehmenskultur, in: Frankfurter Allgemeine Zeitung, Nr. 36 vom 12. Februar 2000, S. 70.

Andreasen, A.R. (2000): Verbraucherzufriedenheit als ein Beurteilungsmaßstab für die unternehmerische Marktleistung, in: Hansen, U., Stauss, B., Riemer, M. (Hrsg.): Marketing und Verbraucherpolitik, Stuttgart 1982, S. 182 - 195.

Backhaus, K., Erichson, B., Plinke, W., Weiber, R. (1990): Multivariate Analysemethoden, 6. Aufl., Berlin 1990.

Bauer, H. H., Grether, M., Leach, M. (1999): Relationship Marketing im Internet, in: Jahrbuch der Absatz- und Verbrauchsforschung, 45. Jg. (1999), Nr. 3, S. 284 - 302.

Bausch, Th., Opitz, O. (1993): PC-gestützte Datenanalyse mit Fallstudien aus der Marktforschung, München 1993.

Becker, F. G. (1990): Anreizsysteme für Führungskräfte, Stuttgart 1990.

Becker, J. (1993): Marketing-Konzeption: Grundlagen des strategischen Marketing-Managements, 5., verbesserte und ergänzte Auflage, München 1993.

Bellabarba, A., Radtke, Ph., Wilmes, D. (1998): Management von Kundenbeziehungen; 7 Bausteine für ein effizientes Kundenmanagement, München, Wien 1998.

Bender, H. O. (1991): Matching Technology and Marketing for Quality and Value, Research Proposal for the Marketing Science Institute Research Competition, University of Twente, Enschede 1991.

Berekoven, L., Eckert, W., Ellenrieder, P. (1996): Marktforschung: Methodische Grundlagen und praktische Anwendung, 7. Aufl., Wiesbaden 1996.

Bieletzki, H. (1996): Mit konsequent umgesetzten Kundenwünschen zu Service-Excellence im Technischen Kundendienst, in: Töpfer, A. (Hrsg.): Kundenzufriedenheit messen und steigern, Neuwied/Kriftel/Berlin 1996, S. 163 - 173.

Bitner, M. (1993): Managing the Evidence of Service, in: Scheuing, E., Christopher, W. (Hrsg.): The Service Quality Handbook, New York 1993, S. 358 - 370.

Boylan, B. (1996): Bring´s auf den Punkt! Professionelle Vortragstechnik schnell trainiert, München 1991.

Bruhn, M. (Hrsg.) (1995): Internes Marketing: Integration der Kunden- und Mitarbeiterorientierung; Grundlagen - Implementierung - Praxisbeispiele, Wiesbaden 1995.
Bruhn, M. (1982): Konsumentenzufriedenheit und Beschwerden, Frankfurt am Main/Bern 1982.

Clifford, D., Cavanaugh, D. (1985): The winning performance in a changing environment, New York/London 1985.

Deutsche Gesellschaft für Qualität (Hrsg.) (1993): Begriffe zum Qualitätsmanagement, 5. Aufl., Berlin 1993.
Dichtl, E., Schneider, W. (1994): Kundenzufriedenheit im Zeitalter des Beziehungsmanagement, in: Belz, Ch., Schögel, M., Kramer, M. (Hrsg.): Lean Management und Lean Marketing, St. Gallen 1994, S. 6 - 12.
Dichtl, E. (1994): Strategische Optionen im Marketing, 3., neubearb. Aufl., München 1994.
Doppler, K., Lauterburg, Ch. (1999): Change Management - Den Unternehmenswandel gestalten, 8. Auflage, Frankfurt/New York 1999.
Dreher, A. (2000): Mystery Shopping - Detektiv im Laden, in: handelsjournal, o. Jg. (2000), Nr. 1, S. 26 - 28.

Egan, G. (1999): Management kulturellen Wandels, in: Frankfurter Allgemeine Zeitung, Nr. 217 vom 18. September 1999, S. 67.
Ertl, R. (1999): Kundenmonitor Deutschland 1999 - Qualität und Kundenorientierung, in: SERVICE TODAY, o. Jg. (1999), Nr. 6, S. 28 - 30.

Faix, W. G., Buchwald, Ch., Wetzler, R. (1994): Der Weg zum schlanken Unternehmen, Landsberg am Lech 1994.
Fornell, C., Wernerfelt, B. (1987): Defensive Marketing Strategy by Customer Complaint Management: A Theoretical Analysis, in: Journal of Marketing Research, Vol. 27 (1987), No. 24, S. 337 - 346.
Fornell, C. (1992): A National Customer Satisfaction Barometer: The Swedish Experience, in: Journal of Marketing, Vol. 56 (1992), January, No. 1, S. 6 - 21.

Goodman, J., Malech, A., Mara, T. (1987): Beschwerdepolitik unter Kosten/Nutzen-Gesichtspunkten: Lernmöglichkeiten aus den USA, in: Hansen, U., Schoenheit, J. (Hrsg.): Verbraucherzufriedenheit und Beschwerdeverhalten, Frankfurt/Main - New York 1987, S. 165 - 202.
Graf, K. (1990): Die Behandlung von Verbraucherbeschwerden in Unternehmen, Diss., Berlin 1990.

Günter, B. (1995): Beschwerdemanagement, in: Simon, H., Homburg, Ch. (Hrsg.): Kundenzufriedenheit: Konzepte - Methoden - Erfahrungen, Wiesbaden 1995, S. 275 - 291.

Haller, S. (1993): Methoden zur Beurteilung von Dienstleistungsqualität - Überblick zum State of the Art -, in: zfbf - Zeitschrift für betriebswirtschaftliche Forschung, 45. Jg. (1993), S. 19 - 40.

Hammer, M., Champy, J. (1995): Business Reengineering, Frankfurt am Main/New York 1995.

Hansen, U., Hofmann, A. (1989): Kosten-Nutzen-Analyse von Beschwerdemanagement-Systemen, Lehr- und Forschungsbericht der Abt. Markt und Konsum, Universität Hannover, Hannover 1989.

Hansen, U., Jeschke, K. (1991): Beschwerdemanagement für Dienstleistungsunternehmen: Beispiel des Kfz-Handels, in: Bruhn, M., Stauss, B. (Hrsg.): Dienstleistungsqualität, Konzepte - Methoden - Erfahrungen, Wiesbaden 1991, S. 199 - 223.

Hansen, U., Jeschke, K. (1991): Die Beschwerdepolitik des Kfz-Handels, in: Thexis, 8. Jg. (1991), Nr. 2, S. 41 - 46.

Hansen, U., Schoenheit, J. (Hrsg.) (1987): Verbraucherzufriedenheit und Beschwerdeverhalten, Frankfurt/Main - New York 1987.

Hentschel, B. (1992): Dienstleistungsqualität aus Kundensicht. Vom merkmals- zum ereignisorientierten Ansatz, Wiesbaden 1992.

Herrmann, A., Huber, F. (2000): Determinanten des Erfolgs von quality function deployment-Projekten, in: ZfB-Zeitschrift für Betriebswirtschaft, 70. Jg. (2000), Nr. 1, S. 27 - 53.

Herrmann, A., Seilheimer, Ch. (2000): Erklärungsansätze zur Dynamik des Vergleichsmaßstabs im Rahmen des Lücken-Modells der Kundenzufriedenheit, in: WiSt-Wirtschaftswissenschaftliches Studium, 29. Jg. (2000), Nr. 1, S. 14 - 20.

Hessler, A. (1999): Was falsch läuft im Verkaufsgespräch, in: absatzwirtschaft, 42. Jg. (1999), Nr. 11, S. 60 - 62.

Hinterhuber, H. H., Handlbauer, G., Matzler, K. (1997): Kundenzufriedenheit durch Kernkompetenzen: eigene Potentiale erkennen - entwickeln - umsetzen, München/Wien 1997.

Hirschman, A.O. (1974): Abwanderung und Widerspruch, Tübingen 1974.

Homburg, Ch., Jensen, O. (2000): Kundenorientierte Vergütungssysteme, Voraussetzungen, Verbreitung, Determinanten, in: ZfB-Zeitschrift für Betriebswirtschaft, 70. Jg. (2000), Nr. 1, S. 55 - 74.

Homburg, Ch., Rudolph, B., Werner, H. (1995): Messung und Management von Kundenzufriedenheit in Industriegüterunternehmen, in: Simon, H., Homburg, Ch. (Hrsg.): Kundenzufriedenheit: Konzepte - Methoden - Erfahrungen, Wiesbaden 1995, S. 313 - 340.

Homburg, Ch., Rudolph, B. (1995): Wie zufrieden sind Ihre Kunden tatsächlich?: Kundenzufriedenheit richtig messen und managen - kein Buch mit sieben Siegeln, in: HARVARDmanager, 17. Jg. (1995), Nr. 1, S. 43 - 50.

Horner, J. (1996): ABB Customer Focus - Der Kunde im Zentrum einer sich wandelnden Organisation, in: Töpfer, A. (Hrsg.): Kundenzufriedenheit messen und steigern, Neuwied/Kriftel/Berlin 1996, S. 99 - 113.

Horst, F. (1999): Unverändert hohes Niveau bei Inventurdifferenzen, in: Dynamik im Handel, 43. Jg. (1999), Nr. 7, S. 4 - 6.

Huber, R. (1994): Qualitätszirkel, in: Diller, H. (Hrsg.): Vahlens großes Marketinglexikon, München 1994, S. 989 - 990.

Imai, M. (1993): Kaizen, 9. Aufl., München 1993.

Janssen, J., Laatz, W. (1997): Statistische Datenanalyse mit SPSS für Windows, 2., neubearbeitete Auflage, Berlin usw. 1997.

Kamp, O., Stober, D. (1999): Schluß mit dem Verdienstkiller Reklamation, in: DMK-Die moderne Küche, 41. Jg. (1999), Nr. 5, S. 48 - 51.

Kotler, Ph., Bliemel, F. (1995): Marketing-Management, Analyse, Planung, Umsetzung und Steuerung, 8., vollständig neu bearbeitete und erweiterte Aufl., Stuttgart 1995.

Krauthammer, E., Hinterhuber, H.: Leadership - die richtigen Prioritäten setzen, in: Frankfurter Allgemeine Zeitung, Nr. 248 vom 25. Oktober 1999, S. 33.

Küting, K., Lorson, P. (1999): Die schleichende Amerikanisierung deutscher Unternehmen, in: Frankfurter Allgemeine Zeitung, Nr. 278 vom 29. November 1999, S. 28.

Laker, M., Tesch, A. (1999): Management des Wandels - Von der Monpol- zur Wettbewerbsstruktur, in: Frankfurter Allgemeine Zeitung, Nr. 241 vom 16. Oktober 1999, Nr. 241, S. 68.

Lauer, H. (1999): Testkauf, in: Geml, R., Geisbüsch, H.-G., Lauer, H. (Hrsg.): Das kleine Marketing-Lexikon. 2., aktualisierte und erweiterte Auflage, Düsseldorf 1999, S. 482 - 483.

Lebensmittelzeitung/Roland Berger Marktforschung (1999): Deutsches Handels-Service Panel, in: Lebensmittelzeitung, 51. Jg. (1999), Nr. 51 vom 23. Dezember 1999, S. 24.

Lehnert, U. (1994): Datenanalysesystem SPSS für Windows, München/Wien 1994.

Levitt, Th. (1985): Der Verkaufsabschluß ist erst ein Anfang, in: Harvard Manager, 7. Jg. (1985), Nr.1, S. 15 - 21.

Lingenfelder, M., Schneider, W. (1991): Die Kundenzufriedenheit - Bedeutung, Meßkonzept und empirische Befunde, in: Marketing - Zeitschrift für Forschung und Praxis, 13. Jg. (1991), Nr. 2, S. 109 - 119, auch erschienen als Arbeitspapier Nr. 80 des Instituts für Marketing, Mannheim 1990.

Lingenfelder, M., Schneider, W. (1991): Die Zufriedenheit des Kunden, in: Marktforschung & Management, 35. Jg. (1991), Nr. 1, S. 29 - 34.

McAlister, L. (1982): A Dynamic Attribute Satiation Model of Variety Seeking Behavior, in: Journal of Consumer Research, Vol. 8 (1982), Nr. 9, S. 141 - 150.

Meffert, H., Bruhn, M. (1981): Beschwerdeverhalten und Zufriedenheit von Konsumenten, in: Die Betriebswirtschaft, 41. Jg. (1981), Nr. 4, S. 597 - 613.

Meffert, H., Bruhn, M. (1979): Griesgram im Griff, in: absatzwirtschaft, 22. Jg. (1979), Nr. 3, S. 106 - 108.

Meffert, H. (1994): Marketing Management: Analyse - Strategie - Implementierung, Wiesbaden 1994.

Meffert, H. (1992): Marketingforschung und Käuferverhalten, 2., vollständig überarbeitete und erweiterte Aufl., Wiesbaden 1992.

Meffert, H. (1993): Relationship Marketing, in: IfM-News, Westfälische-Wilhelms Universität Münster, Institut für Marketing, Heft 4, 1993, S. 28 - 30.

Meyer, A., Dornach, F. (1992): Feedback für strategische Vorteile, in: absatzwirtschaft, 35. Jg. (1992), Sondernummer Oktober, S. 120 - 135.

Meyers Großes Taschenlexikon (1995): in 24 Bänden, 5., überarbeitete Aufl., Mannheim u.a. 1995.

Müller, H. (1995): Service-Marketing: Service-Kompetenz als unternehmerischer Faktor, Berlin usw. 1995.

Müller, S., Strothmann, H. (Hrsg.): Kundenzufriedenheit und Kundenbindung - Strategien und Instrumente von Finanzdienstleistern, München 1998.

Nieschlag, R., Dichtl, E., Hörschgen, H. (1997): Marketing, 18., durchgesehene Aufl., Berlin 1997.

O. V. (1999a): Bosch: neue Ideen aus dem Hut, in: Frankfurter Allgemeine Zeitung, Nr. 200 vom 30. August 1999 (a), S. 28.

O. V. (2000a): Das Internet öffnet auch der Marktforschung neue Möglichkeiten, in: Frankfurter Allgemeine Zeitung, Nr. 31 vom 7. Februar 2000 (a), S. 24.

O. V. (2000b): Daten über zufriedene Kunden reichen nicht, in: Frankfurter Allgemeine Zeitung, Nr. 7 vom 10. Januar 2000 (b), S. 25.

O. V. (1999b): Der Ombudsmann der privaten Banken wird immer beliebter, in: Frankfurter Allgemeine Zeitung, Nr. 269 vom 18. November 1999 (b), S. 33.

O. V. (1996a): Der professionelle Umgang mit Marktforschungsinstituten, in: Verlag Handelsblatt GmbH (Hrsg.): marketing praxis 1996 (a), Düsseldorf 1996, S. 37.

O. V. (1999c): Feine Chronometer zu überreichen, reicht nicht mehr, in: Frankfurter Allgemeine Zeitung, Nr. 226 vom 29. September 1999 (c), S. W4.

O. V. (1999d): Im Streit um die Garantie von Lands´ End droht die Fortsetzung, in: Frankfurter Allgemeine Zeitung, Nr. 202 vom 1. September 1999 (d), S. 19.

O. V. (1999e): Kundenbetreuung wird zum Wettbewerbsargument, in: Frankfurter Allgemeine Zeitung, Nr. 242 vom 18. Oktober 1999 (e), S. 27.

O. V. (1996b): Leitideen und Methoden kreativen Denkens, in: Verlag Handelsblatt GmbH (Hrsg.): marketing praxis 1996, Düsseldorf 1996 (b), S. 39 - 40.

O. V. (1996c): Methoden zur Erforschung von Märkten, in: Verlag Handelsblatt GmbH (Hrsg.): marketing praxis 1996, Düsseldorf 1996 (c), S. 33 - 34.

O. V. (1999f): Sparen lernen von Robert Bosch und Eugen Schmalenbach, in: Frankfurter Allgemeine Zeitung, Nr. 290 vom 13. Dezember 1999 (f), S. 32.

O. V. (1998): Testkauf-Agentur - An schlechtem Service gut verdienen, in: die geschäftsidee, 24. Jg. (1998), Nr. 2, S. 24 - 39.

O. V. (1999g): Überblick Customer-Relationship-Management-Glossar: Die wichtigsten Fachbegriffe, in: Acquisa-Messespecial 1999 (g), S. 32.

O. V. (1999h): Undercover-Einsatz für mehr Service: Mystery Shopping, in: Direkt Marketing, 35. Jg. (1999 h), Nr. 9, S. 30.

O. V. (1999i): Wal-Mart: Wer ist die Nummer eins?, in: Frankfurter Allgemeine Zeitung, Nr. 202 vom 1. September 1999 (i), S. 21.

Peter, S., Schneider, W. (1994): Strategiefaktor Kundennähe - Vom Transaktionsdenken zum Relationship Marketing, in: Marktforschung & Management, 38. Jg. (1994), Nr. 1, S. 7 - 11.

Peters, T. (1987): Thriving on Chaos, New York 1987.

Peters, T.J., Waterman, R.H. (1984): Auf der Suche nach Spitzenleistungen, Landsberg am Lech 1984.

Platzek, Th. (1997): Mystery Shopping - „Verdeckte Ermittler“ im Kampf um mehr Kundenorientierung, in: WiSt-Wirtschaftswissenschaftliches Studium, 26. Jg. (1997), Nr. 7, S. 364 - 366.

Plinke, W. (1989): Die Geschäftsbeziehung als Investition, in: Specht, G., Silberer, G., Engelhardt, W.H. (Hrsg.): Marketing-Schnittstellen: Herausforderungen für das Marketing, Stuttgart 1989, S. 305 - 325.

Popcorn, F., Marygold, L. (1999): CLICKING: Der neue Popcorn-Report – Die neuesten Trends für die Zukunft, München 1999.

Prütz, A. (1999): Kundenzufriedenheits-Messung per Telefon: Rezept für eine Kundenbefragung, in: Direkt Marketing, 35. Jg. (1999), Nr. 5, S. 12 - 14.

Qartapelle, Q. Q., Larsen, G. (1996): Kundenzufriedenheit - Wie Kundentreue im Dienstleistungsbereich die Rentabilität steigert, Berlin u.a. 1996.

Ramakrishnan, C. (1999): Wissensmanagement - Herausforderung an die Unternehmenskultur, in: Frankfurter Allgemeine Zeitung, Nr. 277 vom 27. November 1999, S. 70.

Rapp, R., Schusser, St. (1999): Erfolgsfaktor für das Management der Geschäftsbeziehung, in: Management-Berater, 3. Jg. (1999), Nr. 10, S. 24 - 26.

Rapp, R. (1995): Kundenzufriedenheit durch Servicequalität: Konzeption - Messung - Umsetzung, Wiesbaden 1995.

Rapp, R. (1992): Qualitatives Controlling durch Kundenzufriedenheitsmessung, Arbeitspapier, Unviversitätsseminar Schloß Gracht 1992.

Reichheld, F. F., Sasser, W. E. (1991): Zero-Migration, Dienstleister im Sog der Qualitäts-Revolution, in: HARVARDmanager, 13. Jg. (1991), Nr. 4, S. 108 - 116.

Riemer, M. (1986): Beschwerdemanagement, Frankfurt am Main 1986.

Runow, H. (1982): Zur Theorie und Messung der Verbraucherzufriedenheit, Diss., Frankfurt/Main 1982.

Schaller, G. (1996): Markterfolge aus der Datenbank, Landsberg am Lech 1988.

Scharnbacher, K., Kiefer, G. (1996): Kundenzufriedenheit - Analyse, Messbarkeit und Zertifizierung, München/Wien 1996.

Schimmel-Schloo, M. (1999): Der wichtigste Umsatzhebel, Interview mit Kienbaum-Berater Holger Scheepers über aktuelle Trends bei Vergütungsstrukturen im Vertrieb, in: acquisa, 47. Jg. (1999), Nr. 10, S. 62 - 65.

Schminke, L. (1992): Kundenbindung durch Kreditkarten-Systeme, in: Marktforschung & Management, 36. Jg. (1992), Nr. 3, S. 127 - 131.

Schneider, W., Lingenfelder, M. (1990): Kundenzufriedenheit richtig messen, in: Blick durch die Wirtschaft, 33. Jg. (1990), Nr. 218, S. 7.

Schneider, W. (1996): Kundenzufriedenheits-Controlling, in: Schulte, Ch. (Hrsg.): Lexikon des Controlling, München/Wien 1996, S. 479 - 484.

Schneider, W. (2000): Mega-Trends im Verbraucherverhalten - und wie Sie diese erfolgreich für Ihre GmbH nutzen, in: Der Neue GmbH-Berater, o. Jg. (2000), Nr. 3, S. 177 - 186.

Schneider, W. (1997): Zufriedene Kunden sind der Schlüssel zum langfristigen Unternehmenserfolg, in: Der Neue GmbH-Berater, o. Jg. (1997), Nr. 12, S. 1171 - 1174.

Schneider, W. (1998a): So messen Sie die Zufriedenheit Ihrer Kunden, in: Der Neue GmbH-Berater, o. Jg. (1998a), Nr. 3, S. 165 - 170.

Schneider, W. (1998b): So optimieren Sie Ihr Beschwerdemanagement!, in: Der Neue GmbH-Berater, o. Jg. (1998b), Nr. 1, S. 17 - 22.

Schneider, W. (1998c): So steigern Sie die Kreativität Ihrer Mitarbeiter!, in: Der Neue GmbH-Berater, o. Jg. (1998c), Nr. 4, S.225 - 226.

Schneider, W. (1999a): Mystery Shopping - So decken Sie mit Hilfe von Testkäufern Schwachstellen in Ihrer GmbH auf, in: Der Neue GmbH-Berater, o. Jg. (1999a), Nr. 4, S. 543 - 548.

Schneider, W. (1999b): So wird Ihre Präsentation zum Erfolg, in: Der Neue GmbH-Berater, o. Jg. (1999b), Nr. 8, S. 983 - 988.

Schütz, P. (1999): Manager Kundenrückgewinnung, in: absatzwirtschaft, 42. Jg. (1999), Nr. 6, S. 78.

Schütz, P. (1996): Methoden kreativen Denkens, in: Verlag Handelsblatt (Hrsg.): Marketing Praxis Kalender, Düsseldorf 1996, S. 40.

Schütze, R. (1994): Kundenzufriedenheit - After-Sales-Marketing auf industriellen Märkten, Nachdruck der 1. Auflage, Wiesbaden 1994.

Schwetz, W. (1999): CRM-Markt weiter heiß umkämpft, in: acquisa-Messespecial 1999, S. 16 - 18.

Sprenger, R. K. (1996): Das Prinzip Selbstverantwortung: Wege zur Motivation, 5. Aufl., Frankfurt/Main – New York 1996.

Sprenger, R. K. (1996): Mythos Motivation: Wege aus der Sackgasse, 11. Aufl., Frankfurt/Main-New York 1996.

Standop, D., Hesse, H.-W. (1985): Zur Messung der Kundenzufriedenheit mit Kfz-Reparaturen, Osnabrück 1985.

Stauss, B. (1989): Beschwerdepolitik als Instrument des Dienstleistungsmarketing, in: Jahrbuch der Absatz- und Verbrauchsforschung, 35. Jg. (1989), Nr. 1, S. 41 - 62.

Stauss, B., Hentschel, B. (1993): Messung von Kundenzufriedenheit, Merkmals- oder ereignisorientierte Beurteilung von Dienstleistungsqualität, in: Marktforschung & Management, 37. Jg. (1993), S. 115 - 121.

Stauss, B., Schulze, H. S. (1990): Internes Marketing, in: Marketing ZFP, 12. Jg. (1990), Nr. 3, S. 149 - 158.

Stauss, B., Seidel, W. (1995): Prozessuale Zufriedenheitsermittlung und Zufriedenheitsdynamik bei Dienstleistungen, in: Simon, H., Homburg, Chr. (Hrsg.): Kundenzufriedenheit: Konzepte - Methoden - Erfahrungen, Wiesbaden 1995, S. 179 - 203.

Stauss, B. (1989): Beschwerdepolitik als Instrument des Dienstleistungsmarketing, in: Jahrbuch der Absatz- und Verbrauchsforschung, 35. Jg. (1989), Nr. 1, S. 41 - 62.

Stein, D. (2000): In Stromunternehmen sind Marketingprofis noch selten, in: Frankfurter Allgemeine Zeitung, Nr. 25 vom 31. Januar 2000, S. 32.

Stoffl, M. (1997): Total Quality im Handel, in: WISU - Das Wirtschaftsstudium, 26. Jg. (1997), Heft 4, S. 340 - 349.

Technical Assistance Research Programs (Tarp) (1986): Consumer Complaint Handling in America: Un Update Study, The Office of the Special Advisor to the President for Consumer Affairs (Hrsg.), Washington D.C. 1986.

Töpfer, A, Mann, A. (1996): Kundenzufriedenheit als Meßlatte für den Erfolg, in: Töpfer, A. (Hrsg.): Kundenzufriedenheit messen und steigern, Berlin 1996, S. 25 - 81.

Töpfer, A. (Hrsg.) (1996): Kundenzufriedenheit messen und steigern, Berlin 1996.

Töpfer, A., Greff, G. (1995): Servicequalität am Telefon - Corporate Identity im Kundendialog, Neuwied/Kriftel/Berlin 1995.

Töpfer, A. (1996): Kundenzufriedenheit: Die Brücke zwischen Kundenerwartung und Kundenbindung - ein Leitfaden für das Buch, in: Töpfer, A. (Hrsg.): Kundenzufriedenheit messen und steigern, Berlin 1996, S. 1 - 23.

Verlag Handelsblatt GmbH (Hrsg.) (1996): marketing praxis 1996, Düsseldorf 1996.

Waltermann, B. (1993): Zeitwettbewerb: Die neuen Marktführer, in: IfM-News des Instituts für Marketing der Westfälischen Wilhelms-Universität Münster, Nr. 4, Münster 1993, S. 13 - 19.

Weinhold, H., Baumgartner, R. (1981): Konsumentenzufriedenheit, Uttwill 1981.

Wessling, H. (1999): Der kritische Faktor ist der Mensch, in: acquisa-Messespecial 1999, S. 40 - 41.

Winkelhage, J. (1999): Milliarden für Kunden - die Übernahmen in der Telekommunikation, in: Frankfurter Allgemeine Zeitung, Nr. 252 vom 29. Oktober 1999, S. 11.

Zelazny, G. (1999): Wie aus zahlen Bilder werden. Der Weg zur visuellen Kommunikation, 5. Aufl., Wiesbaden 1999.
Zwicky, F. (1996): Entdecken, erfinden, erforschen im morphologischen Weltbild, München u.a. 1966.

Firmenverzeichnis

Branchenverzeichnis

Stichwortverzeichnis

Z